中等职业教育会计专业课改系列教材

出 纳 实 务

（第三版）

主　编　王　芬
副主编　洪李萍　励　丹
　　　　王巍嵘　吴浩伟
　　　　刘舒叶

立信会计出版社
LIXIN ACCOUNTING PUBLISHING HOUSE

图书在版编目(CIP)数据

出纳实务:含练习册 / 王芬主编. —3 版. —上海:立信会计出版社，2017.1(2024.1重印)
ISBN 978-7-5429-5361-2

Ⅰ.①出… Ⅱ.①王… Ⅲ.①出纳—会计实务—高等学校—教材 Ⅳ.①F233

中国版本图书馆 CIP 数据核字(2017)第 025480 号

策划编辑　蔡莉萍
责任编辑　王斯龙

出纳实务(含练习册)(第三版)
CHUNA SHIWU

出版发行	立信会计出版社
地　　址	上海市中山西路 2230 号　邮政编码　200235
电　　话	(021)64411389　传　　真　(021)64411325
网　　址	www.lixinaph.com　电子邮箱　lixinaph2019@126.com
网上书店	http://lixin.jd.com　http://lxkjcbs.tmall.com
经　　销	各地新华书店
印　　刷	常熟市华顺印刷有限公司
开　　本	787 毫米×960 毫米　1/16
印　　张	20.75　插　　页　6
字　　数	430 千字
版　　次	2017 年 1 月第 3 版
印　　次	2024 年 1 月第 15 次
书　　号	ISBN 978-7-5429-5361-2/F
定　　价	43.00 元(含练习册)

如有印订差错，请与本社联系调换

中等职业教育会计专业课改系列教材编写委员会

主　任　陈　强

副主任　王　芬　励　丹

委　员　洪李萍　王淑文　陈志红

　　　　　蒋永珍　陈其龙　吴金莉

　　　　　吴跃春

序 PREFACE

这套会计专业系列教材是根据上海市教委新开发的42个中等职业教育专业教学标准中会计专业教学标准的要求编写的。开发新的专业教学标准是上海市教委深化中职教育课程教材改革的一项重要内容和举措,要将新开发的专业教学标准贯彻到这些专业所在的学校、所在的课堂,还有一系列重要工作要做。其中,根据新的专业教学标准编写符合课改理念和要求的系列教材是最迫切、最重要的工作之一。为此,"上海市会计专业教学标准开发项目组"在完成标准制定后立刻着手编写会计专业核心课程和方向课程教材的工作。

新开发的会计专业核心课程共有《基础会计》《出纳实务》《初级会计实务》《初级会计电算化》《财经法规与会计职业道德》和《会计操作技能》六门课程,其中《初级会计电算化》《财经法规与会计职业道德》采用中华人民共和国财政部的会计人员从业资格考试大纲和相关教材。会计方向课程分企业会计和银行会计两个方向。企业会计方向课程有《企业成本核算》《企业纳税实务》和《企业会计综合实训》三门课程;银行会计方向课程有《银行会计基础》《银行柜面操作》和《银行业务综合实训》三门课程。

这套会计系列教材编写和使用具有以下几个特点。

1. 本系列教材以《中华人民共和国会计法》以及最新的《企业会计准则》等有关法律法规为依据,结合新开发的会计专业课程标准编写。

2. 本系列教材力求从内容上体现中职教学的要求与特色,根据中职学生的认知特点,围绕中职教育的培养目标,以职业核心能力为主,理论知识为学习职业技能服务,将其与高职会计专业要求明显区分开来,力求解决长期以来会计专业中、高职界限不明显的问题。

3. 本系列教材与国家财政部的《会计从业资格证书》要求紧密结合,将该证书培训考核教学大纲所包含的内容基本纳入系列核心教材,其中《初级会计电算化》和《财经法规与会计职业道德》两门课程直接采用财政部的教学大纲和相关教材,不再另编教材。

4. 本系列教材紧贴中职会计专业就业岗位能力要求和当前中职学生的学习能力而编写,强调中职学生实际操作能力培养和职业综合素质的培养。核心课程教材的编写以中职毕业生能够从事的有关会计岗位需要的知识、技能为主线,以工作任务为引领,以仿真原始凭证为载体,以典型业务为案例,着重培养学生的岗位综合职业能力。

5. 本系列教材主要适用于中职财经类专业学生学习,核心课程教材分两册组成,上册为教材,下册为配套练习题。方向课程教材在每个章节后面都配有相关练习题。在学习过程中应注意同步配套练习的实训,达到做、学一体的效果。有条件的学校还可以根据教学进程在计算机上采用有关财务软件,按照会计岗位业务进行操作训练,以同时提高学生手工记账和电脑记账的技能。

根据课改的新理念和新开发的专业教学标准要求编写本系列教材对编写组全体成员来说都是第一次,其中肯定存在不少缺点和不足之处,诚望读者同仁予以指正,我们将在今后再版中加以修改和完善。

上海市中职会计专业教学标准开发项目组
2009 年秋

第三版前言 FOREWORD

　　国家财政部于2013年年底颁布了《企业会计信息化工作规范》(以下简称《规范》)。《规范》中指出,会计信息化,是指企业利用计算机、网络通信等现代信息技术手段开展会计核算,以及利用上述技术手段将会计核算与其他经营管理活动有机结合的过程。随着近几年互联网和信息技术的发展,绝大部分企业的会计工作是通过会计软件完成的。会计记录与报告由会计软件自动实现已经不足为奇。在会计系统与业务系统对接集成,估值模型与控制规则内嵌入会计软件的情况下,部分会计确认与计量工作甚至已经由会计软件自动实现。信息化不再仅仅是会计工作的工具和手段,而是已成为了企业会计工作的基础环境,并带来了会计工作、会计监督理念与模式的变革。

　　企事业单位会计工作的信息化发展,给各层级院校的会计专业教学提出了新要求。上世纪90年代企事业单位实现会计电算化,各院校课程中引入了电算化教学。但是,电算化教学与会计业务的教学是分开进行、各教各的,学生学了以后到工作岗位不能马上适应,还要重新进行岗位培训,才能把会计业务和电算化操作融合起来。会计专业教师如何把企事业单位的会计信息化实践融入到院校的专业课堂上,把会计业务教学与信息化(电算化)手段教学融合起来,已成为会计专业教学改革中的一个新问题。在教师的教学手段日益信息化的同时,把会计信息化实践纳入会计专业的教学内容中,让学生在学习会计专业知识的同时,也学会当前企事业单位各会计岗位在信息化条件下的实际操作方法和要求,这有利于学生毕业后更快地适应企事业单位的岗位工作。为此,我们进行了《出纳实务》的修订,出了第三版,目的是使我们的教学内容更加贴近企事业单位出纳岗位的实际业务,更加贴近出纳岗位业务处理的要求。

本次《出纳实务》教材修订的主要内容是把出纳岗位上的常见业务与信息化手段处理操作结合起来,力求在课堂教学过程中还原企事业单位出纳岗位处理相关业务的流程、方法和操作要领,让学生在学习过程中就能掌握岗位处理业务的实际操作要求。修改的内容包括:出纳处理业务的操作流程按照信息化操作规范编写;账务处理使用用友公司的T3—用友通标准版软件系统,原来的手工记账凭证改为用友通标准版软件系统的记账凭证截图;介绍了信息化条件下登记账簿、对账、结账的操作方法;介绍了信息化条件下如何更正错账的方法;根据2015年12月财政部和国家档案局联合颁布、2016年1月1日实施的《会计档案管理办法》规定,介绍了信息化条件下会计资料如何进行归档等。

由于教材修订中把出纳会计业务与信息化操作手段结合起来了,所以给教师的教学提出了新要求,有以下几点建议说明:

(1) 在教学条件允许的情况下,建议在机房上课教学,让学生在学习业务过程中以及课后练习直接用信息化手段进行业务处理操作。

(2) 考虑到有的学校不具备机房上课的条件,学生回家进行练习没有相关的会计软件系统环境,本教材的配套练习册中的业务处理还保留手工操作的空白记账凭证和日记账账簿,方便学生的课后练习。

(3) 本次教材修订中账务处理使用的是用友公司的T3—用友通标准版软件系统,目前财务会计信息系统软件的种类繁多、版本各异,各企事业单位都是各取所需。因不同种类、版本各有差异,所以,教学中教师要向学生说明,并建议收集一些比较常用的系统软件向学生介绍,让学生多多见识,有利于今后的工作。

本次《出纳实务》教材中全部文字内容的修订工作由王芬完成,教材中的记账凭证修改截图由刘舒叶完成,练习册的修订工作由洪李萍完成,电子教案(PPT课件)由王芬和洪李萍修改完成。全书由王芬总纂统稿。

本次修订过程中得到许多学校的老师提出了有益的意见和建议,在调研和收集资料时得到了来自企业的专家和朋友们的指导,在此表示衷心的感谢。

本次修订中得到了立信会计出版社蔡莉萍老师的大力支持和帮助,在此一并表示感谢。

由于把会计业务教学内容与信息化操作手段融合在一起来编写教材,我们是第一次尝试,同时编者的实践经验有限,收集案例资料涉及的企业面有限,而信息化技术发展速度很快,所以,教材修改的内容尚有不足或疏漏之处,敬请广大师生和企业界专业人士提出宝贵意见,以便今后不断修改完善。

编　者
2017年春

初版前言
FOREWORD

《出纳实务》是会计专业核心课程教材之一,本教材根据各类企事业单位出纳会计岗位的库存现金收支结算业务、银行存款收付结算业务等主要工作任务分模块进行叙述。

我们在编写过程中力求突出以下特点。

1. 以工作任务为引领

根据我国《会计法》的规定,出纳会计是各类企事业单位必设的会计工作岗位。本教材打破了以往会计专业学科课程的束缚,以工作任务为中心来整合设计相应的知识和技能。本教材根据出纳会计岗位的各项工作任务为线索进行归类、分模块,采用工作任务引领、典型业务案例导入、相关理论业务知识和操作技能跟进、实践(配套练习)进行检验的方式,让学生在一定的工作背景描述下,学习出纳会计岗位的业务处理,在学习中就有岗位工作过程的体验。

2. 以职业能力为依据

本教材围绕出纳会计岗位的职业能力组织课程内容,体现了职业教育以职业岗位核心能力为依据的特色。本教材打破了以往会计教材的理论业务知识+案例说明的体系,即打破了以由浅入深的理论业务知识叙述为主、用相关案例说明的常规格局,采取了"拿来主义、取我所需",不追求理论业务知识的系统性、完整性,让理论业务知识服务于完成每个工作任务的需要。本教材以出纳岗位中常见业务为主线,由发生的待处理经济业务引出相关的会计理论业务知识、法律法规、操作规范,让学生在学习处理出纳岗位的每一笔经济业务的过程中学习相关的会计理论业务知识和操作技能,从中学会用理论、法规去指导会计业务的处理,获得出纳会计岗位的职业核心能力。

3. 以典型业务为载体

本教材以出纳岗位中基本工作任务为引领,并以记录典型经济业务的原始凭证为载体,打破了以往会计教材中仅以语言表述经济业务、用分录表示账务处理的惯例。教材中大多数经济业务都在一定的工作情景、必要条件的描述下,用仿真的原始凭证来表现经济业务内容,让学生在读懂、识别原始凭证的过程中熟悉企事业单位发生的实际经济业务,用填制相关单据、编制会计凭证、登记账簿等一系列实际工作流程来完成出纳岗位任务和账务处理,以此来提高学生的综合职业能力,为学生缩短走上出纳会计工作岗位的距离。

4. 以岗位实习为形式

本教材编写中设计了一个企业财务部的工作场景,由财务部经理带教一位实习生学做出纳会计岗位业务,打破了以往会计教材中惯用的理论叙述、案例说明的表述形式。教材中每个岗位工作任务由财务部经理和实习生的对话引出相关业务。在财务部经理带教实习生学习完成每个工作任务的过程中,由浅入深、循序渐进地叙述了有关业务知识和操作技能要求,使得教、学、做融为一体。这种叙述形式比较生动自然,有利于吸引学生并提高学习积极性。

本教材分为两册:上册是教材,主要以出纳岗位工作任务的基本知识和技能为主,下册是练习题,主要以配套的出纳会计业务处理训练为主。通过上、下两册的配套使用,实现"学做一体"的教学过程,为学生提供体验在出纳会计岗位工作的机会。由于大多数人第一次做会计工作,基本上是出纳会计岗位,所以本教材既适用于中职学生学习,也适用于高职及其他初次走上出纳会计岗位的工作人员学习、参考。

本教材上、下两册均由王芬担任主编,洪李萍、励丹、王巍嵘担任副主编。教材和练习册的任务一、任务二由洪李萍编写,任务三由王巍嵘编写,任务四、任务五、任务六由励丹编写,绪言、任务七、任务八、任务九、任务十、任务十一由王芬编写。全书由王芬总纂统稿。

本教材在编写过程中得到相关领导和老师的支持,以及诸多企业、银行界专业人士的指导和帮助,在编写过程中借鉴和参考了相关资料,在此表示衷心的感谢。

立信会计出版社的蔡莉萍老师为本教材的修改、定稿和编撰出版付出了大量的心血,在此一并表示感谢。

由于编写者的实践经验有限,教材尚有不足甚或错误之处,敬请提出宝贵意见,以便今后修改和完善。

编 者
2009 年 7 月

目录

绪言 ………………………………………………………………………………… 1

任务一　现金收入业务 …………………………………………………………… 9

任务二　现金支出业务 …………………………………………………………… 20

任务三　现金管理业务 …………………………………………………………… 36

任务四　支票结算业务 …………………………………………………………… 49

任务五　银行票据结算业务 ……………………………………………………… 67

任务六　商业票据结算业务 ……………………………………………………… 89

任务七　汇兑结算业务 …………………………………………………………… 106

任务八　委托收款结算业务 ……………………………………………………… 119

任务九　托收承付结算业务 ……………………………………………………… 131

任务十　银行存款日记账的设置与登记 ………………………………………… 143

任务十一　其他相关业务 ………………………………………………………… 150

主要参考文献 ……………………………………………………………………… 161

附录一　中国人民银行公告〔2011〕第 2 号 …………………………………… 162

附录二　最新国内结算用票据票样及常用结算凭证 …………………………… 165

绪　　言

 学习目标

- 了解出纳岗位的基本工作任务
- 懂得出纳人员的素质要求和业务技能要求
- 知道出纳人员的工作流程和账务处理程序

随着经济的不断发展,企业对出纳人员的要求也越来越高。上海辰林服装有限公司的财务部需要招聘一名出纳员,人力资源部经理和财务部经理通过对应聘者的几次面试,决定招聘××中专会计专业应届毕业生白雪。12月1日,白雪到财务部报到,正式上岗实习了。通过下面财务部张经理与白雪的对话来阐明本章的学习目标。

财务部张经理(以下简称张经理):白雪,欢迎你到财务部工作,你的工作岗位是出纳员,由我带你一段时间,希望你认真学习,努力工作。你是会计专业毕业的,现在你能告诉我,企业的出纳员应该做些什么工作吗?

白雪:我知道一点,出纳员主要是管理现金的收付,到银行办理各种手续,其他的就不是很清楚了,在学校里学过手工做凭证、登记账簿和编制报表,也学过电算化软件操作。

张经理:很好,这是做会计工作最基本的知识和技能,但是仅仅会这些是不够的,做出纳员首先应该熟悉一下这个岗位的基本工作任务。

另外,现在是信息化时代,我们公司在很多年前已经实现了会计电算化,目前使用的是用友公司的T3-用友通标准版软件系统,财务部的每个岗位都有各自的工作模块,你现在学习做出纳,所以还要熟悉出纳模块的一系列业务操作。

 知识

一、出纳概述

出纳是会计工作的一个环节,在很多人看来出纳工作是一个非常平凡的岗位。

事实上"会计无小事",如果对出纳工作有着准确的职业定位,我们就会发现从事出纳工作同样需要巨大的付出,需要从业者高度的职业精神,出纳工作本身也会产生巨大的效益。

1. 出纳的含义

根据我国有关法律的规定,任何有独立资金运转的企事业单位都需要根据实际情况设置一、二名出纳人员。那么,何为出纳?"出"即"支出","纳"即"收入"。通常人们把从事出纳工作的人员简称为"出纳"。其中包含了两层含义:即出纳工作和出纳人员。

出纳工作,是指管理货币资金、票据、有价证券收付的一切工作。具体地说,出纳工作包括本单位的现金收付、银行结算等业务的办理,本单位的库存现金、有价证券、票据、财务印章的整理和保管,以及对本单位货币资金和有价证券收付业务的会计核算等工作。

出纳人员有广义和狭义之分。从广义上讲,出纳人员既包括会计部门的出纳工作人员,又包括各业务部门的各类收银员。收银员的工作内容、方法和要求,以及他们本身应具备的素质等方面,与会计部门的专职出纳人员有很多相似之处,他们的工作是整个出纳工作的一部分,是会计机构的出纳派出人员。作为一线工作人员,他们要负责各种货币资金和票据的收入,同时也要填制和审核各种原始凭证。狭义的出纳人员仅指会计部门的出纳人员。

2. 出纳的基本工作任务

出纳员是每个企事业单位的财务部门必不可少的工作人员,其基本工作任务包括以下几个方面:

(1) 按照国家现金管理、银行支付结算管理和其他财务管理的有关规定,办理各项货币资金、有价证券收支业务。严格按照国家有关现金管理制度的规定,对相关原始凭证进行审核。根据审核无误的收付款凭证办理现金收付,对重大现金开支项目,应由经过授权的会计主管、总会计师或单位负责人审核签章方可办理。按照银行支付结算的有关规定,办理银行结算,安全、合理地选用银行结算办法。在办理各项收付业务的同时,对其合理性和合法性进行监督。

(2) 填制和审核相关凭证。出纳人员在办理各项货币资金、有价证券收付业务的同时,要按照会计制度的规定,填制相关凭证,如发票、支票、收据等原始凭证,表明经济业务所涉及会计科目和金额的记账凭证;对支付项目的业务,会收到报销方提供的证明经济业务发生的凭证,出纳人员要按照有关会计制度的要求,进行严格的审核。

(3) 登记日记账。①出纳人员根据收付业务登录出纳模块编制收、付款记账凭证后,由指定的上级主管审核凭证,然后登记库存现金日记账和银行存款日记账,同时逐日逐笔保存好所有原始凭证。②出纳人员每天必须进行库存现金的清查并将其与库存现金日记账查询核对,保证库存现金的账实相符。③按照企业规定,月末输入银行开来的银行对账单,进行对账,查询核对系统自动生成的银行余额调节表,对长期未达账项,要及时向上级主管汇报并查清原因。④对账后进行结账操作。⑤出纳要根据企业的规定打印本月的收、付款记账凭证,并将保存的原始凭证粘贴到对应的每一张凭证后面,装订成册。

(4) 保管库存现金、有价证券、空白票据及有关印章。出纳必须保管好库存现金和有价证券,确保其安全完整。超过银行核定限额范围的库存现金应该及时存入银行,不得以"白条"抵冲现金,不得贪污、挪用现金。对于库存现金的盈余或短缺,应及时查明原因,分别进行处理。

出纳必须妥善保管有关印章、空白支票和空白收据,严格按照规定的用途使用。对于空白支票、空白收据的领用、注销,应该设登记簿进行登记。出纳人员调离出纳工作岗位时,应将其经管的款项、有价证券、凭证、账簿、印章、空白收据和空白支票等向接办人员移交清楚。

白雪:原来出纳员要做那么多工作啊。

张经理:是的,一个企事业单位的财务部门配备多少出纳员是根据本单位的业务需要设定的,可以一人一岗,一人多岗或一岗多人。我们公司是一人一岗,也就是说以上四项基本任务就是你的工作任务。除了要知道自己的工作任务以外,作为一个合格的出纳员还应该具备相应的基本职业素质要求和一定的专业基本技能。

知识

二、出纳人员的素质要求和业务技能要求

出纳岗位是一个重要的、特殊的会计工作岗位,是企事业单位的"结算中心"、"金库",掌管着本单位的全部货币资金和有价证券的收支、保管和核算任务,掌管着本单位的全部票据,责任重大。所以,一个称职的出纳员往往被称为单位里的"好管家"。要当好这个"好管家",必须具备相应的素质和业务技能。

1. 出纳人员的素质要求

(1) 熟悉并认真执行相关财经法规、政策和制度。出纳工作是会计工作的重要组成部分,也是政策性很强的工作岗位。要做好出纳员,必须熟悉、掌握有关的财经法规制度,并在工作中认真执行。与出纳工作相关的我国政策、法规主要有《会计法》《企业会计准则》《票据法》,以及《现金管理制度》《银行结算制度》《成本管理条例》《发票管理办法》,还有本单位自己的财务管理有关规定等。出纳人员只有掌握现行的相关政策、法规和制度,

同时不断学习新的政策、法规和制度,才能清楚该干什么,不该干什么,才不会犯错误。

(2) 掌握专业知识、熟悉本单位业务。出纳人员的工作涉及货币资金收付,相关会计分录编制即记账凭证的填写,有关出纳账簿的填写和出纳报告的编制等。出纳人员要做好自己的本职工作,必须具备扎实的专业基础知识,具备处理出纳业务的专业技能,同时还要熟悉本单位的主要业务,这样,在与各部门的联系中,不仅知道应该如何做,还能懂得为什么这样做。

(3) 具有良好的职业道德。出纳人员要有很强的责任心,在工作过程中要细心、耐心,做到口勤、手勤和腿勤;要实事求是,如实反映货币资金的收支事项;要洁身自好、清正廉洁,遵纪守法、注意保守机密。

(4) 具有协作精神。企业财务部门往往有好几个分工不同的工作岗位,他们的工作环环相扣,出纳人员要按时完成本职工作,不得拖延,资料传递应及时,需要时应积极协助其他岗位的工作。

2. 出纳人员的业务技能要求

出纳人员责任重大,既要负责本企业全部货币资金与有价证券的收支、保管、核算任务,又要掌管着本企业全部票据。因此,出纳人员必须具备相应的业务技能才能完成本职工作。一个合格的出纳人员应具备以下几项技能:

(1) 规范的书写。要求出纳人员书写的数字和文字做到规范、清晰和工整,养成不随意涂改的习惯。

(2) 票币整点与防伪技术。出纳人员要有一手过硬的现钞整理、清点、捆扎的基本功,以及现钞票币的真伪辨认能力。

(3) 台式计算器的应用。在货币结算过程中,出纳人员经常要使用台式计算器计算结果,当场开出票据或收付现金,这就要求出纳人员熟练使用台式计算器,做到计算又快又准。

(4) 出纳专用机具的使用。目前很多企事业单位都购有验钞机、点钞机和支票打印机等,出纳人员应该学会并熟练使用,收银员还要学会使用收银机、操作 POS 机等。

(5) 计算机的使用。随着电算化的普及和企业信息化管理程度的提高,目前企业财务部门基本都实现了电算化。所以,出纳人员必须熟悉计算机的基本操作技能,还要熟悉出纳人员岗位所必须使用的有关财务软件的操作技能。

(6) 银行转账业务的办理。各企事业单位的往来款项除了按现金管理规定可以使用现金以外,都要通过银行办理转账结算,出纳人员要灵活使用各种银行结算方式办理结转业务。

(7) 账务处理操作。出纳人员熟练编制的收、付记账凭证,由规定的上级主管进行审核后,出纳进行记账(库存现金日记账、银行存款日记账)、对账、结账操作,月末按企业规定打印本月的收、付款记账凭证,并逐笔将原始凭证粘贴到凭证后面,装订成册。

白雪:做一个出纳员的要求很高啊,张经理,我会努力的。

张经理:好啊,现在你还要了解一下出纳的日常工作流程和账务处理程序。

知识

三、出纳人员的工作流程和账务处理程序

1. 出纳人员的工作流程

出纳既是一项技术性工作,又是一项事务性工作。一个有经验的出纳员会给自己制定一个有效的工作流程:

(1) 出纳员上班的第一时间应该先检查保险箱里的现金、有价证券及其他贵重物品是否完好无损。

(2) 对一天的工作做好安排,如有特殊情况,应及时向有关领导和会计主管请示资金安排计划。

(3) 如库存现金不足先到银行提取现金。

(4) 按规定办理各项收、付款业务。

(5) 审核收、付款业务的原始凭证,并登录出纳模块编制收、付记账凭证,经上级会计审核后据以记入库存现金日记账、银行存款日记账;保存好原始凭证。

(6) 每天下班前,出纳员要清点库存现金,将现金实有数与现金日记账进行查询核对,并检查保险箱是否锁好。

(7) 必须在银行规定的现金解缴截止时间前送存超额现金。

(8) 因特殊情况造成当天工作没有完成的,应该在第二天优先办理。

(9) 每月或定期对出纳员保管的支票、发票、有价证券和重要结算凭证进行清点、核对。

(10) 根据单位业务需要定期核对日记账,报送出纳报表或报告。

(11) 月末,按规定打印收、付款凭证,并逐日逐笔将保存的原始凭证粘贴到收、付款记账凭证后面,装订成册、归档保存。

由于每个月日记账的内容不多,一般企事业单位都采取年底统一打印(包括总分类账、明细分类账),按规定分类装订成册、归档保管。

2. 出纳账务处理程序

目前我国各企事业单位的账务处理程序有:记账凭证账务处理程序;科目汇总表账务处理程序;汇总记账凭证账务处理程序;多栏式日记账账务处理程序;日记总账账务处理程序。不管采用哪一种,对于出纳人员来说,出纳业务处理的步骤和方法都是基

本相同的。

出纳账务处理的基本程序如图 1 所示。

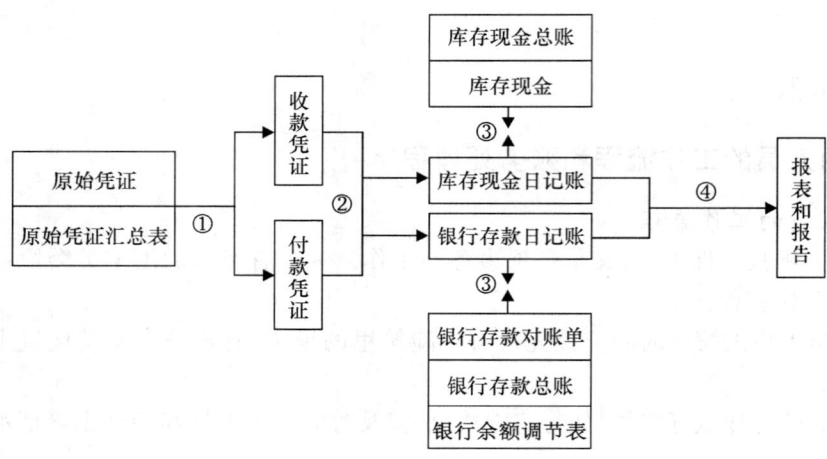

图 1　出纳业务处理的基本程序

说明：
① 根据原始凭证或原始凭证汇总表，上机编制收、付款凭证。
② 根据审核无误的收、付款凭证，逐笔登记库存现金日记账、银行存款日记账。
③ 将库存现金日记账的余额每天与库存现金核对，定期与库存现金总账核对；将银行存款日记账余额定期与银行存款总账核对，银行存款日记账与每月开户银行出具的银行存款对账单核对，并查询系统生成的银行余额调节表。
④ 根据日记账的记录、核算情况，按照本单位管理的要求定期或不定期地报送出纳核算信息。

白雪：谢谢张经理对我讲了那么多出纳岗位的工作内容和要求，我一定好好学习，努力做好这些工作。

张经理：好，现在我们开始工作，你就从现金的收、付和管理开始学起。首先要熟悉一下与出纳工作有关的本企业基本信息。

企业基本信息如下：
企业名称：上海辰林服装有限公司
地址、电话：上海市黄浦区大林路 366 号　021-64563×××
企业类型：加工业
经营范围：服装加工、销售
纳税人登记号：3101075214×××××
开户银行：中国工商银行上海市大林支行

账号：10012354627000×××××
法人代表：刘辰林

其次，要熟悉我公司财务系统出纳岗位模块的操作。先进入公司财务系统，点击进入"出纳管理"模块，输入用户名和密码，就可进入出纳管理模块进行工作了。

财务信息系统总账流程图如下所示：

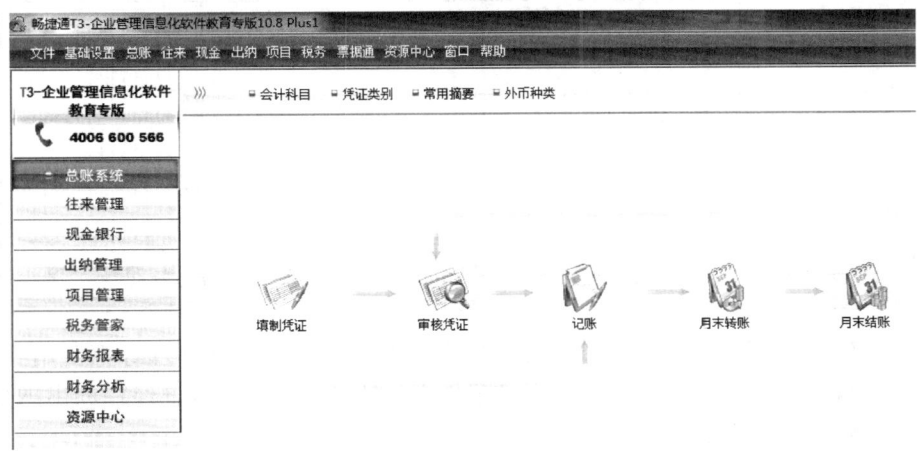

出纳管理流程图如下所示：

空白记账凭证如下所示：

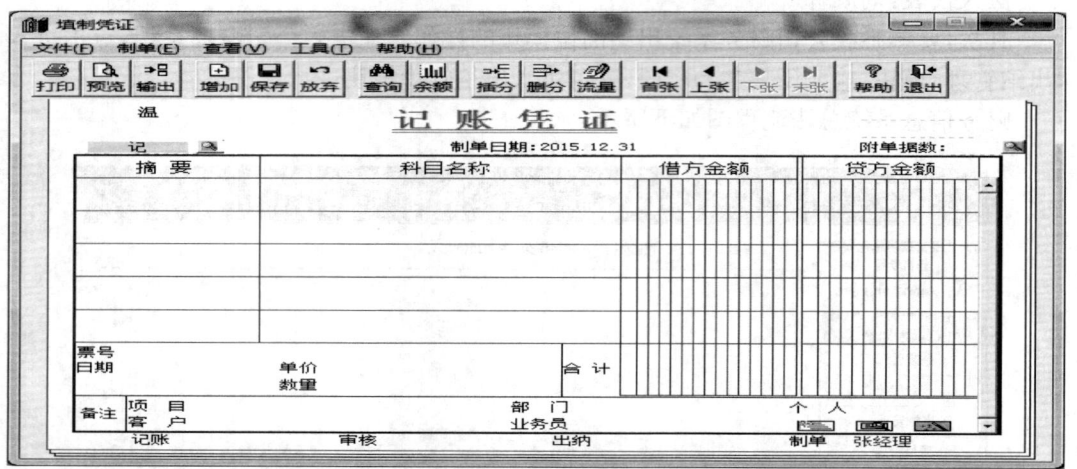

另外，还要熟悉与此有关的印章，许多票据的开立，收、付款的办理等都要用到印章，根据有关财经法规的规定，为了安全，财务工作中的印章必须由财务部经理和出纳分别保管，根据业务需要分别或联合用章。

任务一　现金收入业务

学习目标
- 了解现金收入业务基本内容
- 知道现金管理暂行条例有关规定
- 了解现金收入业务的基本流程
- 会根据发生的现金收入业务审核、填制相关原始凭证
- 会到银行办理提现业务
- 会根据与现金收入业务相关的原始凭证上机编制记账凭证

张经理：一个企业每天都会有很多现金要经过出纳员手中进出，所以出纳员的责任是非常重大的。要做好这个工作，一定要熟悉现行的有关现金收支管理的制度和规定，白雪，你们在学校中学过吗？

白雪：在财经法规和职业道德的课程里学过一点，但是除了自己的零花钱，我从来没有经手过大笔的现金，我应该怎么做？

张经理：那就在学中干，干中学，你先了解一下企业中现金收入业务的范围以及出纳员收入现金的操作流程。

知识

一、现金收入的范围

现金收入业务是各企业在其生产经营和非生产经营活动中取得现金的业务。其内容主要包括两大类。

1. 从银行提取现金

即企业为应付现金日常需要从银行提取现金的业务。

2. 发生日常业务直接收入现金

（1）出售给其他单位产品、材料及其物资，或提供劳务、业务咨询、信息等，且不能通过转账办理结算手续的收入。

（2）向个人销售商品时取得的现金收入。

（3）职工借用备用金报销后退回的余款。

（4）其他应收取的利用现金结算的款项。

知识

二、现金收入业务的一般操作流程

1. 从银行提取现金的操作流程

当单位需要现金时，由出纳员按照有关规定到开户银行提取现金，操作流程如图 2 所示。

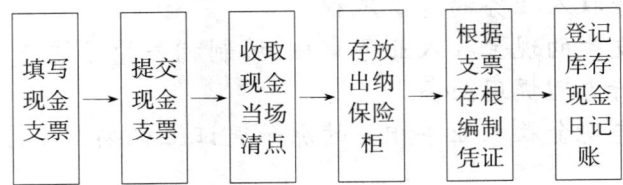

图 2　从银行提现的操作流程

说明：① 出纳员填写现金支票，由印鉴保管人加盖预留银行印鉴。
② 到开户银行提交现金支票。
③ 收取现金后当场清点，确认准确无误后才能离开柜台。
④ 回单位后立即将现金存放到出纳员的专用保险柜。
⑤ 根据现金支票存根上机编制记账凭证，并保存原始凭证。
⑥ 根据审核无误的记账凭证登记库存现金日记账。

2. 发生日常业务直接收入现金的操作流程

当企业发生有关现金收入业务，持款人直接把现金交到财务部门，由出纳员根据收款凭据办理收入现金事宜，操作流程如图 3 所示。

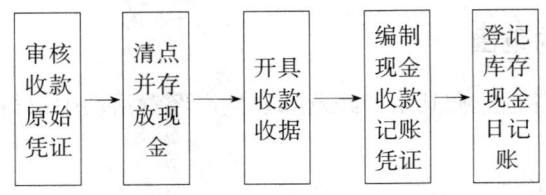

图 3　日常业务直接收入现金的操作流程

说明：① 出纳员接待交款人，仔细审核收款原始凭证以及现金来源的合法性。
② 当面清点现金（机点、手点），确认准确无误后存放出纳员专用保险柜。
③ 开具收款收据或发票，加盖"现金收讫"戳记后交给交款人。
④ 根据收款原始凭证记账联上机编制记账凭证，并保存原始凭证。
⑤ 根据审核无误的记账凭证登记库存现金日记账。

业务 1

12月1日，因库存备用金不足，需要到银行提取现金3 000元。

张经理要求白雪跟着他到银行学习提取现金。第一次到银行提取现金，白雪既紧张又期待，张经理向白雪介绍了出纳员从银行提取现金的业务流程并用计算机专用软件开了一张现金支票交给白雪，然后告诉白雪，这次先将开好的支票给她，下次可要她自己开了。白雪仔细看着支票，问张经理：现在支票是不是都用计算机专用软件开立？张经理肯定地点点头告诉白雪，目前绝大多数单位中已经用计算机相应软件开立支票、汇票等票据，只要按照事先设置好的软件提示，在相应的栏目中填入有关信息，如对方单位名称、日期、金额、用途等，把空白支票放到与计算机连接的专用打印机上，就可打印出来。用计算机开立票据，可以减少差错，节省人力。接着张经理又要白雪比较支票正本和存根在时间的表示上有什么不同，白雪看后说支票正本上的时间是大写的，而存根上的时间是小写。

小思考

为什么支票正本上的日期要大写？用小写可以吗？

（1）签发现金支票。单位需要现金时，一般是由领导批准，出纳人员填写现金支票到银行提取现金。

温馨提示

现金支票开好后，请不要忘记在支票上加盖单位财务专用章和法人代表印章，支票反面也要盖章。

支票正面：

出纳实务

中国工商银行				
现金支票存根 （ ）		中国工商银行 现金支票（ ） IX II 04158561		
IX II 04158561	出票日期（大写）贰零壹伍年壹拾贰月零壹日		付款行名称：工行大林路支行	
附加信息	收款人：上海辰林服装有限公司		出票人账号：1001235462700O×××××	
出票日期 2015 年 12 月 1 日	人民币（大写）叁仟元整		千百十万千百十元角分 ¥ 3 0 0 0 0 0	
收款人：本单位	用途 备用金			
金　额：¥3 000.00	上列款项请从	林刘	上海辰林服	
用　途：备用金	我账户内支付	印辰	装有限公司 财务专用章	复核　记账
单位主管　　会计	出票人签章			

支票反面：

附加信息：		
	林刘 印辰	上海辰林服 装有限公司 财务专用章
	收款人签章 2015 年 12 月 1 日	（贴粘单处）
	身份证件名称　发证机关	
	号码	

（2）取款。出纳员将支票沿虚线剪下，持签发的现金支票正本到银行提取现金。

中国工商银行
现金支票存根　（ ）
IX II 04158561
附加信息
出票日期 2015 年 12 月 1 日
收款人：本单位
金　额：¥3 000.00
用　途：备用金
单位主管　　会计

出纳员收到银行出纳人员付给的现金时,应当面点清,清点无误后才能离开银行柜台,如果金额较大,应有其他人员陪同前往银行提款。

(3) 保管。出纳人员取回现金后,应立即将现金放入保险柜保管。

(4) 编制记账凭证。根据支票存根上机编制记账凭证,并保存原始凭证。

(5) 记账。根据审核无误的记账凭证登记日记账。(此处略)

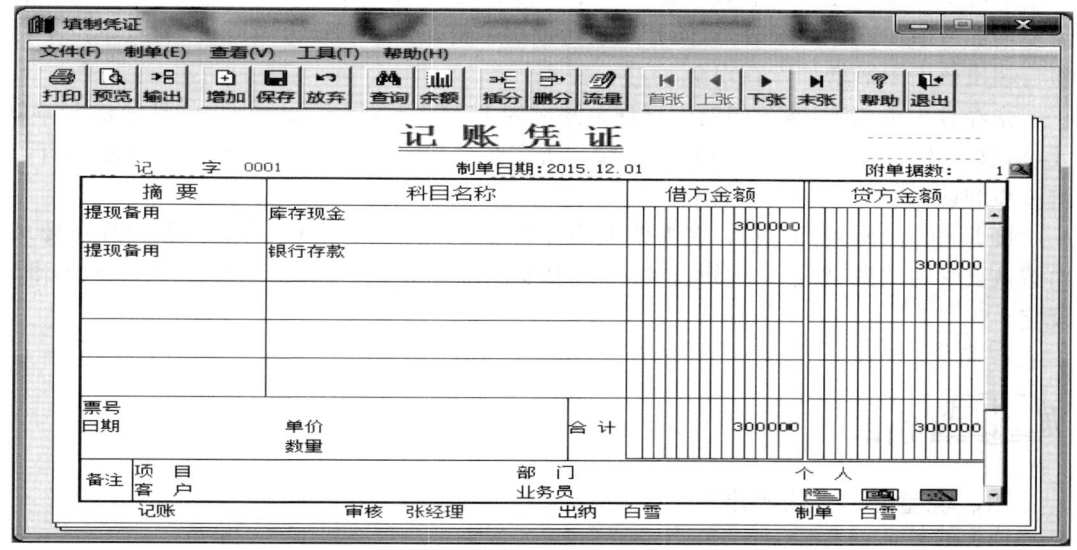

白雪从银行回来后,一直在想:张经理让她到银行提现的金额为什么是3 000元呢?多提点可以吗?具体有什么规定呢?带着问题,她请教了张经理,张经理耐心地向白雪作了介绍。

三、库存现金限额与库存现金限额的确定

库存现金限额:是指国家规定由开户银行给各单位核定的一个保留现金的最高额度。

核定单位库存限额的原则:既要保证日常零星现金支付的合理需要,又要尽量减少现金的使用。

库存现金限额的核定管理:为了保证现金的安全,规范现金管理,同时又能保证开户单位的现金正常使用,按照我国《现金管理暂行条例》及实施细则规定,库存现金限额由开户银行和开户单位根据具体情况商定。凡在银行开户的单位,银行根据实际需要核定3~5天的日常零星开支数额作为该单位的库存现金限额;边远地区和交通不便地区的开户单位,其库存现金限额的核定天数可以适当放宽在5天以上,但最多不得超过15天的日常零星开支的需要量。

库存现金限额制度经银行核定批准后,开户单位应当严格遵守,每日现金的结存数不得超过核定的限额。如库存现金不足限额时,可向银行提取现金,不得在未经开户银行准许的情况下坐支现金。库存现金限额一般每年核定一次,单位因生产和业务发展、变化,需要增加或减少库存限额时,可向开户银行提出申请,经批准后,方可进行调整,单位不得擅自超出核定限额增加库存现金。

张经理告诉白雪,本公司的库存现金限额为14 000元,早上保险柜里的现金是11 000元,提取3 000元正好补足库存现金限额。听完张经理的介绍,白雪对库存现金限额有了进一步的认识。

接着,张经理还告诉白雪,在支票上为什么要写明用途等道理。同时,张经理还要求白雪认真学习我国《现金管理暂行条例》及其实施细则规定,尤其是现金管理的"八不准"规定。

知识

四、现金管理"八不准"

(1) 不准用不符合财务制度的凭证顶替库存现金。
(2) 不准单位之间互相借用现金。
(3) 不准谎报用途套取现金。
(4) 不准利用银行账户代其他单位和个人存入或支取现金。
(5) 不准将单位收入的现金以个人储蓄名义存入银行。
(6) 不准保留账外公款(即小金库)。
(7) 不准发行变相货币。
(8) 不准以任何票券代替人民币在市场上流通。

业务2

12月6日,财务部出售废旧报纸,收到现金106.80元交出纳员。

 **业务操作**

(1) 审核现金收入来源与金额。
(2) 收到现金 106.80 元,手工清点并用点钞机复点,然后将现金妥善保管。
(3) 开具收款收据并加盖"现金收讫"印章(第三联收据联上加盖财务专用章交还给交款人)。
(4) 根据收款收据,上机编制记账凭证,并保存原始凭证。
(5) 根据审核无误的记账凭证登记现金日记账。(略)
收据及记账凭证如下所示:

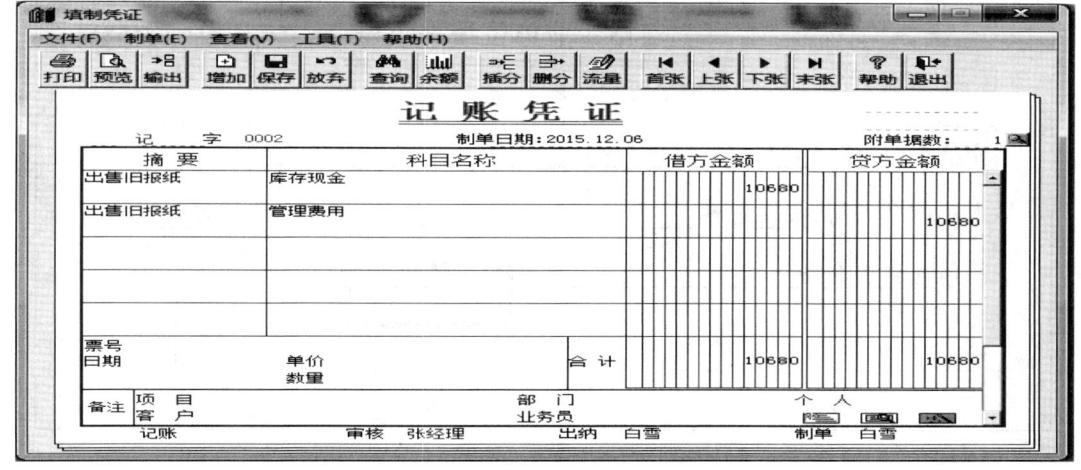

 知识

五、收款收据

收款收据一式三联,第一联为存根,收款单位留存;第二联为记账联,收款单位作为记账的依据;第三联为收据联,交给交款人留存,存根联和收据联需加盖收款单位财务专用章;因为收据要一式三联,一般需要垫上复写纸,用蓝色或黑色圆珠笔书写。

收款收据一般用于单位内部职能部门或职工之间现金往来,由各单位根据自己的需要设计印制或购买,不需要到税务机构购买。

业务 3

12月6日,财务部收到绿叶公司交来包装物押金200元。

 **业务操作**

张经理告诉白雪:绿叶公司是我们公司的客户单位,使用我们的包装物,所以交来押金,一般都是现金,我们应该开具上海市企业单位统一收据给他们。同时应该做好记账凭证。

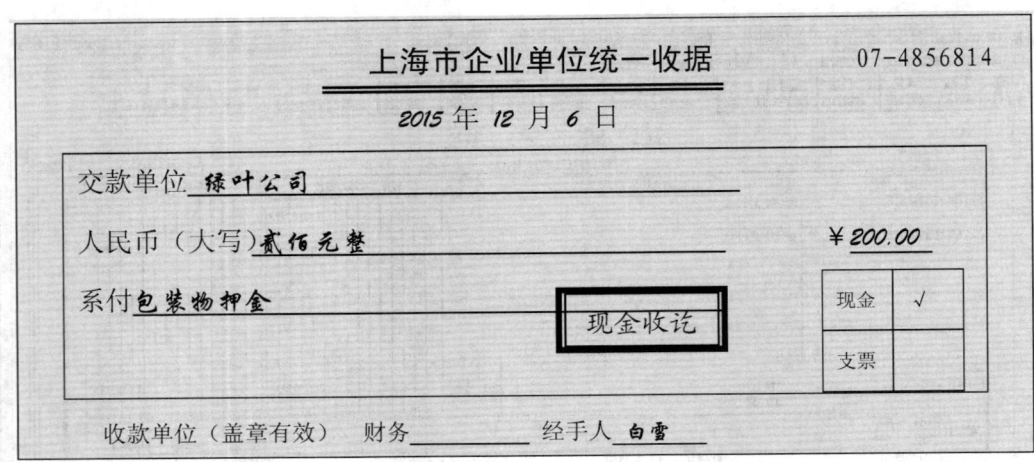

任务一 现金收入业务

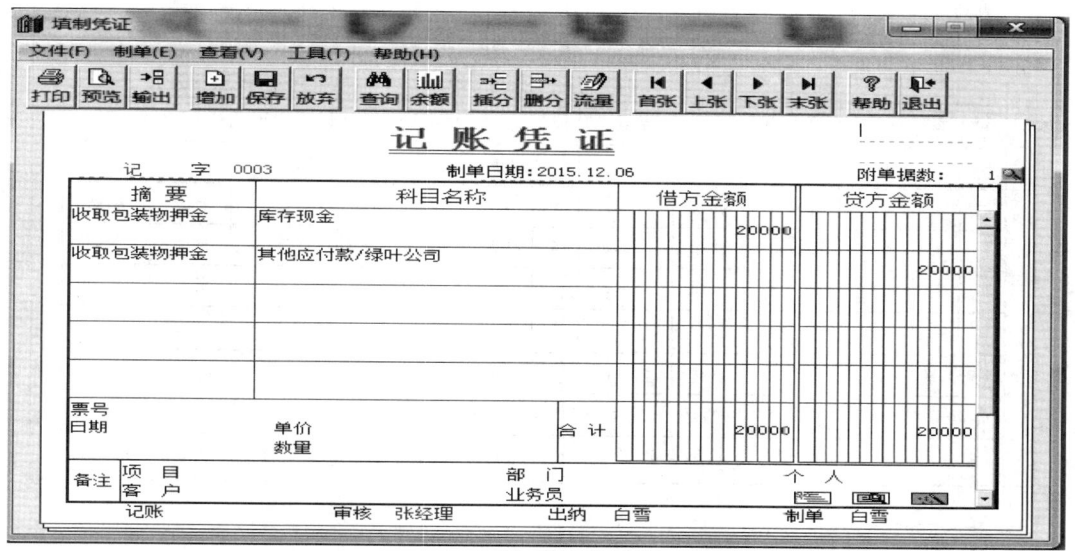

(1) 白雪清点交来的现金两遍,收进保险箱,开出现金收据交收款人。
(2) 根据收入现金业务,上机填制记账凭证,并保存原始凭证。
(3) 根据审核无误的记账凭证记账。

 **业务 4**

12月9日,公司办公室主任刘跃从杭州出差回来,报销差旅费1 412元,交回余款88元。白雪拿到刘跃的差旅费报销单,问张经理应该怎么处理?张经理耐心地向白雪介绍了报销差旅费的过程,告诉白雪应该做些什么。

业务操作

(1) 仔细审核刘跃填写的差旅费报销单及所附原始凭证(车票、住宿发票等)。

外埠出差费报销单

编号：
2015 年 12 月 9 日　　附单据 10 张

部门	办公室		姓名	刘跃	事由	杭州开会			
起止时间、地址					车船票飞机票	住宿费		住勤补贴		市内交通费	其他费用	
月	日	起程	月	日	到达		天	金额	天	金额		摘要	金额
12	4	上海	12	4	杭州	56.00	4	800.00	4	120.00	90.00	伙食	200.00
12	8	杭州	12	8	上海	56.00						其他	90.00
合计￥1 412.00						小计 112.00		800.00		120.00			290.00

原借支￥1 500.00　核销￥1 412.00　退补￥88.00　共计人民币（大写）壹仟肆佰壹拾贰元　零角零分

财务主管　　记账　　出纳 白雪　　部门主管 刘辰林　　出差报销人员 刘跃

温馨提示

出纳员应注意报销单是否有主管领导签字，差旅费开支标准是否符合财政部发布的相关差旅费管理办法。

（2）收回刘跃交来的多余现金 88 元，手工清点并用点钞机复点，收进保险箱。

（3）开出收款收据并加盖"现金收讫"印章（第三联收据联交给刘跃）。

（4）根据审核无误的差旅费报销单及所附原始凭证、收款收据，上机编制记账凭证，并保存原始凭证。

（5）根据审核无误的记账凭证，登记现金日记账。（略）

收 据

No 0030367
2015 年 12 月 9 日

交款单位：刘跃　　　　　　　收款方式 现金

人民币（大写）捌拾捌元整　　　　　￥88.00

收款事由：收回多余借款　　　现金收讫

财务主管：　　记账：　　出纳 白雪　　审核：　　经办：刘跃

第三联 记账联

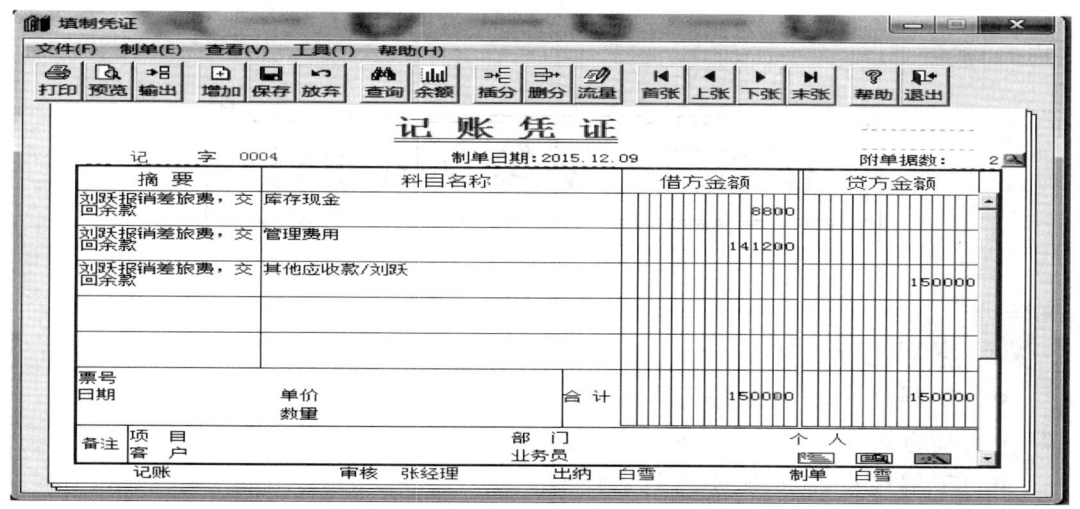

六、关于不准白条抵库的规定

白条抵库是指以不符合财务制度和会计凭证手续的字条和单据抵冲库存现金的行为。我国的现金管理规定中明文规定白条抵库是不允许的!

通过几天的实习,白雪了解了出纳员应该掌握的很多知识,认识和学会填制了相关的原始凭证,学会了编制记账凭证。想一想:出纳员在进行现金收入时,会涉及哪些原始凭证?

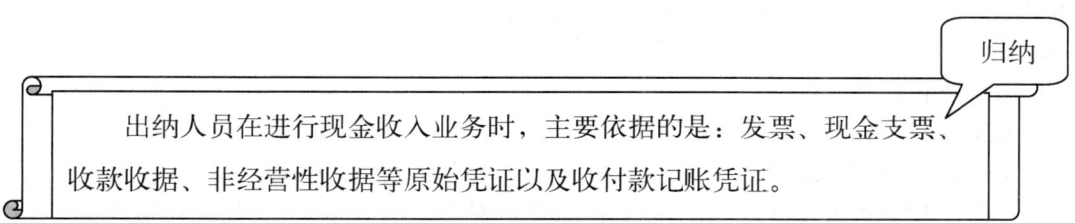

归纳

出纳人员在进行现金收入业务时,主要依据的是:发票、现金支票、收款收据、非经营性收据等原始凭证以及收付款记账凭证。

任务二　现金支出业务

学习目标
- 了解现金支出业务基本内容
- 知道现金管理暂行条例有关规定
- 了解现金支出业务的基本流程
- 会根据发生的现金支出业务审核、填制相关原始凭证
- 会将多余现金解缴银行
- 会根据现金支出业务相关原始凭证,上机编制记账凭证

张经理:白雪,前几天你学习了处理现金收入的业务,今天要学习处理现金支出的业务。你先了解一下企业现金支出的业务范围以及出纳员支付现金业务的操作流程。

知识

一、现金支出的范围

现金支出业务是指各企业在其生产经营和非生产经营活动中向外支付现金的业务。按国家有关规定,企业的现金支出主要包括以下两大类。

1. 发生日常业务直接支付现金

(1) 支付职工工资、津贴。

(2) 支付个人劳务报酬。

(3) 根据国家规定发给个人的科学技术、文化艺术、体育等各种奖金。

(4) 支付各种劳保、福利费用以及国家规定对个人的其他支出,如各种抚恤金、学生奖学金、丧葬补助费。

(5) 支付向个人收购农副产品和其他物资的价款。

(6) 暂借出差人员必须随身携带的差旅费。

(7) 结算起点(1 000元)以下的零星支出。

(8) 经中国人民银行确定需要支付现金的其他支出。

2. 向银行送存现金

即将企业当日收入的超过库存限额的现金解送银行。

二、现金支出业务的一般流程

1. 发生日常业务直接支出现金的操作流程

当企业发生有关现金支出业务时有两种情况：一是财务部门主动把现金支付给收款单位或个人，如发放工资、奖金、津贴等；二是由收款单位或个人持有关凭据到财务部门领报现金，如零星购物报销、差旅费报销等。

（1）主动支付现金的操作流程。具体如图4所示。

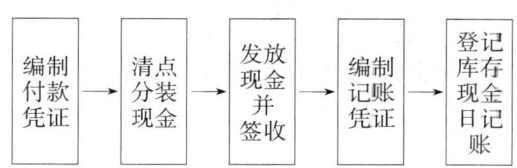

图4　主动支付现金操作流程

说明：① 出纳员根据有关资料编制付款原始凭证，如工资结算表，计算支付总金额，如库存现金不足应立即从银行提取。
② 根据付款金额清点现金，按单位或个人分装。
③ 按单位或个人分发现金，要求收款人当面点清并签收。
④ 根据原始付款凭证及签收单等资料，上机编制记账凭证。
⑤ 根据审核无误的记账凭证登记库存现金日记账。

（2）领报现金的操作流程。具体如图5所示。

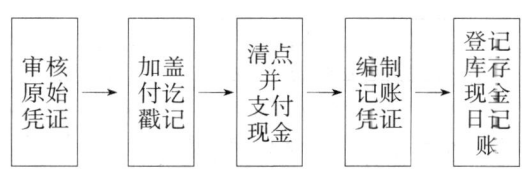

图5　领报现金操作流程

说明：① 出纳员审核原始凭证，查看原始凭证内容是否完整，手续是否完备。
② 在审核无误的原始凭证上加盖"现金付讫"戳记。
③ 清点现金两遍并交付收款人，要求收款人当面点清。
④ 根据原始凭证等资料，上机编制记账凭证。
⑤ 根据审核无误的记账凭证登记库存现金日记账。

需要说明的是，随着信息化技术的发展，大多数企业在经营管理中的信息化程度不断加深，财务部门中的现金支付业务正逐步被各种信息化手段替代，如以上所述的两种现金支付情况中，企业为员工发放工资、津贴、奖金，员工因公外出差旅费的支付报销等都逐步被各类信用卡替代。

2. 向银行送存现金的操作流程

企业当日收入的现金超过库存限额,出纳员应该按照有关规定在下班前将其送存开户银行,操作流程如下:

整理送存现金 → 填写现金缴款单 → 送存现金 → 编制记账凭证 → 登记库存现金日记账

说明:① 出纳员整理送存银行的现金。
② 填写现金缴款单。
③ 将整理好的现金和现金缴款单送存银行。
④ 根据现金缴款单(回单联),上机编制记账凭证。
⑤ 根据审核无误的记账凭证登记库存现金日记账。

知识

三、现金缴款单

现金缴款单是指出纳员将现金送存银行时填写的原始凭证。一式两联,第一联存根联,交由银行盖章后退回出纳,交款人作记账依据;第二联为凭证联,由银行作记账凭证。

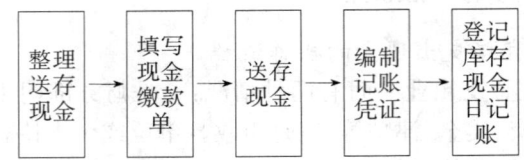

中国工商银行现金缴款单(回单) ①														
年　月　日													
收款单位	全称						款项来源							
	账号				开户银行		交款单位							
人民币(大写)						千	百	十	万	千	百	十	元	角	分
辅币	券别	五角	贰角	壹角	五分	贰分	壹分	收款员						
	张数							收讫						
								复核员						
主币	券别	壹佰元	伍拾元	贰拾	拾元	伍元	贰元	壹元						
	张数														

业务1

12月4日,将公司门市部交来的零星销货款5 130元送存银行。

对白雪来说,从银行提取现金已经经历了一次,而将现金解缴银行又是第一次,虽然学校老师也教过业务的处理流程,可那只是纸上谈兵,没有实际操作过。现在,在张经理的指导下,白雪进行了实际操作。

 业务操作

(1) 清点票币。出纳人员送存现金前,必须清点票币:将同等面额纸币摆放在一起,然后按100张为一把整理好,不够整把的,从大额到小额顺序排列好;将同额硬币放在一起,按100枚用纸卷成一卷,不足一卷的硬币一般不送存银行,留作找零用。

(2) 填写"现金缴款单"。

温馨提示

"现金缴款单"一式两联,应用双面复写纸填写,用圆珠笔书写,交款日期必须填写交款当日,交款单位名称应当填写全称,款项来源如实填写。

(3) 将款项和"现金缴款单"一同送开户银行柜台收款员,当面交接清点。

(4) 银行收款核对后,在"现金缴款单"第一联(回单)盖章退给出纳人员,送款人在接到"回单联"后应当即进行检查,确认为本单位缴款回单、而且银行有关手续已经办妥后方可离开柜台。

(5) 根据"现金缴款单"回单,上机编制记账凭证。

(6) 根据记账凭证登记库存现金日记账。(略)

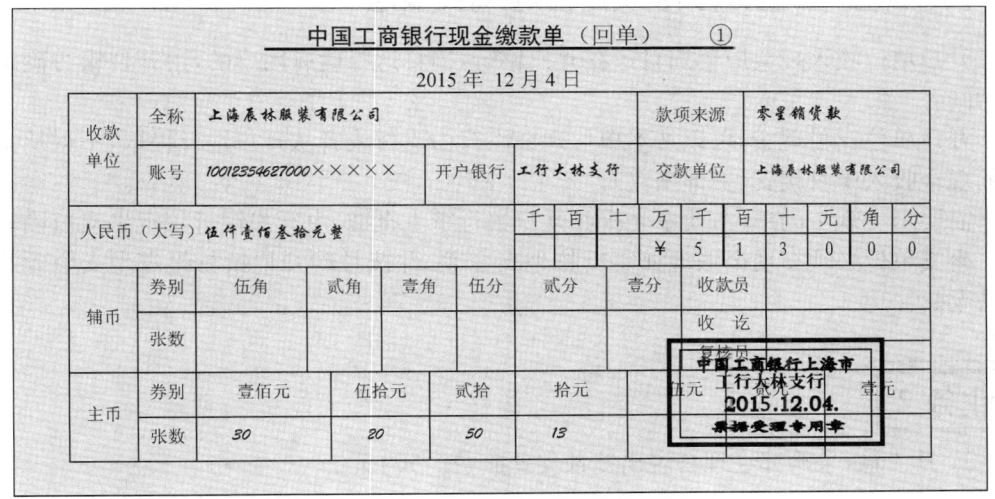

[记账凭证界面图]

记 字 0005　　制单日期：2015.12.04

摘要	科目名称	借方金额	贷方金额
销货款解行	银行存款	513000	
销货款解行	库存现金		513000
	合计	513000	513000

日期 2015.12.04

记账　　审核 张经理　　出纳 白雪　　制单 白雪

白雪在张经理的指导下完成了现金送存银行的业务处理。当时公司采购部经理马悦正好前来预支差旅费。

白雪：张经理，刚才收到的销货款能不能直接作为备用金支付给报销人、领款人？如果不把公司的销货款当天送存银行可以吗？

张经理：白雪，这两个问题在现行的"现金管理条例"中有详细的规定，每个出纳员都必须严格按规定执行。

知识

四、《现金管理暂行条例实施细则》有关规定

开户单位收入现金应于当日送存开户银行，当日送存确有困难的，由开户银行确定送存时间。

开户单位支付现金，可以从本单位现金库存中支付或者从开户银行提取，不得从本单位的现金收入中直接支付（即坐支）。

需要坐支现金的单位，要事先报经开户银行审查批准，由开户银行核定坐支范围和限额。坐支单位必须在现金账上如实反映坐支金额，并按月向开户银行报送坐支金额和使用情况。

业务2

12月4日，采购部经理马悦出差预支差旅费1 500元。

根据马悦的申请,白雪拿出一张暂支单(有些单位用借款单),请马悦填好,并要求马悦请主管领导签字。

 **业务操作**

(1) 出纳人员审核暂支单,检查是否有领导签字。

(2) 在审核无误的暂支单上加盖"现金付讫"印章。

(3) 取出现金1 500元,手工清点并用点钞机复点后付给马悦,请马悦在暂支单上签字。

(4) 根据付款后的暂支单上机编制记账凭证,并保存原始凭证。

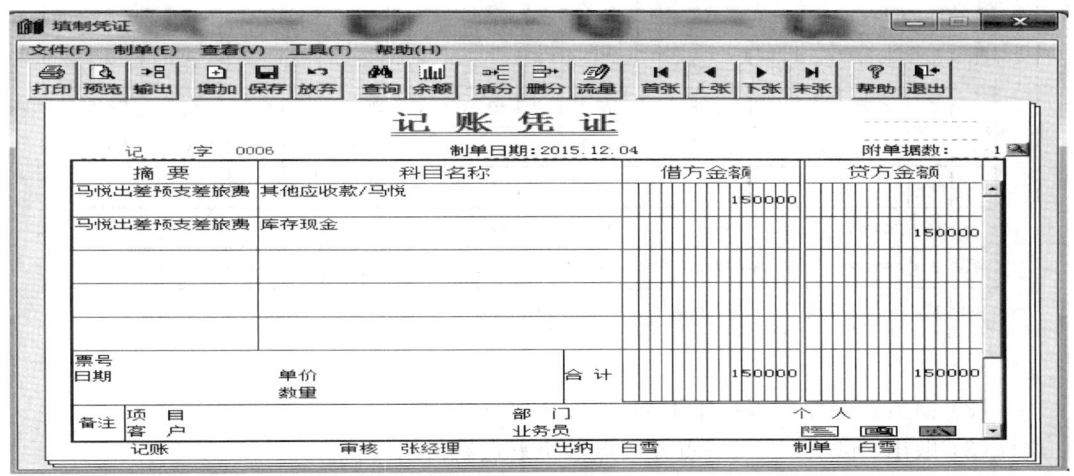

业务 3

12月10日,马悦从北京出差回来报销差旅费1 744元(马悦12月4日预支差旅费1 500元)。

白雪想,差旅费报销业务自己已经做过一次了,这次应该没问题。她拿了一张差旅费报销单给马悦,并交代马悦报销单填好后要请相关领导签名。过了一会,马悦重新来到财务部,差旅费报销单已填好,车票、发票等单据附在了报销单后面,领导也已签名。

 **业务操作**

(1) 白雪仔细审核马悦填写的差旅费报销单及所附原始凭证。白雪审核完差旅费报销单和所附的原始凭证,确认其是真实、合法的,金额1 744元也是正确的。马悦出差前暂借1 500元,现在实际用款1 744元,怎么补付给他244元呢?

张经理告诉白雪,在实际业务操作中,如果实际报销额大于借款额时,需补付差额,一般不用另开付款凭证,只要在差旅费报销单上加盖"现金付讫"印章,直接把现金补给报销人就可以了。

外埠出差费报销单

2015 年 12 月 10 日　　附单据 9 张　　编号：

部门	采购部		姓名	马悦		事由	北京采购布料			
起止时间、地址					车船票 飞机票	住宿费		住勤补贴		市内交通费	其他费用	
月	日 起程	月	日	到达		天	金额	天	金额		摘要	金额
12	5 上海	12	5	北京	317.00	3	600.00	4	120.00	40.00	伙食	200.00
12	8 北京	12	9	上海	317.00				现金付讫		其他	150.00
合计¥1 744.00			小计		634.00		600.00		120.00	40.00		350.00

原借支¥1 500.00　核销¥1 744.00　送补¥244.00　共计人民币(大写)壹仟柒佰肆拾肆元 零角 零分

财务主管　　记账　　出纳 白雪　　部门主管 刘辰林　　出差报销人员 马悦

(2) 白雪在差旅费报销单上加盖"现金付讫"印章。
(3) 取出244元,手工清点并用点钞机复点后付给马悦。

（4）根据差旅费报销单及所附原始凭证上机编制记账凭证，并保存原始凭证。

（5）根据审核无误的记账凭证登记库存现金日记账。（略）

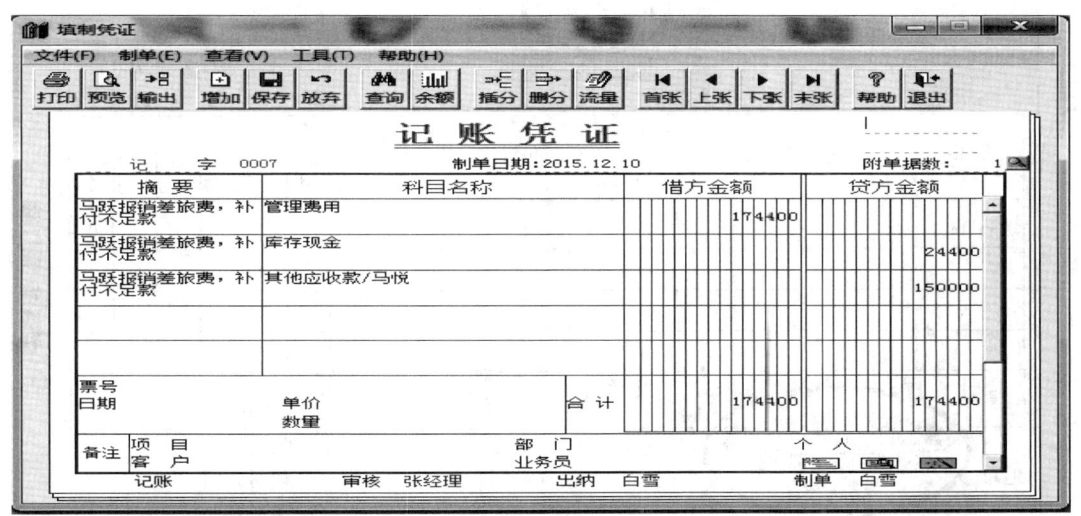

 **业务 4**

12月11日，办公室秘书王兰拿着发票来报销购买零星办公用品款，共计79.70元。

白雪：张经理，报销办公用品应该怎么操作？

张经理：白雪，在公司里各部门经常会需要零星采购一些办公用品、图书等，不超过规定限额的话一般都是用现金购买的，在程序上有两种做法：一种做法是经手人先暂借一些现金，用于购买物品，报销时多退少补。一种是经手人直接购买物品后回来报销。在报销时又有两种情况：一种是经手人员填写费用报销单、相关领导在报销单上签字，将发票附在报销单后面；一种是经手人和相关领导直接在发票上签字，将发票附在记账凭证后面。这次办公室购买用品是直接在发票上签字报销的处理方法。

业务操作

（1）白雪认真审核发票，无误。

（2）在发票上加盖"现金付讫"戳记，取出79.70元，手工清点并用点钞机复点后付给王兰。

（3）根据审核无误的发票上机编制记账凭证，并保存原始凭证。

（4）根据审核无误的记账凭证登记现金日记账。（略）

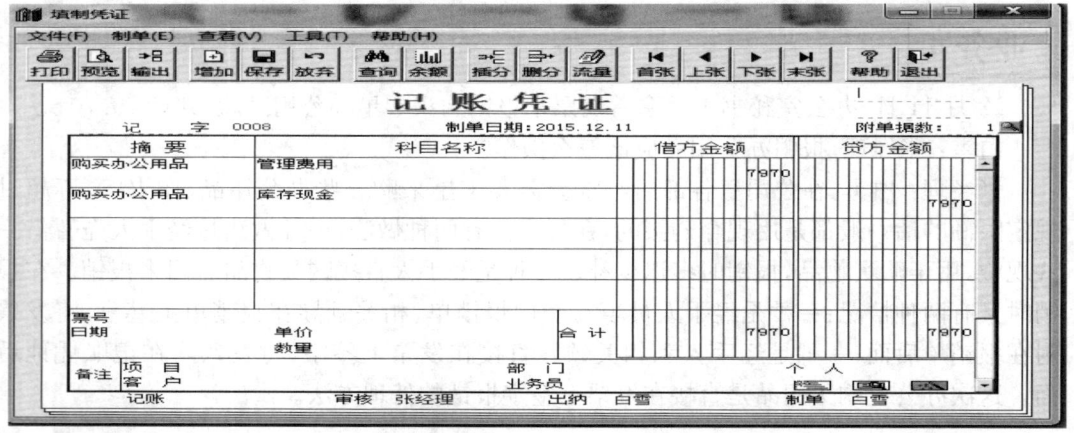

业务 5

12月13日，公司司机陈旭报销汽油费、路桥费共计390元。

白雪：张经理，这个汽油发票和路桥发票该怎么报销？

张经理：这个业务需要填写费用报销单了，你拿一张费用报销单给陈旭，请陈旭填好，将汽油发票和路桥发票附在费用报销单后面，请相关领导签字，再来办理报销现金手续。

 **业务操作**

（1）审核费用报销单和所附原始凭证（略），核对计算金额总数，无误。

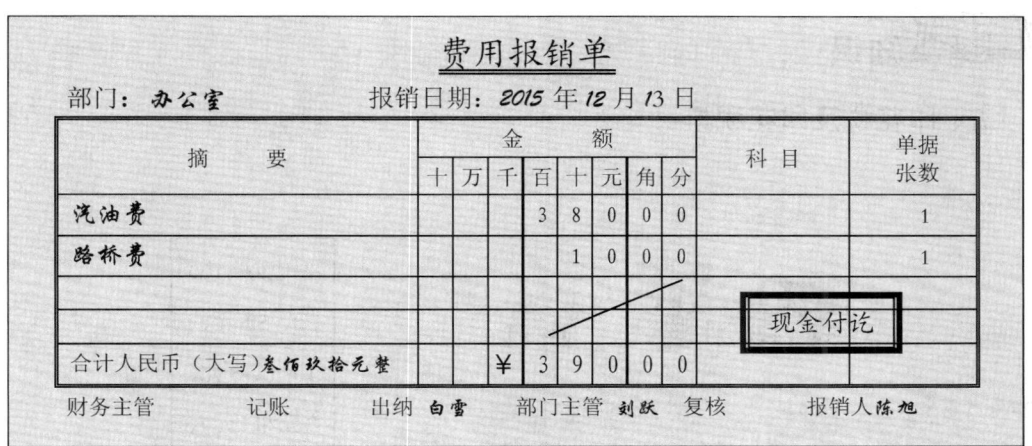

（2）在费用报销单上加盖"现金付讫"戳记，取出 390 元，手工清点并用点钞机复点现金后付给陈旭。

（3）根据审核无误的费用报销单和所附原始凭证，上机编制记账凭证，并保存原始凭证。

（4）根据审核无误的记账凭证登记库存现金日记账。（略）

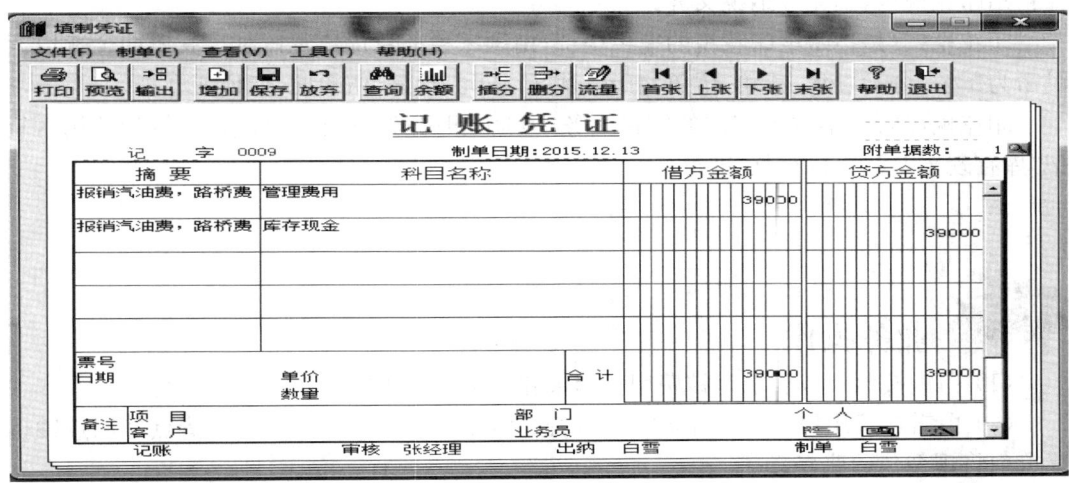

12月17日,财务部张经理以现金购买印花税票共计1 000元。

知识

五、印花税及印花税票

左边为100元、50元、10元、5元、2元和1元六种印花税票

印花税:是指以经济活动中签立的各种合同、产权转移书据、营业账簿、权利许可证照等应税凭证文件为对象所课征的税。印花税由纳税人按规定应税的比例和定额自行购买并粘贴印花税票,即完成纳税义务。

印花税票:是指缴纳印花税的完税凭证,由国家税务总局负责监制。其票面金额以人民币为单位,分为壹角、贰角、伍角、壹元、贰元、伍元、拾元、伍拾元、壹佰元九种。

印花税尽管是纳税人完成的纳税义务,但是在账务处理时,直接借记"管理费用",贷记"库存现金"或"银行存款"即可。

 **业务操作**

(1) 白雪按照规范要求审核费用报销单和所附原始凭证。

(2) 白雪在费用报销单上加盖"现金付讫"戳记,取出1 000元,手工清点并用点钞机复点后将现金付给张经理。

（3）根据审核无误的费用报销单和所附原始凭证，上机编制记账凭证，并保存原始凭证。

（4）根据审核无误的记账凭证登记库存现金日记账。（略）

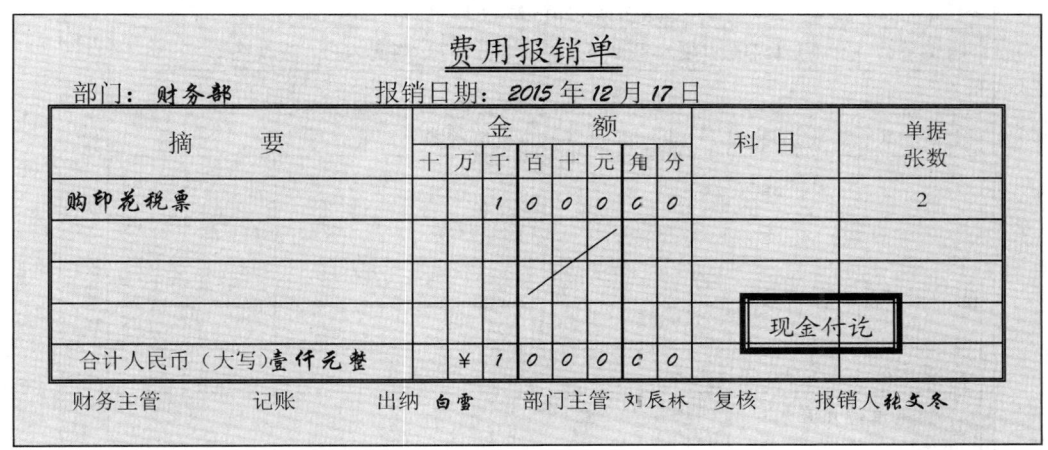

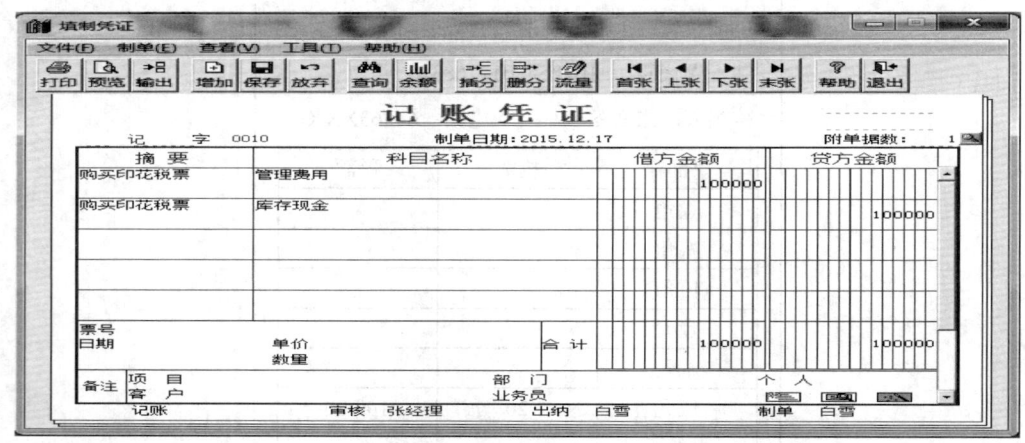

知识

六、特殊情况下使用现金的规定

因采购地点不确定、交通不便、抢险救灾以及其他特殊情况，办理转账结算不够方便，必须使用现金的开户单位,要向开户银行提出书面申请,由本单位财会部门负责人签字盖章,开户银行审查批准后,予以支付现金。

七、不得设"账外账"和"小金库"

"账外账"是指有的单位将一部分收入没有纳入统一管理,而是在单位核算账簿外另设一套账来记录财务统管以外的收入。"账外账"有的是财务部门自己设置的,也有的是单位其他部门、小单位设置的。

"小金库"是指单位库存之外保存的现金和银行存款,一般情况下与单位设置的"账外账"相联系,有"账外账"就有"小金库",有"小金库"就有"账外账"。设置"账外账"和"小金库"是侵占、截留、隐瞒收入的一种违法行为,为各种违法乱纪提供了条件,必须坚决予以取缔。

业务7

12月20日,绿叶公司来人办理退还包装物押金200元。

业务操作

(1) 白雪收回开给绿叶公司的包装物押金收据。

(2) 开具付款凭单(如下所列),收款人为绿叶公司。

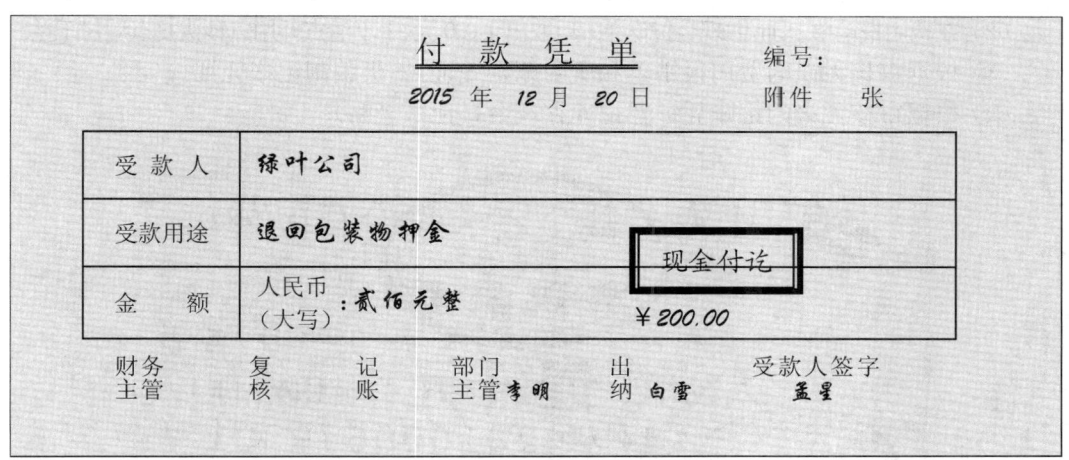

(3) 请绿叶公司经办人孟星在受款人处签字,在付款凭单上加盖"现金付讫"戳记,取出200元,手工清点并用点钞机复点后付给绿叶公司经办人。

(4) 根据付款凭单,上机编制记账凭证,并保存原始凭证。

(5) 根据审核无误的记账凭证登记库存现金日记账。(略)

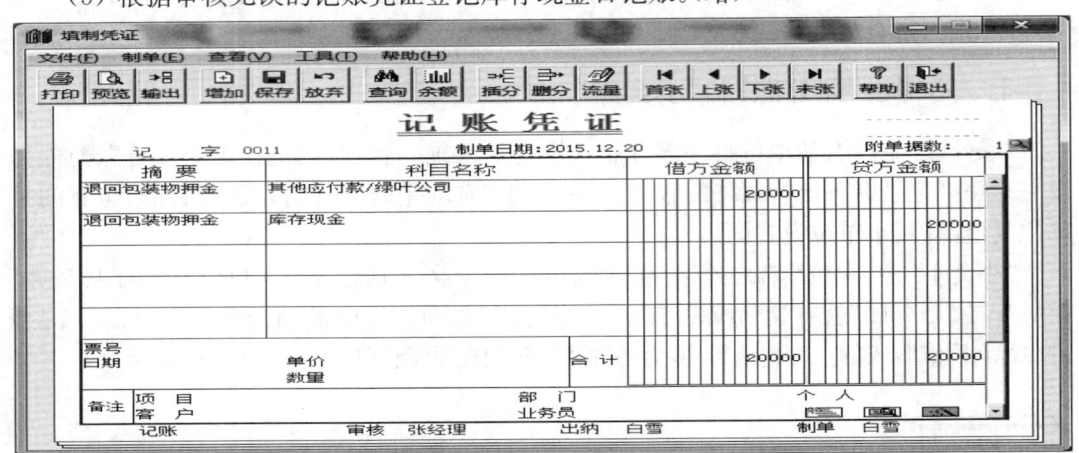

业务 8

12月25日,公司办公室秘书王兰购买1 000元交通卡赠送客户,以现金支付。

业务操作

(1) 白雪审核费用报销单和所附原始凭证(见上海公共交通卡有限公司定额发票)。
(2) 在费用报销单上加盖"现金付讫"印章,取出1 000元,手工清点并用点钞机复点后付王兰。
(3) 根据审核无误的费用报销单和所附原始凭证,上机编制记账凭证。
(4) 根据审核无误的记账凭证登记库存现金日记账。(略)

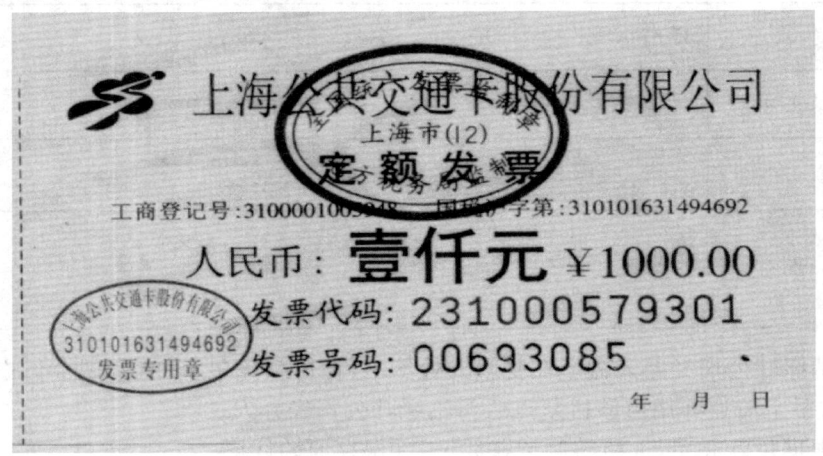

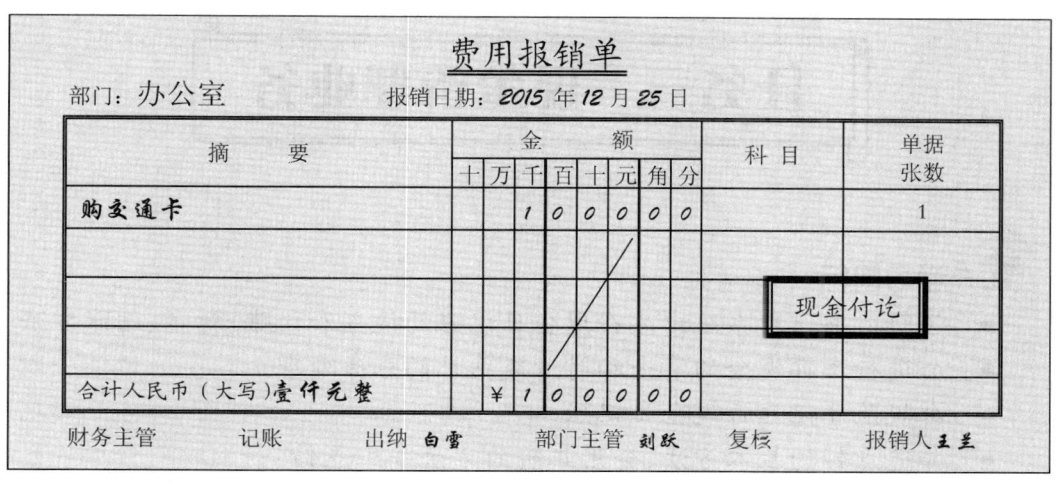

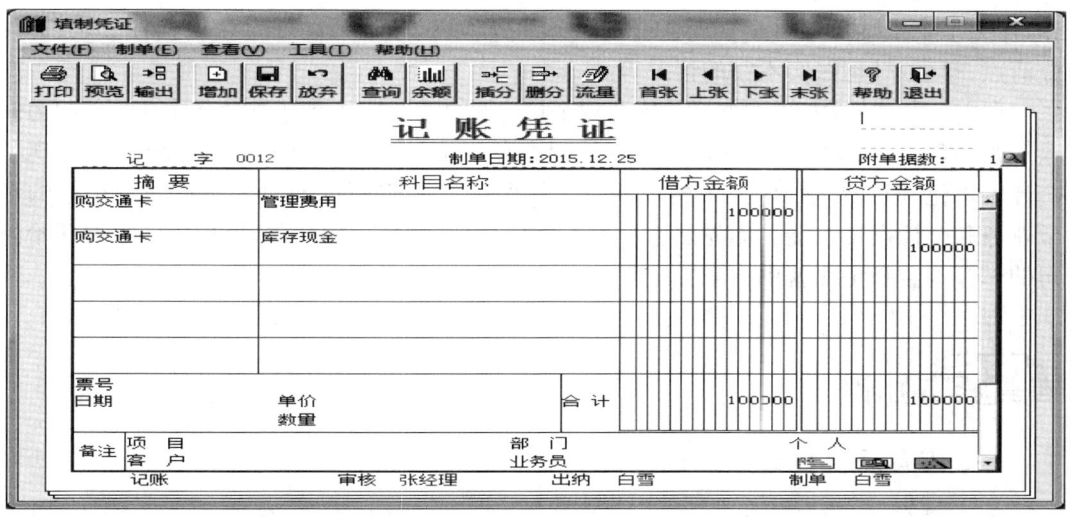

任务三 现金管理业务

 学习目标

- 了解财务信息系统中库存现金日记账的设置和记账、对账、结账方法
- 会进行库存现金的清查和对清查结果的账务处理
- 会规范登记库存现金日记账
- 知道点钞的基本方法、会用正确的方法手工点钞
- 会使用机器点钞
- 了解验钞方法,会进行人工验钞和机器验钞

张经理:白雪,你现在已经接触学习了一些企业日常发生的现金收支业务的处理操作,作为一个出纳员还要学会现金管理业务的其他内容,包括处理库存现金日记账,对现金清点、整理,处理账实不符的情况等。

白雪:我们在学校的时候学过库存现金日记账的手工登记,但毕竟没有真刀真枪地做过。

张经理:不要着急,接下来你学习处理库存现金日记账。目前尽管各单位都实现了会计电算化,但是对学习会计的学生来说,学习手工登记账簿,有利于你们熟悉企业的日常业务和会计操作技能。你先熟悉一下库存现金日记账的设置、登记知识,从明天开始公司的库存现金日记账就由你来登记了。

 知识

一、库存现金日记账的设置和登记

库存现金日记账是序时逐笔记录库存现金的收入及其来源、付出及其用途以及结存余额的账簿。设置库存现金日记账是为了逐日反映库存现金的收入、支出和结存情况,有利于对现金的保管和使用,便于对现金管理制度的执行情况进行日常监督。

手工记账条件下的库存现金日记账必须采用订本式账簿,一般为三栏式账页格式(如果

收、付款凭证数量较多时,也可以采用多栏式账页格式),由出纳人员根据现金收、付款凭证,按照业务发生顺序逐笔登记。每日终了,应当计算当日的现金收入合计数、现金支出合计数和结余数,并将结余数与实际库存数核对,做到随时发生随时登记·日清月结,账款相符。有外币现金的企业,应当分别设置人民币和各种外币的"库存现金日记账"进行明细核算。

手工记账的三栏式库存现金日记账样式:

三栏式库存现金日记账

年		凭证编号	摘　要	对方科目	收入(借方)金额	付出(贷方)金额	结存金额
月	日						

手工记账的多栏式库存现金日记账样式:

多栏式库存现金日记账

年		凭证编号	摘要	收入				支出				结余
月	日			主营业务收入	其他业务收入	……	合计	工资	办公费	……	合计	

三栏式库存现金日记账除设置"收入"、"付出"、"结余"三栏外,还应设置"对方科目"栏,反映每笔现金收、付的对应账户。在记账过程中,应根据有关凭证直接逐笔填明业务日期、凭证号数、摘要、对方科目、收入或付出金额,不得合并登记,当日账应当日清。

财务信息系统中的多栏式库存日记账可以根据各单位的业务特点自行在系统中设置,格式与手工的大同小异。

无论是手工记账还是信息化手段记账,登记库存现金日记账的四个要点是一样的。

登记库存现金日记账的四个要点:

(1)库存现金日记账应根据与现金收付有关的记账凭证进行登记。

(2)库存现金日记账应按时间顺序逐日逐笔进行登记。

（3）库存现金日记账应根据"上日余额＋本日收入－本日支出＝本日结余"逐日结出现金余额。

（4）逐日结出的现金余额应与库存现金实存数核对，以检查每日现金收付是否有误。

财务信息系统中的库存现金日记账样式：

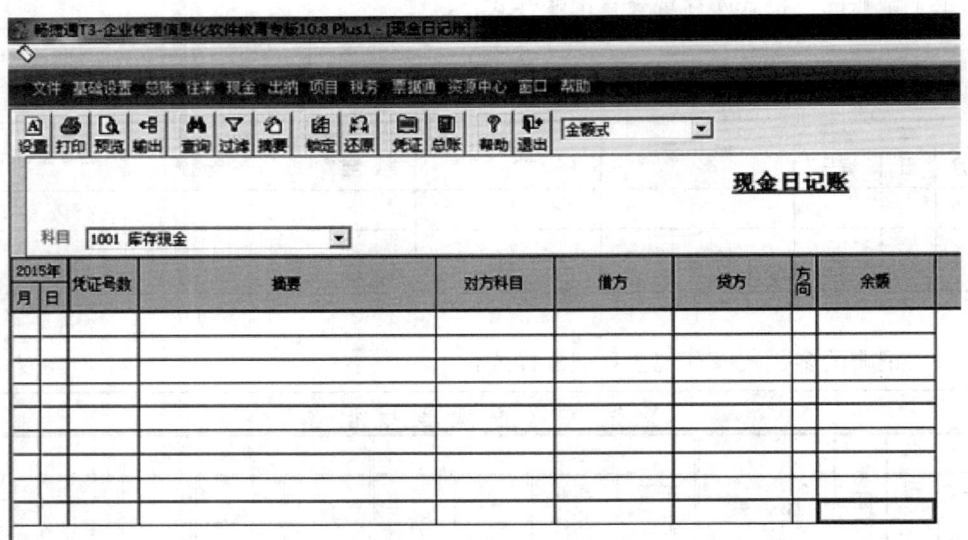

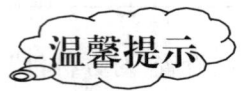

12月11日，白雪根据现金业务记账凭证登记库存现金日记账。

温馨提示

登记账簿必须要用蓝黑或碳素墨水书写，不得用圆珠笔和铅笔书写。

这天白雪处理了一笔办公室秘书王兰报销购买零星办公用品款的业务。记账凭证如下（见任务一）：

根据审核无误的记账凭证，白雪上机登记了库存现金日记账。

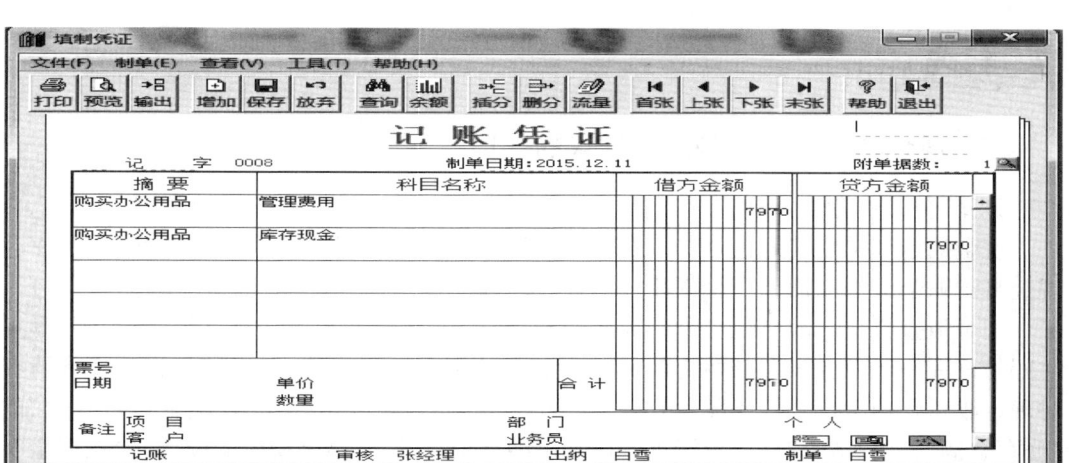

张经理看了白雪登记的内容，比较满意。下班前，张经理让白雪计算出当日的现金收入合计数、现金支出合计数和结余数，并将结余数与实际库存数核对，看看是否账款相符。白雪想这就是日清月结吧。库存现金日记账 12 月 11 日的余额是 7 441.10 元，白雪保险柜里的现金也是 7 441.10 元，账款相符。下班前，张经理还告诉白雪在坚持日清月结制度，由出纳员自身对库存现金进行检查清查的基础上，还要定期或不定期地对库存现金情况进行清查盘点。

2015年		凭证号数	摘要	对方科目	借方	贷方	方向	余额
月	日							
12	01	记-0001	提现备用	1002	3,000.00		借	14,000.00
12	04	记-0005	销货款解行	1002		5,130.00	借	8,870.00
12	06	记-0006	马悦出差预支差旅费	122102		1,500.00	借	7,370.00
12	06	记-0002	出售旧报纸	6602	106.80		借	7,476.80
12	06	记-0003	收取包装物押金	224101	200.00		借	7,676.80
12	09	记-0004	刘跃报销差旅费，交回余款	122101	88.00		借	7,764.80
12	10	记-0007	马跃报销差旅费，补付不足款	6602		244.00	借	7,520.80
12	11	记-0008	购买办公用品	6602		79.70	借	7,441.10
			合计		3,394.80	6,953.70		

业务 2

12 月 21 日，上级主管部门清查小组成员黄翼来公司清查现金。12 月 20 日，查询库存现金日记账的现金结余额为 5 851.10 元。

 知识

二、现金的清查方法和清查结果的处理

1. 现金清查方法

现金的清查采用实地盘点法。在清查当日,通过盘点确定现金的库存数额,并与库存现金日记账当天的账面结存余额相核对,以查明盈亏情况。

现金清查方法一般来说多采用突击盘点方法,不预先通知出纳员,以防做手脚,盘点时间最好在一天业务没有开始之前或一天业务结束后。清查前,由出纳员将截止到清查时现金收付账项全部登记入账,结出库存现金的账面余额并填列在"现金盘点报告表"的"账存金额"栏内;清查时,要求清查人员和出纳员均在场,并给予积极的配合,清点现金实存数;清查结束后,应由清查人员将清点结果填制在"库存现金盘点表"、"实存金额"栏里,将实存金额与账存金额相核对,确定盈亏,并说明原因,上报有关部门或负责人进行处理。

现金盘点报告表格式如下所示:

现金盘点报告表				
年 月 日				单位:元
实存金额	账存金额	对比结果		备注
		盘盈	盘亏	
盘点人(签章):			出纳员(签章):	

2. 对现金清查的结果,应根据情况分别处理

如属于违反现金管理有关规定的,应及时予以纠正;如属于账实不符的,应查明原因,并将短款和长款先记入"待处理财产损溢"账户,待查明原因后根据情况分别处理。

(1) 属于记账差错的应及时予以更正。

(2) 无法查明原因的长款应记入"营业外收入"账户。

(3) 无法查明原因或由出纳人员失职造成的短款一般由出纳人员赔偿。

3. 现金清查的重点

账款是否相符、有无白条抵库、有无私借公款、有无挪用公款、有无账外资金等违纪违法行为。

白雪第一次经历这样的场面,心里难免有点紧张。这时黄翼已经开始工作了。他首先清点了库存现金,库存现金实有数为 5 801.10 元;然后将库存现金实有数与库存现金日记账余额进行核对,发现短缺 50 元;接下来,根据清查结果黄翼编制了"现金盘点报告表"。

库存现金盘点报告表
2015年 12月 11 日
单位:元

实存金额	账存金额	对比结果		备注
		盘盈	盘亏	
5 801.10	5 851.10		50.00	

盘点人(签章):黄翼　　　　　　　　　　　出纳员(签章):白雪

张经理看到这个结果,先让白雪仔细想一想到底是什么原因,白雪一时想不出来,也不知道怎么进行处理。

这时张经理又给她介绍了有关现金长款和短款的知识,并告诉她发生长款和短款后的处理方法。

知识

三、现金长、短款及账务处理

现金长、短款是指库存现金日记账余额与库存现金数额不符的现金溢余或短缺,现金长短款的发生原因多种多样,具体表现有操作过失、白条抵库、盗取挪用等等。

发现有待查明原因的现金短缺或溢余,应先通过"待处理财产损溢"账户核算,报经批准后,分别进行处理。

一般情况下,如果发生了短款,也就是现金实存数少于账存数,在未得到上级批准的处理意见前,应该借记"待处理财产损溢"账户,贷记"库存现金"账户,目的是调整账面记录;得

到上级部门的处理意见时,如果应由个人赔偿的,应该借记"其他应收款——×××"账户,贷记"待处理财产损溢"账户;收到个人交来的赔偿款时,应该借记"库存现金"账户,贷记"其他应收款——×××"账户;如果无法查明短款的原因,一般就借记"管理费用"账户,贷记"待处理财产损溢"账户。

如果发生长款,也就是现金实存数大于账存数,在未接到上级批准的处理意见前,应该借记"库存现金"账户,贷记"待处理财产损溢"账户。得到上级部门的处理意见时,如果属于应付给有关单位或个人的长款,应该借记"待处理财产损溢"账户,贷记"其他应付款——某单位或个人"账户;如果属于无法查明原因的长款,应该借记"待处理财产损溢"账户,贷记"营业外收入"账户。

业务操作

根据张经理的介绍,白雪知道自己应该编制一张记账凭证,根据"库存现金盘点报告表"上实存数先调整账面记录。

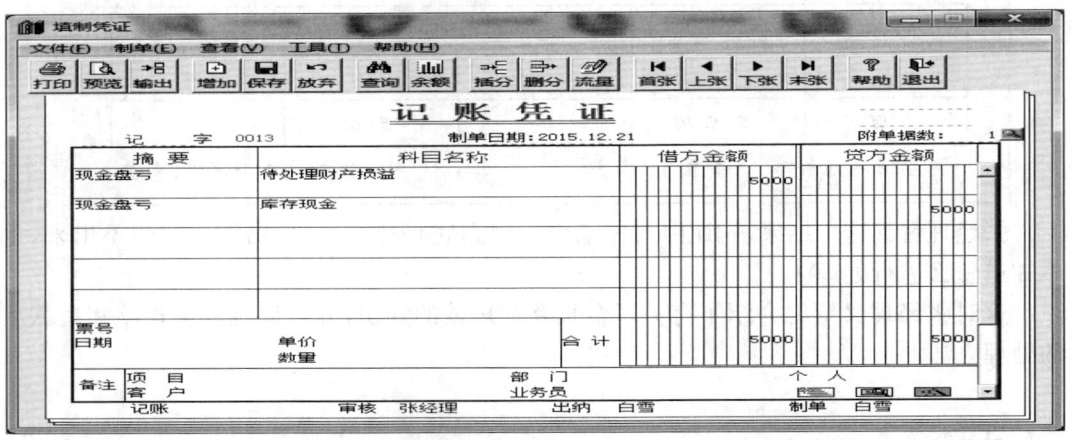

经过调整,现金实存数和账存数一致。接下来,对短缺的50元现金报上级领导等待处理。

业务 3

12月22日,报经批准后,决定50元短缺款由出纳员白雪赔偿。

 **业务操作**

(1) 张经理在库存现金盘点报告上签署处理意见。
(2) 白雪根据处理意见,上机编制记账凭证,并保存原始凭证。

库存现金盘点报告表
2015年12月22日   单位:元

实存金额	账存金额	对比结果		备注
		盘盈	盘亏	
5 801.10	5 851.10		50.00	50元由出纳员赔偿。张文冬12.22

盘点人(签章):黄冀　　　出纳员(签章):白雪

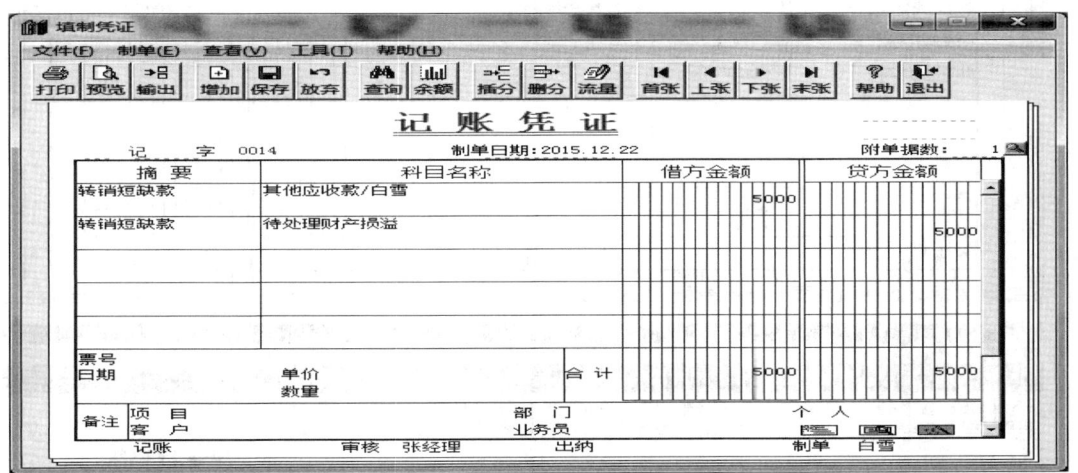

业务 4

12月23日,收到出纳员白雪赔偿款50元短缺款。

业务操作

(1) 白雪拿出自己的 50 元，交张经理清点后收进保险箱。
(2) 张经理开出现金收据，上机编制记账凭证，并保存原始凭证。
(3) 张经理让白雪登记库存现金日记账。

```
收         据              No0030366
         2015 年 12 月 23 日

交款单位：  白雪              收款方式   现金
                                              第
人民币(大写) 伍拾元整            ￥50.00        二
                                              联
                          ┌─────┐             记
收款事由： 赔偿款          │现金收讫│           账
                          └─────┘             联

财务主管：    记账：    出纳  白雪  审核：    经办  张文冬
```

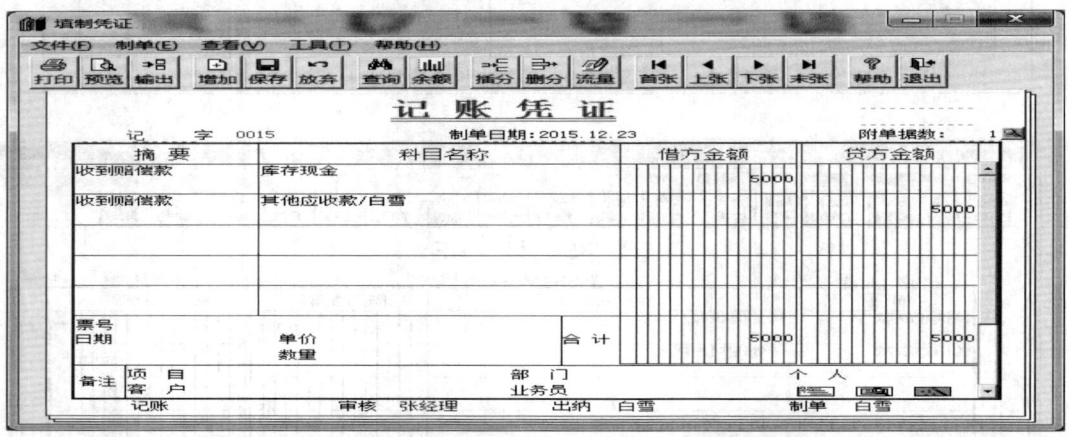

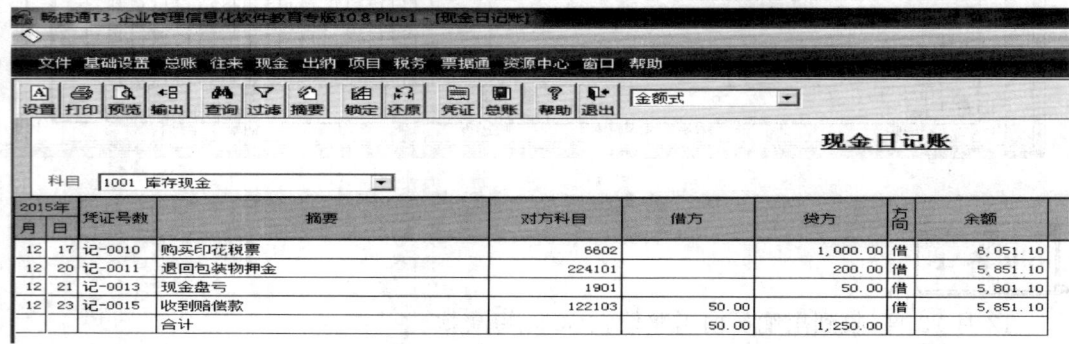

 知识

四、库存现金日记账的结账及记账凭证打印装订成册

库存现金日记账的结账是指在本期（一般为本月）现金收入款业务已全部登记入账并已对账的基础上，结出本期发生额合计和期末余额的操作行为。

以月末结账为例，月末结账应按以下步骤操作：

（1）检查本月发生或完成的现金收付业务是否已经全部登记入账。

（2）对账操作。

（3）结账操作。

月末结账后，按照各企事业单位的规定打印本月全部库存现金和银行存款的收、付款记账凭证，并逐日逐笔将保存的原始凭证粘贴在记账凭证背面，再按照现收、现付、银收、银付分类装订成册，归档保存。

张经理希望白雪通过这次现金短款的事情吸取教训，以后做工作要更加仔细，并且有时间要练好基本功，那么出纳的基本功有哪些呢？

张经理告诉白雪,出纳天天和现金打交道,点钞技术很重要,还有,现在假钞也时有发生,所以应好好练习点钞,并掌握识别假币的知识。

知识

五、点钞技术

点钞技术是出纳员的一项基本功。点钞方式按是否使用工具分为手工点钞和机器点钞。手工点钞可以分为手持式点钞和手按式点钞,其中,手持式点钞又可以分为单指单张、单指多张、多指多张和扇面法等。

出纳员在点钞时,一般应按下列程序办理:

(1)审查现金收、付款凭证及其所附原始凭证的内容,看其是否填写齐全、清楚,两者内容是否一致。

(2)依据现金收、付款凭证的金额,先清点整数(即大数),再清点零数(即小数),具体说是先清点大额票面金额,再依次清点小额票面金额,先清点成捆的(暂不拆捆)、成把(卷、指铸币)的(暂不拆把、卷),再清点零票。

(3)在点数过程中,一般应边点数,边在算盘或计算器上加计金额,点数完毕,算盘或计算器上的数字和现金收、付款凭证上的金额和清点的票面金额三者应相同。

(4)从整数至零数,逐捆、逐把、逐卷地拆捆点数,在拆捆、拆把、拆卷时应暂时保存原有的封签、封条和封纸,点数无误后才可扔掉。

(5)点数无误后,即可办理具体的现金收存业务。

手工点钞的基本技能:

(1)起钞:左手拿起一把钞票做拆把的准备。

(2)拆把:拆掉待点钞票的封条,同时持钞做好点数准备。

(3)持钞:点钞方法不同,持钞方法也不同,持钞正确是快速清点的基础。

(4)清点:手中点钞、脑中记数、眼睛挑残。

(5)捆扎:每百张一扎,不足百张应在捆扎条上写出实点数,扎紧捆钞条。

(6)盖章:在捆扎条上签章,明确责任。

(7)计算总金额:将所清点的全部钞票按面值和张数计算总金额。

记数可以采用首数变动法,也可以采用尾数变动法。如采用尾数变动法,最后一位代

表十位:1,2,3,4,5,6,7,8,9,1;1,2,3,4,5,6,7,8,9,2;…以此类推。

机器点钞是指用点钞机代替部分手工点钞,其速度是手工的几倍;机器点钞技术大大提高了点钞的工作效率并减轻了出纳人员的工作强度。机器点钞时左右手应分工明确,协调,眼睛注意观察传送带上的钞票和计数器情况。

六、验钞

我国目前正在流通使用中的第四套、第五套人民币可以采用以下方法检验:

(1) 用手拿着钞票在空中抖动,或者两手拿着钞票的两端一松一紧地拉动,或者用手指轻弹纸的表面,都会发出清脆的声音来。其他印刷纸的原料大都是稻草、麦秆、破布等,纸的质地绵软粗糙,韧性和张力不足,极易拉断。如果在空中抖动,它的声音发闷。

(2) 无荧光反应。人民币的印钞纸张所选用的原材料都是纯净清洁,不含杂质,白度很高,不添加荧光增白剂,呈自然的洁白色,如果在紫外线的光照下,没有明亮的荧光反应。而普通的印刷纸,一般都要添加荧光增白剂,在紫外线的照射下,就会发出明亮的蓝白荧光来。

(3) 水印。人民币的钞票用纸,较普遍地采用了水印技术。第四套人民币元券以上的钞票纸内,都有五角星图案的满版水印。其中10元券钞票纸内采用的是天安门图景的固定水印。第五套人民币钞票用纸,10元券、50元券和100元券采用的是人物图像固定水印,其他元券以上的钞票,用的是古钱图案满版水印。

(4) 安全线。人民币的部分钞票用纸,在造纸过程中采取了设置安全线的措施。如第五套人民币1990年版100元券、50元券,在钞票固定的位置上都设置了安全线。这些钞票日常将它平视时,是看不见安全线的。如果将这些钞票迎光透视时,就可以清楚地看到钞票纸内有一条立体感明显的暗色安全线,在票面的表层即可用手触摸到,线的部位是隆起的,特别是流通过一个时期的钞票,此特征更为明显。

七、现金的存放

现金,包括纸币和铸币,应实行分类存放保管。各单位的出纳员对库存票币分别按照纸币的票面金额和铸币的币面金额,以及整数(即大数)和零数(即小数)分类存放保管。

纸币一定要打开铺平存放,并按照纸币的票面金额,以每100张为一把,每10把一捆扎好。凡是成把、成捆的纸币即为整数(即大数),均应放在保险柜内保管,随用随取;凡不成把的纸币是为零数(或小数),也要按照票面金额,每10张为一扎,分别用曲别针别好,放在传票箱内或抽屉内,一定要存放整齐,秩序井然。

铸币也是按照币面金额,以每100枚为一卷,每10卷为一捆,同样将成捆、成卷的铸币放在保险柜内保管,随用随取;不成卷的铸币,应按照不同币面金额,分别存放在特别的卡数器内。

为了保卫国家财产的安全和完整,各单位应配备专用保险柜,专门用于库存现金、各种有价证券、银行票据、印章及其他出纳票据等的保管。按规定,保险柜内不得存放私人财物。

八、人民币的发行

1948年月12月1日中国人民银行成立,发行第一套人民币起至今已经发行了五套,除第一套外,后面4套都是在新中国成立以后发行的。

目前市场流通的人民币是第五套和第四套人民币,有12种券别,分别为1、2、5分,1、2、5角,1、2、5、10、50、100元。按照法律规定,人民币中元币以上为主币,其余角币、分币为辅币。形成主辅币三步进位制,即1元=10角=100分。按照材料的自然属性划分有金属币(亦称硬币)、纸币(亦称钞票)。无论纸币、硬币均等价流通。

任务四 支票结算业务

 学习目标

- 懂得支票的概念、分类
- 了解支票的使用范围
- 知道支票结算的基本规定
- 了解支票结算的基本流程
- 会根据支票结算的基本流程办理、审核相关业务,填制支票结算业务涉及的有关凭证
- 会到银行办理支票结算业务
- 会根据支票结算业务的有关凭证进行账务处理
- 了解贷记凭证,会办理贷记凭证结算全套业务,会进行贷记凭证结算业务的账务处理

张经理:白雪,出纳员除了要处理现金业务外,还要处理银行存款业务,也就是要处理与银行的票据来往结算业务和非票据结算业务。在大型企业中日常业务多,往往会把现金收支业务和银行存款业务分别由二三个出纳员承担,我们公司的日常业务不算多,这些业务由一个出纳员处理,所以,你作为出纳员还要学习处理银行存款收支业务。现在你先学习处理与银行的票据往来结算业务,包括支票、本票和汇票三大类的往来结算业务。

白雪:我在学校中学习过一点支票的知识,但是从来没开过正式的支票,更没有处理过支票业务。

张经理:那你就先熟悉一下有关支票结算的知识以及如何进行业务处理的操作要求。

 知识

票据是指出票人约定自己或委托付款人在见票时或指定日期向收款人或持票人无

条件支付一定金额并可流通转让的有价证券,包括本票、支票和汇票三大类。

一、支票结算的概念及适用范围

支票是出票人签发,委托办理支票存款业务的银行或者其他金融机构在见票时无条件支付确定的金额给收款人或者持票人的票据。

在 2007 年 6 月 25 日之前,支票结算方式只适用于同一票据交换区域的各种款项的结算。自 2007 年 6 月 25 日起,支票实现了全国通用,异城之间也可使用支票进行支付结算。支票由银行统一印制,可分为普通支票、现金支票和转账支票。普通支票可以支取现金,也可以转账。在普通支票左上角划两条平行线的,为划线支票,划线支票只能用于转账,不能支取现金;支票上印有"现金"字样的为现金支票,只能用于支取现金;支票上印有"转账"字样的为转账支票,只能用于转账。

二、支票结算的基本规定

1. 领购支票的规定

企业领购支票时,必须填写"票据和结算凭证领用单",并在第二联加盖预留银行的印鉴,同时要缴纳支票的工本费和手续费。存款账户结清时,必须将全部剩余空白支票交回银行注销。

2. 签发支票必须记载事项的规定

企业的出纳员签发支票时,必须将支票上的内容填写齐全,否则银行不予受理。签发支票必须记载的事项如下所述:

(1) 表明支票的字样。
(2) 无条件支付的委托。
(3) 确定的金额。
(4) 付款人名称。
(5) 出票日期。
(6) 出票人签章。

我国《票据法》规定:支票上未记载上面规定事项之一的,支票无效。

支票的出票日期、出票金额和收款人名称不得更改,其他记载事项若有更改,必须加盖预留银行印鉴之一证明。

签发现金支票和用于提现的普通支票,必须符合国家现金管理的规定。

3. 支票的书写和加盖印鉴的规定

手工签发支票应使用碳素墨水或墨汁填写,支票的出票日期应使用规范的中文大写。为防止变造票据的出票日期,在填写月、日时,月为壹至玖和壹拾的,日为壹至玖和壹拾、贰拾和叁拾的,应在其前加"零"字;日为拾壹至拾玖的,应在其前加"壹"

字。例如,2月19日,应写成零贰月壹拾玖日;又如,10月30日,应写成零壹拾月零叁拾日。企业目前基本用专用的支票打印机打印支票,可以大大减少错误。支票书写或打印后,由出纳员和会计机构负责人分别加盖预留银行的印鉴,包括公司财务章和法人章。

4. 支票的有效期规定

支票的提示付款期为自出票日起10日内。在2011年3月起启用的新版支票上明确规定"付款期限自出票之日起10天",超过提示付款期限提示付款的,付款人可以不予受理,但出票人仍应当对持票人承担票据责任。

5. 支票背书转让的规定

背书是转让票据权利的一种法定手续,即持票人在票据背面或粘单上记载有关事项并签章的票据行为。

支票可以背书转让,但用于支取现金的支票不得背书转让。出票人在支票正面记载"不得转让"的支票,也不得背书转让。背书转让时,需在支票背面的背书栏内背书,即在"被背书人"栏内填写受票单位名称,在背书人栏加盖本单位预留银行印鉴,注明背书日期,并将支票直接交给被背书单位。2011年3月1日起启用的新版支票背书栏内原来的一栏调整为两栏。按照规定,转账支票在提示付款期内,可以多次背书转让,但背书必须连续。背书人也可以在背书时注明"不得转让",以禁止支票再转让。

6. 支票挂失的规定

记载事项齐全的支票如果遗失、被盗等,失票人应立即到出票人开户银行挂失止付。失票人挂失时应填写"挂失止付通知书",记载事项有:票据丧失时间、地点、原因;票据号码、收、付款人名称、金额、出票日期等,须记载事项未记全的,银行不予受理挂失。在挂失前已经支付的,银行不予受理。

7. 违规签发支票的处罚规定

必须在银行存款账户余额内签发支票。禁止签发空头支票,不得签发与预留银行印鉴不符的支票。2011年3月1日起启用的新版支票"附出信息"栏对应的背面位置加印温馨提示"根据《中华人民共和国票据法》等法律、法规的规定,签发空头支票由中国人民银行处以票面金额5%但不低于1 000元的罚款。"持票人则有权要求出票人赔偿支票金额2%的赔偿金。对屡次签发违规支票的,银行应停止其签发支票。

知识拓展

票据行为具有四个特征:① 要式性。即票据行为必须依照我国《票据法》的规定在票据上载明法定事项并交付。② 无因性。指票据行为不因票据的基础关系无效或有瑕疵而受影响。③ 文义性。指票据行为的内容完全依据票据上记载的文义而定,即使其与实质关系的内容不一致,仍按票据上的记载而产生效力。④ 独立性。指票据上的各个票据行为各自独立发生效力,不因其他票据行为的无效或有瑕疵而受影响。

三、现金支票结算的业务程序及账务处理

1. 现金支票结算的业务流程

如果签发现金支票是用于提现备用或发放工资的,由出纳员签发现金支票,并加盖预留银行印鉴,持票至开户银行提现,取得现金当面点清。

如果签发现金支票是交付收款人的,则出纳员根据有关凭证签发现金支票交收款人,收款人取得现金支票后,若为企业收款,则须加盖预留银行的印鉴,再到付款人开户银行提交现金支票,取得现金交本企业财务部门。现金支票的收款人若为个人,则需在现金支票背面填上身份证号码和发证机关名称,凭身份证和现金支票签字领款。

2. 现金支票结算的账务处理

签发现金支票为本企业提取现金用于备用金或发放工资的,现金取回后清点入库。以支票存根进行账务处理:借记"库存现金"账户,贷记"银行存款"账户。

签发现金支票给其他企业的,出纳员签发支票后,以支票存根及其他有关凭证进行账务处理:借记"管理费用""原材料"或"营业外支出"等账户,贷记"银行存款"账户。而收款企业财务部门出纳员收到现金后,清点入库,并以有关凭证进行账务处理:借记"库存现金"账户,贷记"主营业务收入""应交税费"或"营业外收入"等账户。

业务 1

2015 年 12 月 3 日,因库存备用金不足,需补提备用金 4 000 元。白雪在张经理指导下签发了现金支票。张经理告诉白雪,用于提现的支票不仅正面的相关项目必须填写正确,还要在反面加盖本企业预留银行印鉴。

业务操作

(1) 白雪上机签发现金支票并打印,与张经理分别加盖预留银行印鉴(财务专用章、法人章)。

(2) 白雪持票至开户银行企业柜提示付款。

(3) 银行验查支票无误,取出现金清点并交付,白雪当场清点准确。

(4) 白雪回单位后将现金入库,根据支票存根上机编制记账凭证,并保存原始凭证。

中国工商银行现金支票存根
( ) IX II 04158562
附加信息 _____
_____
出票日期 2015 年 12 月 3 日

收款人：	本单位
金　额	￥4 000.00
用　途	备用金

单位主管　　　会计

中国工商银行　现金支票 ( ) IX II 04158562

出票日期（大写）：贰零壹伍年壹拾贰月零叁日　付款行名称：工行上海市大林支行

收款人：上海辰林服装有限公司　出票人账号：10012354627000×××××

人民币（大写）肆仟元整　　￥4 000 00

用途　备用金

上列款项请从我账户内支付

出票人签章：[上海辰林服装有限公司财务专用章][刘辰林印]

复核　　记账

本支票付款期限十天

附加信息：

[上海辰林服装有限公司财务专用章]　[刘辰林印]

收款人签章
2015 年 12 月 3 日

身份证件名称　　发证机关
号码

（贴粘单处）

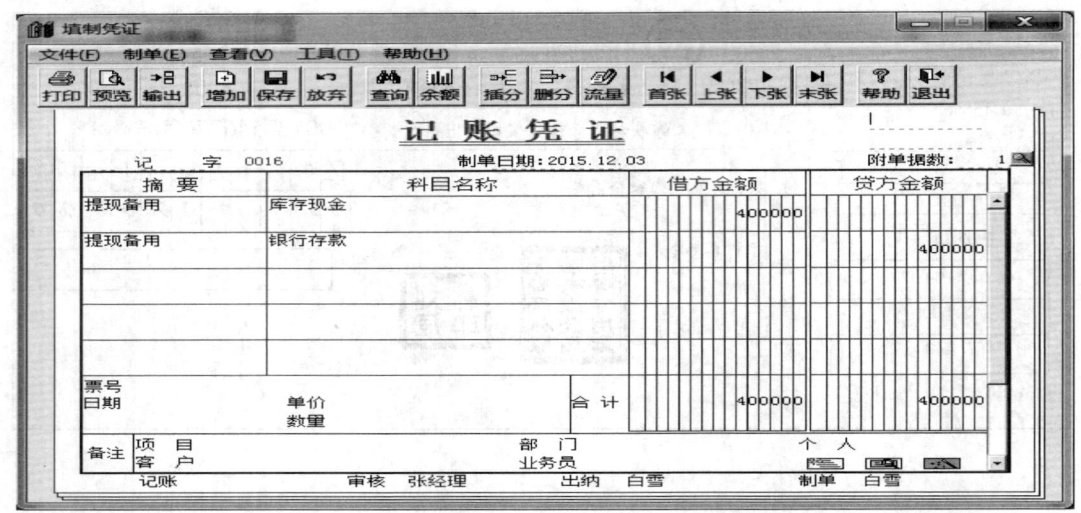

知识

四、转账支票的结算程序及账务处理

转账支票由付款人签发后,可以直接交给收款人,由收款人委托其开户银行代收,也可直接交给付款人开户银行,委托开户银行将款项划给收款人。前者称为借记支票流程,又因票据流向与资金流向相反而称为逆汇;后者称为贷记支票流程,又因票据流向与资金流向相同而称为顺汇。

1. 转账支票借记结算流程

在企业购买货物或接受劳务等情况发生后,购货企业作为付款人签发转账支票,加盖预留银行印鉴后交收款企业。收款人取得转账支票,审核无误后,在支票背面"被背书人"栏内加盖预留银行印鉴章,填制一式三联的"进账单"(第一联为回单联,银行受理后加盖转讫章退回出票人,作为回单,供出票人查询用;第二联为贷方凭证联,由收款银行作为收取款项的贷方凭证;第三联为收账通知,由收款银行收取款项后,加盖转讫章传给收款单位作为收账通知),连同取得的转账支票到本企业开户银行办理委托收款手续,取得银行加盖戳记的"进账单"回单联。

2. 转账支票贷记结算流程

在企业购买货物或接受劳务等情况发生后,购货企业作为付款人签发转账支票,加盖预留银行印鉴,连同填制的一式三联"进账单"直接交本企业的开户银行将款项转账支付给供货单位。银行审核无误后,在"进账单"第一联上加盖受理印章后退回付款人。银行办妥转账后,将进账单第三联交给供货单位。

转账支票结算流程如图 6 所示。

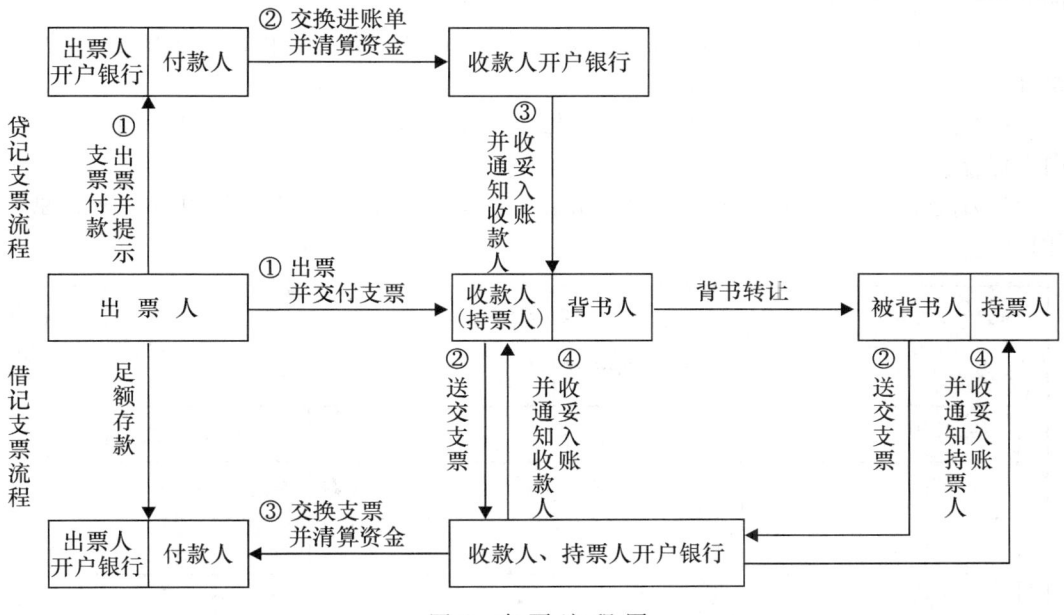

图 6　支票流程图

3. 转账支票结算的账务处理

签发了转账支票的企业,将支票交付收款单位以后,以支票存根及其他有关凭证进行账务处理:借记"管理费用""原材料"或"营业外支出"等账户,贷记"银行存款"账户。

收款企业收到开户银行转来的"进账单"收账通知联后,连同其他有关凭证进行账务处理:借记"银行存款"账户,贷记"主营业务收入""应交税费""应收账款"或"营业外收入"等账户。

业务 2

12 月 5 日,采购部采购员华庚申持购买原材料合同,来财会部门申领转账支票一张。已知需购买辅料 500 米,@6.60 元,金额 3 300 元,增值税为 561 元,价税合计为 3 861 元。供货单位为:上海市兴隆纺织品有限公司,开户银行为:中国农业银行上海汇南支行,账号为:1 000347692210×××××。

业务操作

（1）为了明确责任，要求领用支票的人员填写一张"支票领用单"，并经相关领导签字批准。

（2）白雪审核无误后，签发转账支票，加盖预留银行印鉴后交采购员华庚申，存根由白雪保存。

（3）俟收到采购员华庚申交来相关原始凭证后，上机编制记账凭证，并保存所有原始凭证。

支票 领用单
2015 年 12 月 5 日

支票号	密码	收款单位	用途	支票限额	报销日期
IX II 04158562	××××××××	上海市兴隆纺织品有限公司	购制衣辅料	3 861.00	
领导批示	刘辰林		领用人签字	华庚申	
财务主管		出纳 白雪		会计	

一般情况下，转账支票信息填写完整的支票存根可不随支票发出而存在出纳处，等收到相关发票等原始凭证并确认款项已付后连同支票存根一并编制记账凭证。

中国工商银行
转账支票存根 （ ）
IX II 04158562

附加信息

出票日期 2015 年 12 月 5 日
收款人：兴隆纺织品有限公司
金　额：¥3 861.00
用　途：购辅料
单位主管　　　　会计

中国工商银行　转账支票（ ）IX II 04158562
出票日期 （大写）贰零壹伍年壹拾贰月零五日　付款行名称：工行上海市大林支行
收款人：上海市兴隆纺织品有限公司　出票人账号：10012354627000×××××

人民币（大写）叁仟捌佰陆拾壹元整

亿	千	百	十	万	千	百	十	元	角	分
					¥	3	8	6	1	0	0

用途　购辅料
上列款项请从
我账户内支付
出票人签章　　　　　　　　　　　　　复核　　　记账

本支票付款期限十天

上海增值税专用发票　　No 00824372

抵扣联

校验码 060705841801364×××××　　开票日期：2015 年 12 月 5 日

购货单位	名　　称：上海辰林服装有限公司 纳税人识别号：31010752141×××× 地 址、电 话：上海市卢湾区大林路366 号021－64563××× 开户行及账号：工行上海市大林支行1001235462700×××××				密码区	自动生成	
货物或应税劳务名称	规格型号	单位	数量	单价	金　额	税率	税　额
衣衬		米	500	6.60	3 300.00	17%	561.00
合　　计					￥3 300.00		￥561.00
价税合计（大写）	人民币叁仟捌佰陆拾壹元整				（小写）￥3 861.00		
销货单位	名　　称：上海市兴隆纺织品有限公司 纳税人识别号：31010351121×××× 地 址、电 话：上海市南汇区 开户行及账号：中国农业银行上海汇南支行100034769221 0×××××				备注	上海市兴隆纺织品有限公司	

收款人：　　复核：　　开票人：王菲　　销货单位：（章）

填制凭证

文件(F)　制单(E)　查看(V)　工具(T)　帮助(H)

打印　预览　输出　增加　保存　放弃　查询　余额　插分　删分　流量　首张　上张　下张　末张　帮助　退出

记 账 凭 证

记　字　0017　　制单日期：2015.12.06　　附单据数：2

摘　要	科目名称	借方金额	贷方金额
购买辅料	在途物资/衣衬	330000	
购买辅料	应交税费/应交增值税/进项税额	56100	
购买辅料	银行存款		386100
票号 日期	单价 数量	合　计 386100	386100

备注　项　目　　　部　门　　　个　人
　　　客　户　　　业务员

记账　　审核　张经理　　出纳　白雪　　制单　白雪

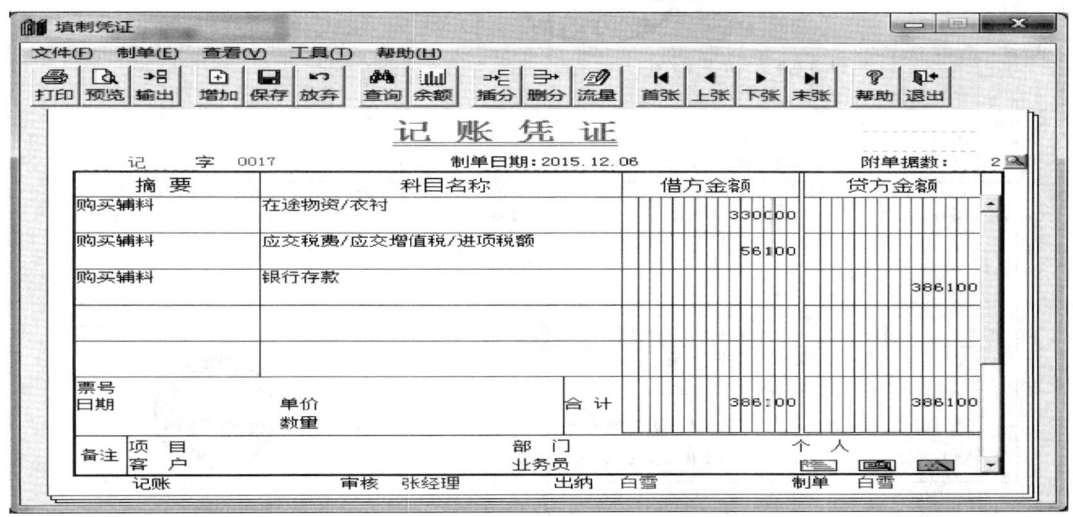

这时，白雪发现了一个问题。

白雪：张经理，如果采购员在购货前不能确定供货单位，也不能确定货款和可能发生的采购费用，需要到采购现场才能确定，这支票怎么开啊？

张文冬：是的，这种情况经常会发生。由于需要支付的金额包括供货单位尚不确定，又确需携带支票用于支付，财会部门只能开具空白支票。

所谓空白支票是指单位签发的没有填写收款单位名称或确定金额，但已经填明用途，加盖了印鉴的支票。空白支票的金额、收款人名称可以由出票人授权收款人补充记载。空白支票一般在无法提前确定供货单位或确定购货金额的情况下使用。使用时仍由领用者办理"支票领用单"，并由相关领导签字同意。该支票一旦丢失会给单位造成损失，因此，财务上应限制领用空白支票。

小思考

业务2转账支票的流转程序是逆汇还是顺汇？请举一个与业务2不同流向的业务例子。

业务3

12月7日，收到销售部交来销售产品的增值税发票及收取的转账支票。

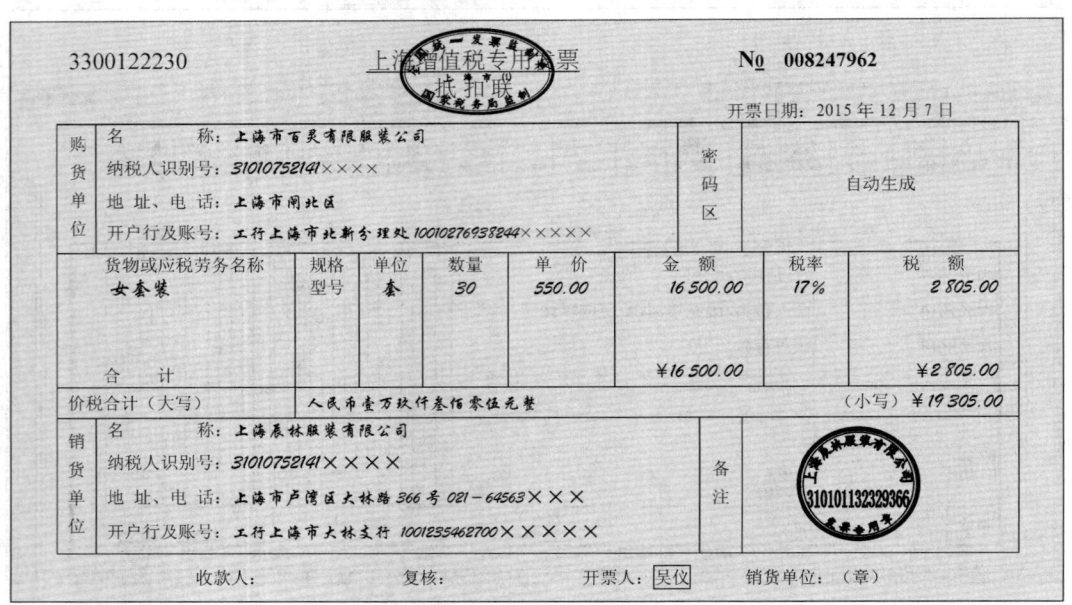

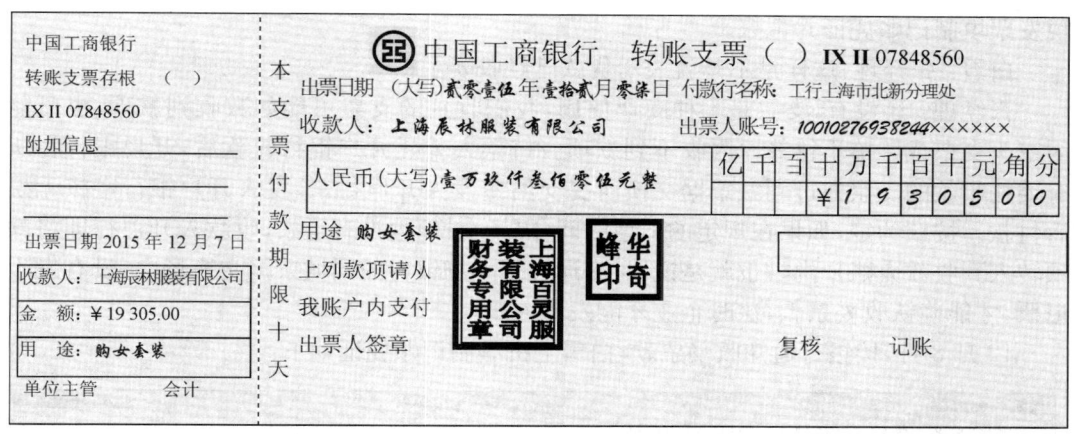

(1) 白雪对付款人交来的转账支票应作如下审核:支票的收款人或被背书人是否确为本单位,背书转让是否连续,有无不准转让字样;支票的签发日期是否在付款期内;日期是否大写;大小写金额是否一致;支票书写用墨是否规范;签发日期、收款人名称和大小写金额有无更改,其他内容更改后是否加盖预留银行印鉴证明;签发人盖章是否齐全。

(2) 在支票背面"被背书人"栏内加盖预留银行印鉴章,填制一式三联"进账单",一并交存开户银行,委托开户银行代收款项。

(3) 开户银行审核无误后,在"进账单"第一联上加盖业务公章后退回,俟退票时间过后再将第三联进账单加盖"转讫"章退收款人。

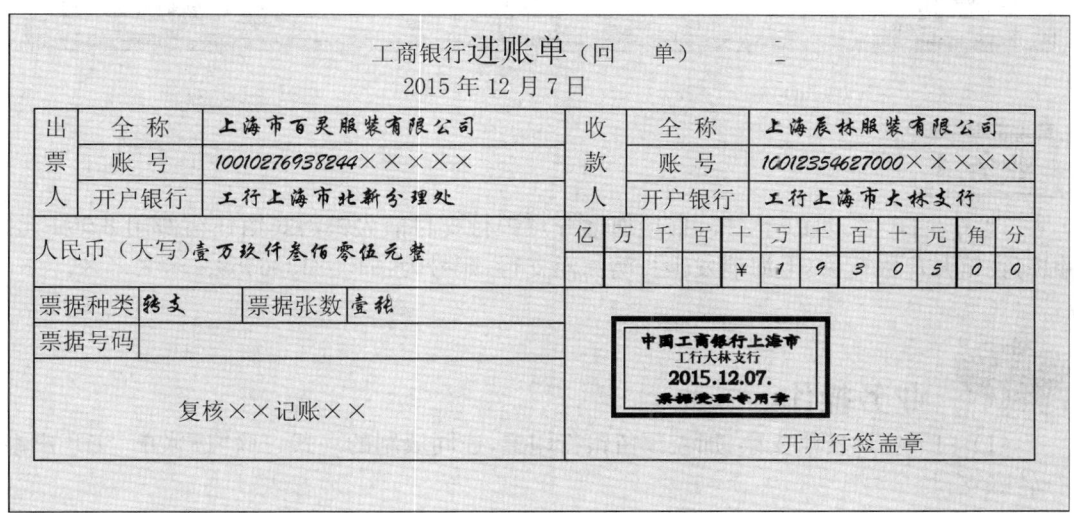

(4) 取得银行转来的"进账单"收账通知联后,白雪依据"进账单"收账通知联及增值

税发票填制记账凭证并记账。

白雪：张经理，这样是不是就表示货款已经收妥了？

张经理：还没有，支票是一种商业信用，我们收到的支票可能如数收到款项，也可能因空头支票或印鉴不符等原因收不到款项。持票人委托开户银行收款后，开户银行将所有委托收款的支票通过同城票据交换所提交给签发人开户行，签发人开户银行审核无误后付款。按照约定，如果在规定的退票时间（隔场交换）内没有退票，收款人开户行即将款项转入到收款人账户内。也就是说，只有通过了一场银行的同城票据交换场次，没有发生退票，才能确认收妥票款，这时企业才能发货入账。

12月8日，接银行通知收妥票款，白雪上机编制记账凭证如下：

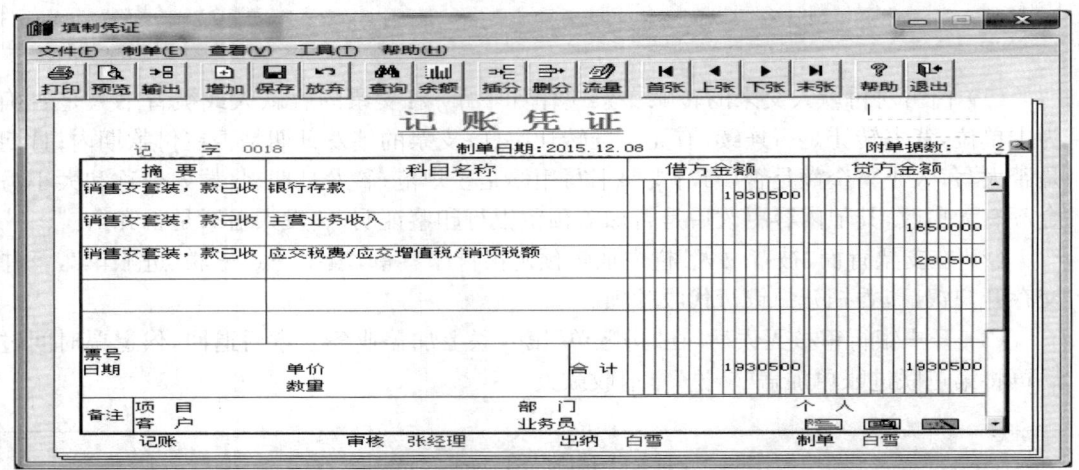

业务4

12月8日，签发转账支票，直接通过开户银行支付前欠银河宾馆住宿费用8 000元。银河宾馆开户银行为：上海浦发银行漕河泾支行，账号为：040034336459×××××。

业务操作

（1）白雪签发转账支票，加盖预留银行印鉴，连同填制的一式三联"进账单"交开户银行转账支付。

（2）银行审核无误后，在"进账单"第一联上加盖受理印章后退回给白雪。

（3）根据支票存根，白雪上机编制记账凭证，并保存原始凭证。

任务四 支票结算业务

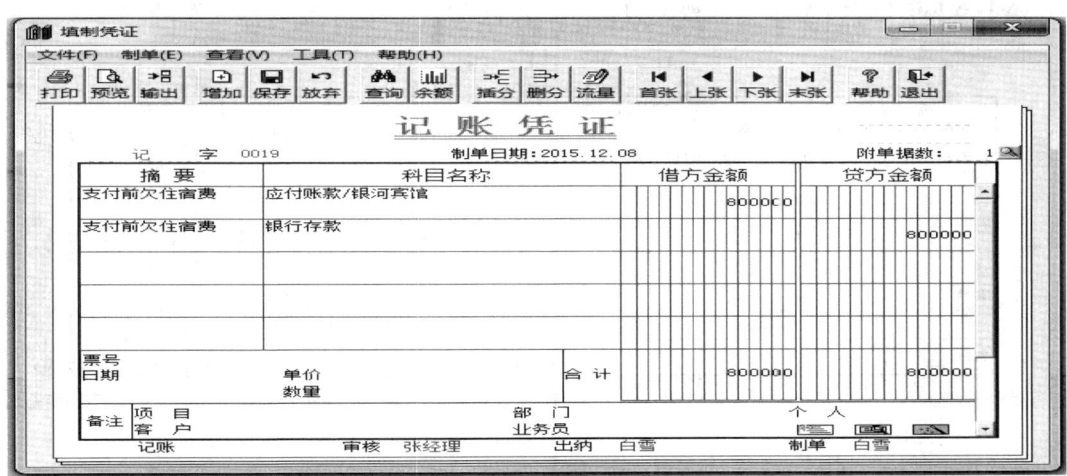

业务 5

12月9日,财务部收到开户银行转来"进账单"收账通知联,系日前出售废品收入,当即入账。

 **业务操作**

(1) 白雪审核收到开户银行转来"进账单"收账通知联,准确无误。
(2) 根据"进账单"收账通知联以及前收进账单回单上机编制记账凭证,并保存原始凭证。

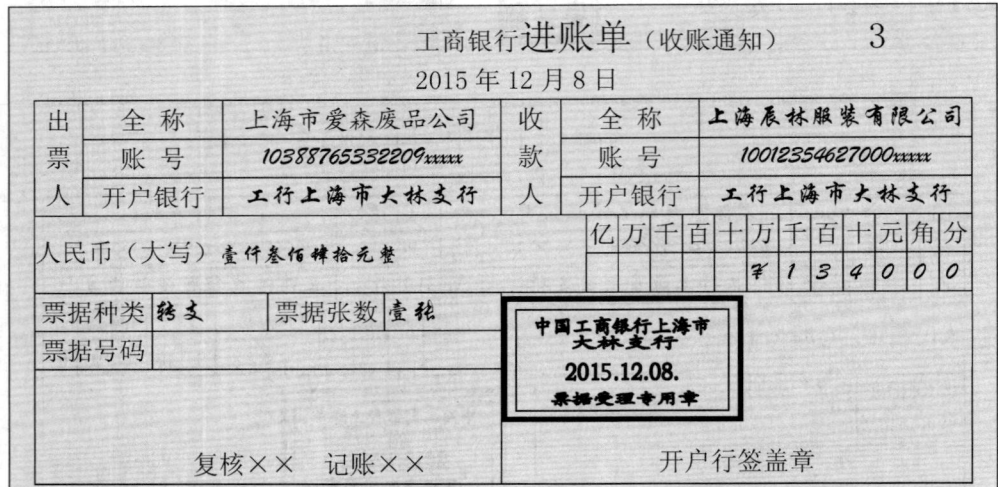

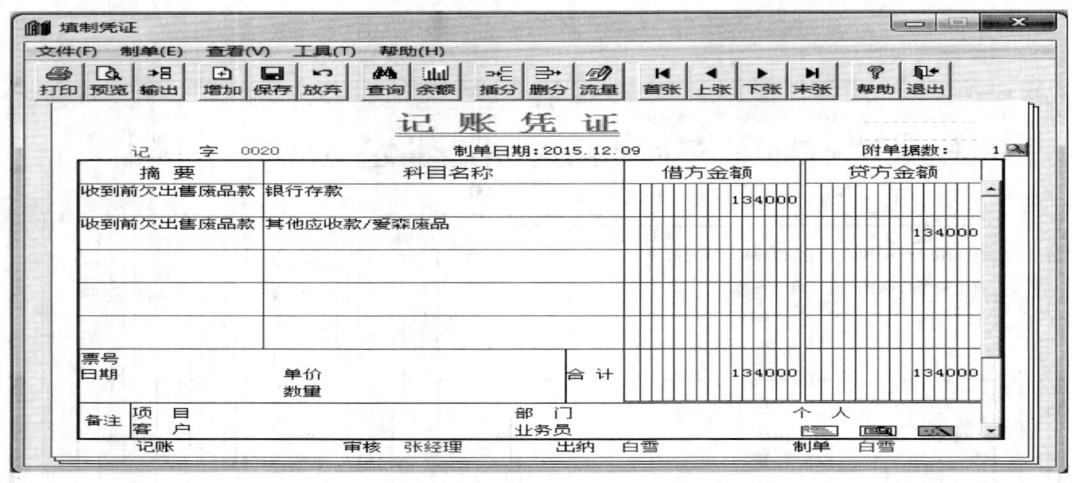

 知识

五、关于自动支票打印机

支票填写的要求十分严格,有些项目不得更改,而手工填写容易出错,加上近年来电子支付密码在国内银行与企业间的推广应用,自动支票打印机便应运而生。自动支票打印机的特点是打印规范,符合《支票支付结算办法》的规定,操作简单、方便、防篡改、耐保存,优于手工签发支票。实现支票只需一次打印,即可完成全部信息输出,很受出纳人员欢迎。

知识拓展

2006年2月,中国人民银行决定,立足我国国情,借鉴国际经验,建设基于影像技术的、覆盖全国的支票影像交换系统,支持支票全国通用,促进社会经济发展。2006年12月18日,支票影像交换系统在北京、天津、上海、河北、广东和深圳六省(市)成功试点运行。在此基础上,2007年6月25日,中国人民银行完成支票影像交换系统在全国的推广建设。目前,系统运行稳定,全国支票业务逐步发展。

六、贷记凭证

1. 贷记凭证结算的概念及适用范围

上海地区还有一种常用的同城结算方式,即贷记凭证。贷记凭证是由付款人签发,委托付款人开户银行,向收款人开户银行账户内支付款项的一种结算方式。适用于单位之间各种款项的支付,参加上海地区票据交换。

贷记凭证可分为定期贷记凭证和直接贷记凭证。定期贷记凭证只用于每月工资的发放和上、下级拨款等。直接贷记凭证适用于各单位之间的劳务供应、资金调拨以及其他款项的支付。

2. 贷记凭证结算的基本规定

(1) 贷记凭证只能提交给付款人开户银行办理转账,不得支取现金,不得流通转让。

(2) 贷记凭证的签发日期必须是付款人向开户银行提交贷记凭证的3日。

(3) 贷记凭证的大小写金额、签发日期、收款人名称、付款人名称不得更改,更改的凭证无效。

3. 贷记凭证结算的程序

贷记凭证与贷记支票流程相似。付款人签发一式四联贷记凭证(第一联为回单联,第二联为付款人开户行作借方凭证,第三联为收款人开户行作贷方凭证,第四联为收账通知),在第二联加盖预留银行印鉴,一并送交开户银行委托付款。银行审核无误后,在贷记凭证第一联回单联上加盖受理印章后退回付款人。

银行贷记凭证结算流程图如图7所示。

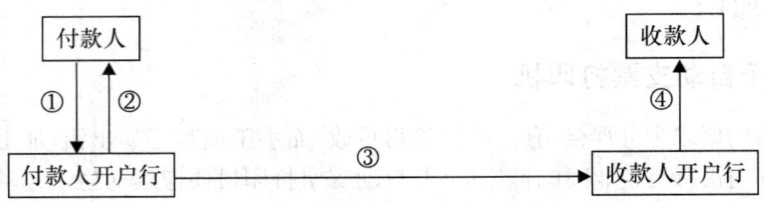

图7　银行贷记凭证结算流程图

说明：
① 付款人签发贷记凭证并于当日提交到自己的开户银行。
② 付款人开户银行审核无误后，将第一联（回单）交还付款人作为付款记账凭证。
③ 付款人开户银行留下第二联，将第三、四联传递到收款人开户银行，并划账到该行。
④ 收款人开户银行收妥款项，将第三联留下，将第四联传递到收款人作为收款记账凭证。

4. 贷记凭证计算的账务处理

付款人根据回单联及其他有关凭证进行账务处理：借记"管理费用""原材料"或"营业外支出"等账户，贷记"银行存款"账户。收款人收到开户行转来贷记凭证收账通知联，凭以进行账务处理：借记"银行存款"账户，贷记"主营业务收入""应交税费"或"应收账款"等账户。

5. 转账支票和贷记凭证的比较

转账支票与贷记凭证最大的共同点是都属于同城结算方法，它们在使用中都是见票即付。两者的异同如表1所示。

表1　　　　　　　　　转账支票与贷记凭证的比较

比较项目	转账支票	贷记凭证
信用属性	商业信用	商业信用
适用地域范围	主要用于同城	同城
提示付款	见票提示付款	出票提示付款
提示付款期限	10天	3天
结算金额	出票金额	出票金额
票据联次	2	4
票据流程	可顺汇可逆汇	顺汇
出票人	付款单位	付款单位
流通转让	可以	不可以
收款人风险	有	无

业务 6

12月10日,公司办公室主任刘跃来财务部,提交了领导已经签字批准的参加年底在光大会展中心举办的迎新展销会,要求支付迎新展销会摊位费 5 000 元。光大会展中心开户银行为:上海工商银行漕河泾支行,账号为:020257856459×××××。张经理告诉白雪,这笔费用可以用贷记凭证支付,比较快捷方便。

业务操作

(1)白雪审核公司与迎新展销会签订的参展合同规定、领导签字等内容无误,签发贷记凭证。

(2)在贷记凭证第二联加盖预留银行印鉴,交开户银行付款。

(3)根据贷记凭证回单联及光大会展中心开出的收费收据,上机编制记账凭证,并保存原始凭证。

贷款凭证(回单联) AS567896

签发日期:2015 年 12 月 10 日　1

① 此联作付款人回单

付款人	全称	上海辰林服装有限公司
	账号	10012354627000×××××
	开户银行	工商银行上海市大林支行

人民币　伍仟元整

收款人	全称	光大会展中心
	账号	020257856459×××××
	开户银行	工商银行上海市漕河泾支行

用途:支付展销会摊位费

单位主管　会计　复核　记账

收　据　No 0024399

2015 年 12 月 10 日

交款单位:　上海辰林服装有限公司
收款方式:　贷记凭证
人民币(大写)伍仟元整　　　　￥5 000.00
收款事由:　展销会摊位费

财务主管　记账　出纳　审核　经办 石清

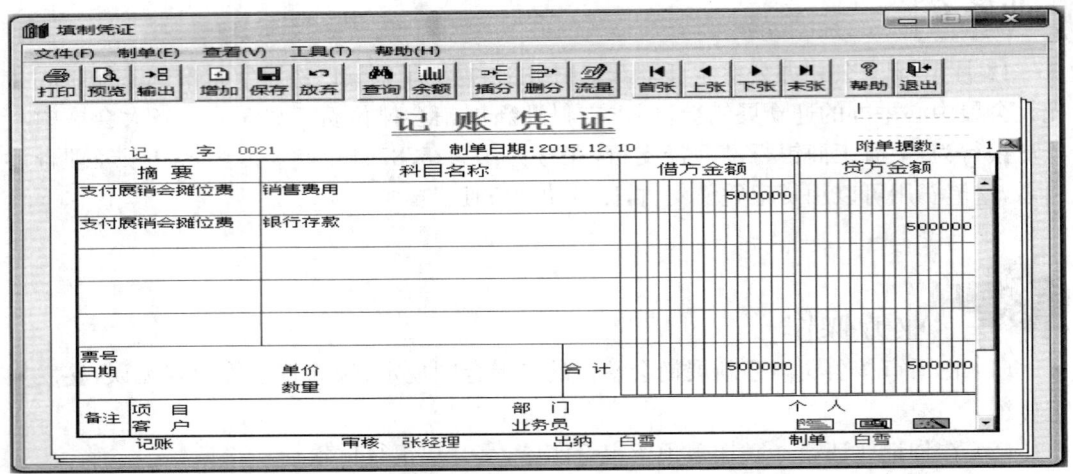

> **小思考**
>
> 　　将贷记凭证与转账支票作一个比较？看看它们有哪些异同点。

任务五　银行票据结算业务

 学习目标

- 懂得银行票据的概念、分类
- 了解银行票据的使用范围
- 知道银行票据结算的基本规定
- 了解银行票据结算的基本流程
- 会根据银行票据结算的基本流程办理、审核相关业务，填制银行票据结算业务涉及的有关凭证
- 会到银行办理银行票据结算业务
- 会根据银行票据结算业务的有关凭证进行账务处理

　　张经理：这一阶段我们要学习银行票据结算方式。银行票据包括银行本票和银行汇票，其中银行本票用于同城结算，银行汇票多用于异地结算。

　　白雪：银行票据的结算有什么特点呢？

　　张经理：它们的共同特点是，票据都由银行签发，信用度高，支付功能强，使用方便，票随人到，见票即付。

 知识

一、银行本票结算方式

（一）银行本票的概念及适用范围

　　银行本票是申请人将款项缴存银行，由银行签发的，承诺自己在见票时无条件支付确定金额给收款人或持票人的票据。其主要适用于同城商品交易、劳务供应和其他款项的

结算,单位、个体经营户和个人均可使用。

(二)银行本票结算的基本规定

1. 银行本票的申领

企业申请适用银行本票时,应到银行填写"银行本票申请书"。申请人或收款人是单位的,不得申请使用现金银行本票。

2. 签发银行本票必须记载事项的规定

银行本票由银行签发,签发时必须完整填写票据上的有关内容:

(1) 表明"银行本票"字样。
(2) 无条件支付的承诺。
(3) 确定的金额。
(4) 收款人的名称。
(5) 出票日期。
(6) 出票人签章。

银行本票可以用于转账,注明"现金"字样的银行本票可以用于提取现金,但仅限于个体经济户和个人。申请人或收款人为单位的,银行不得为其签发现金银行本票。

3. 银行本票有效期的规定

银行本票的提示付款期限自出票日起最长不超过 2 个月。2011 年 3 月 1 日起启用的 2010 版本票将原版本左上角"付款期限贰个月"调整为"提示付款期限自出票之日起贰个月",并移置票据左边款处;逾期的银行本票,兑付银行不予受理,但可以在签发银行办理退款。

4. 银行本票背书转让的规定

银行本票一律记名,允许通过背书转让。填明"现金"字样的银行本票不得转让。

5. 银行本票的挂失规定

银行本票见票即付,遗失后银行不办理挂失手续。但对遗失的银行本票在付款期满后一个月,确定未被冒领的,由原申请人出函说明情况后可以办理退款手续。

(三)银行本票结算的业务流程

企业因为采购货物或接受劳务,需购买银行本票支付,由企业财务部门出纳员作为银行本票申请人(付款人)向开户银行填写"银行本票申请书",如申请人在签发银行开立账户的,应在"银行本票申请书"第二联上加盖预留银行印鉴(若交现金办理的,应注销第二联)。个体经营户和个人需要支取现金的应在"银行本票申请书"上"本票金额"栏先填写"现金"字样,后填写金额。签发银行受理"银行本票申请书",审查无误、收妥票款和手续费后,即签发银行本票交申请企业出纳员。企业取得银行本票后可由采购部门业务员将本票交付给本票上记载的收款人办理结算。

收款人(持票人)收到银行本票,应审核其真伪及规范性,确认其准确无误,向本企业开户银行提示付款时应在本票背面加盖预留银行印鉴,同时填写进账单,办理转账手续。

银行本票结算流程如图 8 所示。

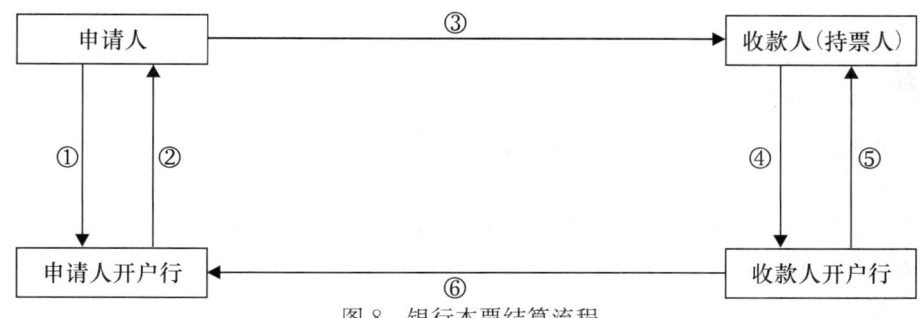

图 8　银行本票结算流程

说明：① 付款（申请）企业出纳员到开户银行办理申请签发银行本票手续。
　　　② 银行审核后签发银行本票，签章后交付款企业出纳员。
　　　③ 付款企业出纳员把银行本票交采购部门业务员带交给收款人办理结算。
　　　④ 收款人（持票人）到本企业开户银行提示付款。
　　　⑤ 收款人开户银行审核无误划账付款。
　　　⑥ 申请人开户银行与收款人开户银行结算资金。

（四）银行本票结算的账务处理

申请人（付款人）取得银行本票时，应根据银行退回的"银行本票申请书"回单联，借记"其他货币资金——银行本票"账户，贷记"银行存款""库存现金"等账户。对于银行收取的办理银行本票手续费，付款单位应根据银行的相应收费单据，借记"财务费用"账户，贷记"银行存款""库存现金"等账户。当采购部门将银行本票交付收款人后，取得收款人的发票等有关凭证交财务部门，财务部出纳员应该根据收款人交付的发票等有关单据，借记"原材料""应交税费""固定资产"等账户，贷记"其他货币资金——银行本票"账户。

作为收款人取得银行退回的进账单回单及收款通知后，凭以进行账务处理：借记"银行存款"账户，贷记"主营业务收入""应交税费""应收账款"等账户。

知识拓展

因银行本票是办理全额结算，若应付金额小于银行本票票面金额，则应由收款方以现金（付款方开出收现收据）或支票（付款方按支票进账方式办理进账手续）的形式退回差额款项。反之也可用现金或转账支票补足款项。

业务 1

12 月 9 日，公司车队拟新购面包车一辆，请购已经批准，并办妥相关手续，车队队长徐佳交来"银行本票请领单"一份，要求财会部门办理银行本票。供货单位为上海威鹏汽车贸易有限公司。

**业务操作**

（1）收到有关领导签字的"银行本票请领单"，审核无误。

（2）出纳员根据"银行本票请领单"填写一式三联的"银行本票申请书"（第一联为存根联，第二联为转账借方凭证，第三联为转账贷方凭证），详细写明收款单位名称等各项内容。并在"银行本票申请书"第二联上加盖预留银行印鉴。

（3）将"银行本票申请书"送交开户银行申请签发银行本票。

（4）开户银行受理并审查无误后，办理收款手续（票款及手续费，签发银行直接从本单位账户划拨款项），签发银行本票交出纳员。

（5）出纳员取得银行本票，交给车队队长徐佳。

（6）根据银行退回的"银行本票申请书"回单联及手续费单据，上机编制记账凭证，并保存原始凭证。

银行本票请领单				
	2015 年 12 月 9 日
收款人	上海威鹏汽车贸易有限公司	开户银行	支行上海市曹阳支行	账号 1009876546785 6××××
汇款用途		购买面包车
汇款金额		人民币（大写）陆万元整		￥60 000.00
单位领导：刘辰林		部门负责人：徐佳		申请人：徐佳

中国工商银行上海市分行
本票申请书　②　NO：040372
申请日期 2015 年 12 月 9 日

收款人 上海威鹏汽车贸易有限公司　　本票号码 JH27652200
本票金额人民币（大写）陆万元整　　代理付款行＿＿＿＿
备注：（上海辰林服装有限公司财务专用章）（刘辰林印）
　　　申请人名称 上海辰林服装有限公司
　　　申请人账号 1001235462700×××××
申请人签章　　银行出纳　　复核　　记账　　验印

此联申请人留存

注："银行本票申请书"的格式由人民银行各省市分行确定和印制。

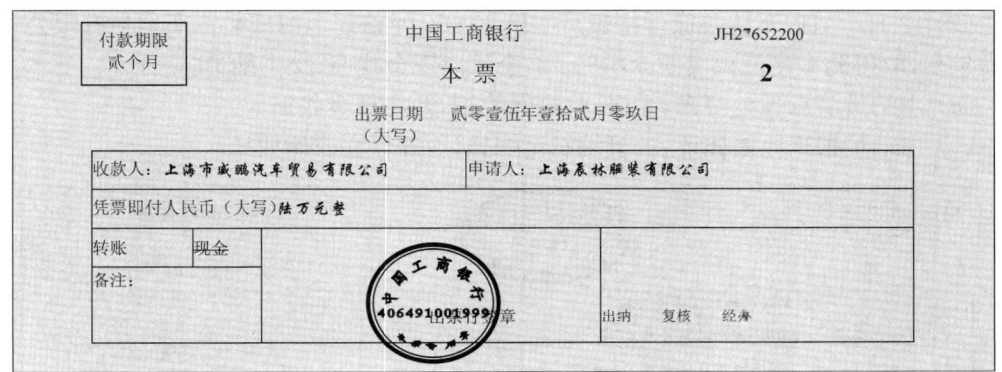

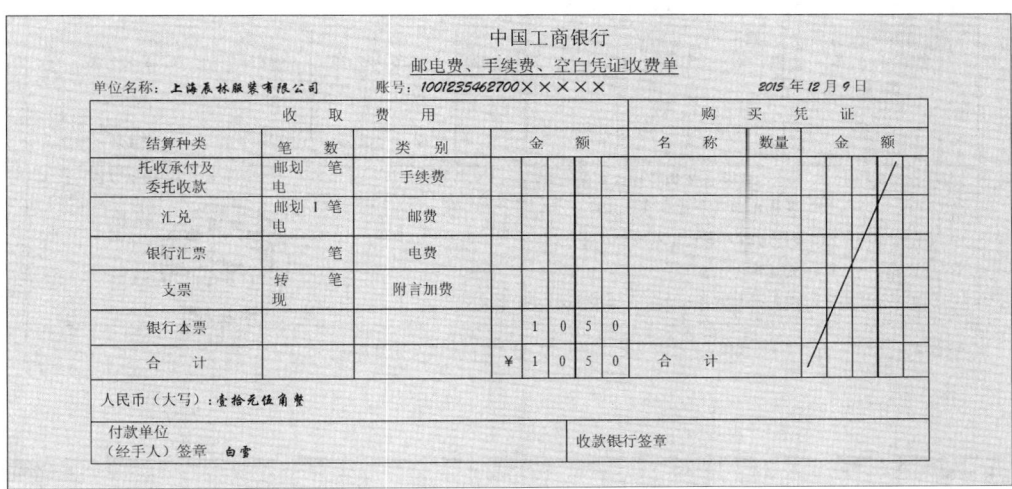

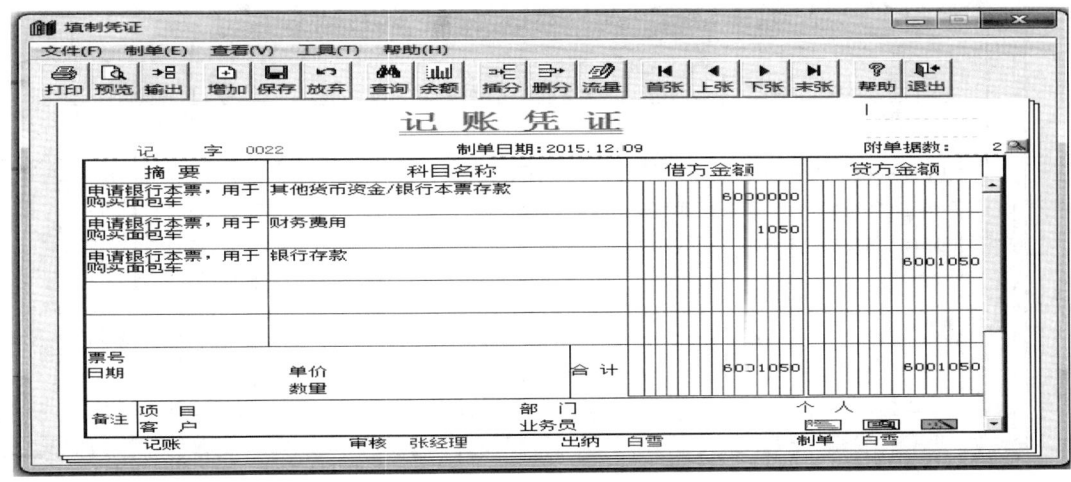

（7）12月10日，车队长徐佳持银行本票60 000元前往上海威鹏汽车贸易有限公司购买面包车，取得购车增值税发票59 480元，余款以现金找回，交出纳员。

（8）出纳员清点现金两遍，无误，收进保险箱，开出现金收据。

（9）出纳员根据原始凭证，上机编制记账凭证，并保存原始凭证。

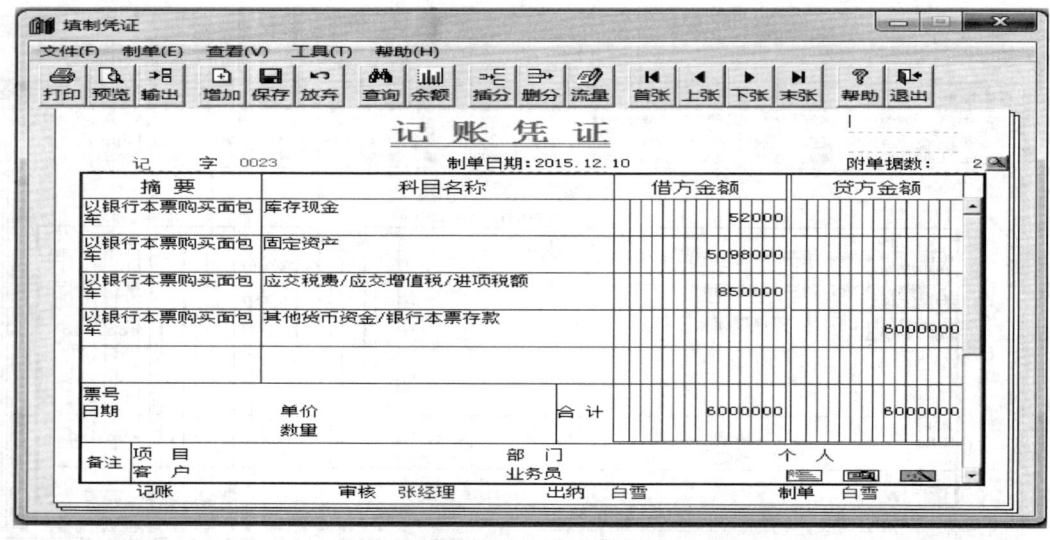

收　　　据　　　No.0030366
2015 年 12 月 10 日

交款单位：__徐佳__　　　　　　收款方式　__现金__
人民币(大写)__伍佰贰拾元整__　　　　￥520.00
收款事由：__收回购汽车余款__　　　现金收讫

财务主管：　　　记账　　　出纳：__白雪__　审核：　　　经办：__徐佳__

业务 2

12月11日，仓库销售多余辅料，将购买单位交来的银行本票一张，增值税发票一张交财务部。

业务操作

（1）出纳员收到银行本票，需进行如下审查：收款人是否确为本单位；银行本票是否在提示付款期限内；必须记载的事项是否齐全；持票人签章是否符合规定；是否有压数机压印的出票金额，并与大写出票金额一致；出票金额、出票日期、收款人名称是否更改，更改的其他记载事项是否有原记载人签章证明。

（2）在本票背面加盖预留银行印鉴，同时填写进账单。

（3）出纳员到开户银行提示付款。

（4）取得银行退回的进账单回单及收款通知。

（5）依据增值税发票及进账单收款通知联，上机编制记账凭证，并保存原始凭证。

知识拓展

被背书人受理银行本票时，除了审核以上项目外，还应注意：背书是否连续；背书人签章是否符合规定；背书使用粘单是否按规定签章；背书人为个人的身份证件。

6100452278		上海增值税专用发票			No 09724678			
					开票日期：2015 年 12 月 11 日			
购货单位	名　　　称：	上海红装服装公司			密码区		自动生成	
	纳税人识别号：	3101075214×××××						
	地址、电话：	上海市静安区新闸路6号 021-********						
	开户行及账号：	工行上海市静安支行7658123546 2700××××						
货物或应税劳务名称	规格型号	单位	数量	单价	金额	税率	税额	
衬布		匹	12	320.00	3 840.00	17%	652.80	
线		盒	50	23.20	1 160.00		197.20	
合　计					￥5 000.00		￥850.00	
价税合计（大写）	人民币伍仟捌佰伍拾元整				（小写）￥5 850.00			
销货单位	名　　　称：	上海辰林服装有限公司			备注			
	纳税人识别号：	3101075214×××××						
	地址、电话：	上海市卢湾区大林路366号 021-64563××××						
	开户行及账号：	工行上海市大林支行100123546 2700××××						
收款人：		复核：		开票人：王菲		销货单位：（章）		

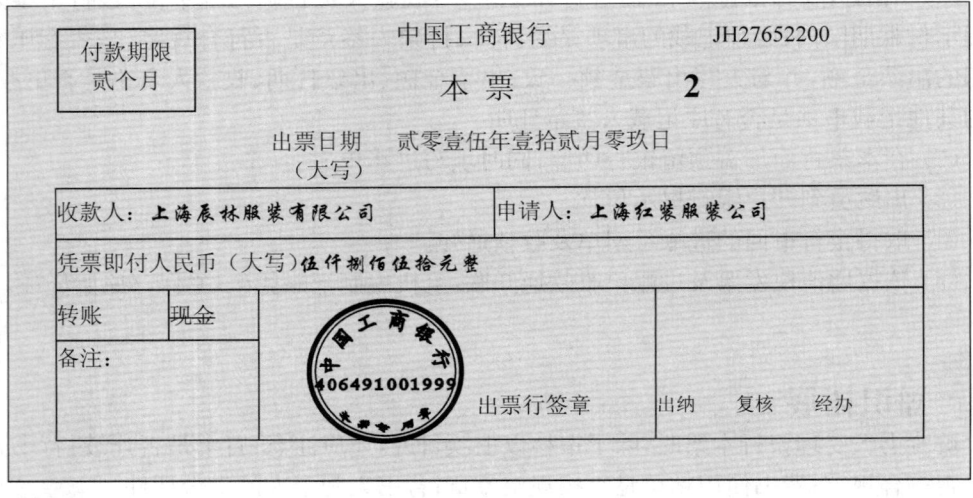

工商银行 进账单（收账通知） 3
2015 年 12 月 11 日

出票人	全称	上海红装服装公司	收款人	全称	上海辰林服装有限公司
	账号	7658123462700××××		账号	1001234462700××××
	开户银行	工行上海市静安支行		开户银行	工行上海市大林支行

人民币（大写）伍仟捌佰伍拾元整

亿	万	千	百	十	万	千	百	十	元	角	分
					¥	5	8	5	0	0	0

票据种类	本票	票据张数	壹张
票据号码			

复核×× 记账×× 开户行签盖章

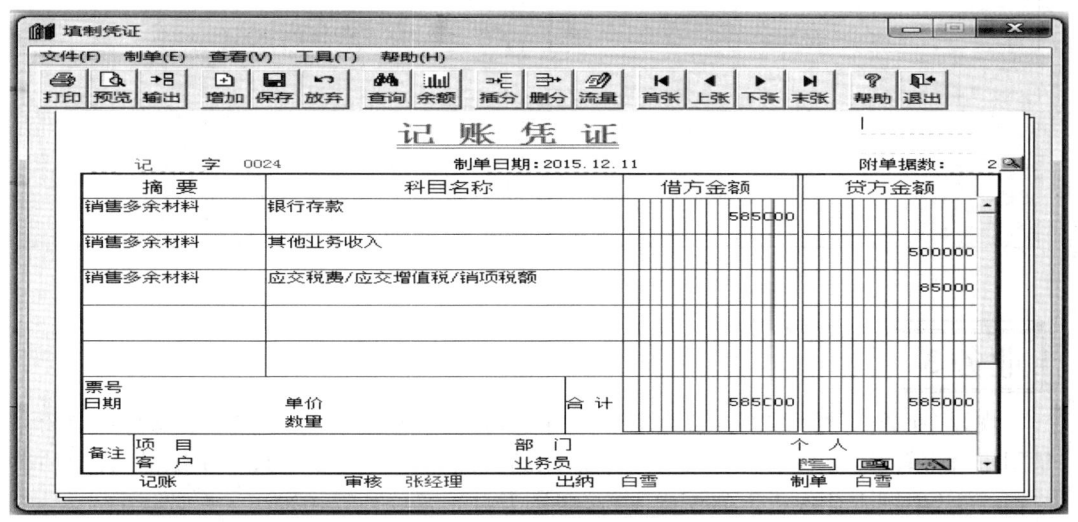

知识拓展

未在银行开立存款账户的个人持票人，凭注明"现金"字样的银行本票向出票银行支取现金的，应在银行本票背面"持票人向银行提示付款签章"处签章，并填明本人身份证件名称、号码及发证机关，并交验本人身份证件及其复印件。银行审查无误后，将其身份证件复印件留存备查。

 **知识**

(五) 银行本票的背书转让

持票人可以将票据权利转让给他人行使。银行本票的持有人转让本票,应在本票背面"背书"栏内背书,加盖本单位预留银行印鉴,注明背书日期,在"被背书人"栏内填写受票单位名称,并将本票直接交给被背书单位。票据凭证不能满足背书人记载事项的需要,可以加附粘单,粘于票据凭证上,粘单上的第一记载人应当在汇票和粘单的粘结处签章。出票人在本票正面记载"不得转让"的本票,不得背书转让。背书人也可以在背书时注明"不得转让",以禁止本票再转让。本票背书转让必须连续,背书连续是指在票据转让中转让本票的背书人与受让本票的被背书人在汇票上的签章依次前后衔接。

粘　单	
被背书人	被背书人
背书人签章 年　月　日	背书人签章 年　月　日

业务 3

现以"业务 2"资料为例,若 12 月 11 日收到的金额为 5 850 元的本票没有被解行,而是用于背书转让,支付前欠上海市兴隆纺织品有限公司的货款。兴隆纺织品有限公司开户银行为:中国农业银行上海汇南支行,账号为:1000347692210×××××。

 **业务操作**

(1) 出纳员在本票背面背书并签章、记载背书日期。
(2) 将银行本票交付上海市兴隆纺织品有限公司的业务员。
(3) 将背书转让的银行本票反面的复印件作为原始凭证,上机编制记账凭证,并保存原始凭证。

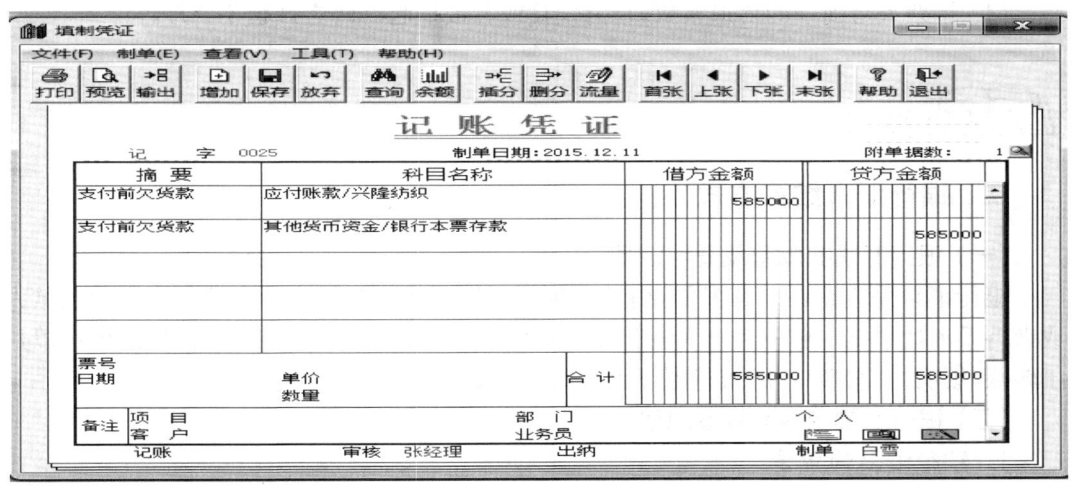

📖 知识

（六）持票人超过提示付款期限不获付款或申请人超过提示付款期限要求退款的处理

持票人超过提示付款期限未得到付款的，在票据权利时效内向出票银行作出说明，并提供本人身份证件或单位证明，可持银行本票向出票银行请求付款。

申请人因银行本票超过提示付款期限或其他原因要求退款时，应将银行本票提交出票银行。申请人为单位的，应出具该单位的证明；申请人为个人的，应出示本人的身份证件。出票银行对于在本行开立存款账户的申请人，只能将款项转入原申请人账户；对于现金银行本票和未在本行开立存款账户的申请人，才能退付现金。

知识拓展

票据权利时效是指持票人或追索权人对所持票据在一段法定时间内取得对该物的所有权。在规定的时间里如果持续没有行使该权利，则丧失该权利。票据权利时效主要指权利消灭的时效。具体规定如下：

（1）持票人对票据的出票人和承兑人的权利，自票据到期日起 2 年。见票即付的汇票、本票，自出票日起 2 年。

（2）持票人对支票出票人的权利，自出票日起 6 个月。

（3）持票人对前手的追索权，在被拒绝承兑或者被拒绝付款之日起 6 个月。

（4）持票人对前手的再追索权，自清偿日或者被提起诉讼之日起 3 个月。

二、银行汇票结算方式

（一）银行汇票的概念及适用范围

银行汇票是出票银行签发的，由其在见票时按照实际结算金额无条件支付给收款人或者持票人的票据。单位和个人各种款项的结算，均可使用银行汇票。银行汇票可以用于转账，填明"现金"字样的银行汇票也可以用于支取现金。

（二）银行汇票结算的基本规定

1. 银行汇票的申请

申请单位只能向参加"全国联行往来"的银行机构申请办理。企业申请使用银行汇票时，应向银行填写"银行汇票申请书"。申请人或收款人若为单位的，不可在"银行汇票申请书"上填明"现金"字样。

2. 银行汇票必须记载的事项

（1）表明"银行汇票"的字样。

（2）无条件支付的承诺。

（3）出票金额。

（4）付款人名称。

（5）收款人名称。

（6）出票日期。

(7) 出票人签章。

根据我国《票据法》规定,欠缺记载上列事项之一的银行汇票无效。

3. 银行汇票的提示付款及有效期的规定

持票人向银行提示付款时,必须同时提交银行汇票和解讫通知,缺少任何一联,银行不予受理。银行汇票的提示付款期限自出票日起一个月。2011年3月1日起启用的2010版银行汇票将原版本左上角"付款期限壹个月"调整为"提示付款期限自出票之日起壹个月",持票人超过提示付款期限提示付款的,代理付款人(即审核支付汇票款项的银行)将不予受理。

4. 银行汇票挂失止付的规定

银行汇票丧失,失票人可凭人民法院出具的其享有票据权利的证明,向出票银行请求付款或退款。

(三) 银行汇票结算的业务流程

企业到异地采购货物或接受劳务需用银行汇票支付时,申请人(汇款人)填写一式三联的"银行汇票申请书",如申请人在签发银行开立账户的,应在"银行汇票申请书"第二联上加盖预留银行印鉴(若缴现办理的,应注销第二联)。将所要汇付的款项从开户银行账户中办理转账或直接缴存现金给开户银行。银行收妥款项后签发银行汇票,并用压数机压印出票金额,将第二联银行汇票和第三联解讫通知交给申请企业。付款人采购所需物资后将银行汇票和解讫通知交给收款人。

银行汇票的实际结算金额低于出票金额时,其多余的金额由出票银行主动退交申请企业账户,并将第四联多余款的收账通知送交申请企业。

供货或提供劳务的企业收到银行汇票和解讫通知时,先要审核银行汇票的内容确认其准确无误后,应在出票金额以内,将实际结算金额和多余金额填在银行汇票、解讫通知的有关栏内。将填制的进账单连同银行汇票和解讫通知送交开户银行办理进账收款手续。

(四) 银行汇票结算的账务处理

申请人(汇款人)取得银行汇票、解讫通知、银行汇票申请书存根以及手续费收费单时,借记"其他货币资金——银行汇票""财务费用——手续费"等账户,贷记"银行存款"账户。申请人(汇款人)用银行汇票采购货物后,取得采购发票等凭证时,借记"在途物资""材料采购""应交税费"等账户,贷记"其他货币资金——银行汇票存款"账户。申请人(汇款人)收到银行转来的多余金额收账通知时,借记"银行存款"账户,贷记"其他货币资金——银行汇票"账户。

供货企业取得进账单回单联和收账通知联后,凭以借记"银行存款"账户,贷记"主营业务收入""应交税费"等账户。

银行汇票结算流程如图9所示。

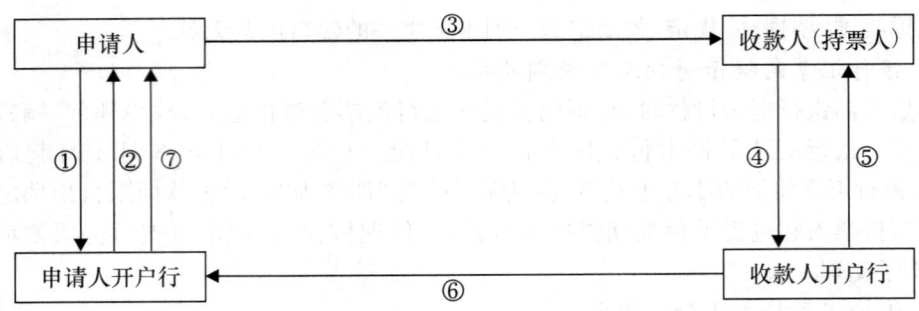

图 9 银行汇票结算流程

说明：① 付款（申请）企业出纳员到银行办理申请签发银行汇票手续。
② 银行审核后签发银行汇票，签章后交申请企业的出纳员。
③ 企业出纳员把银行汇票交采购部门业务员带交给异地收款人办理结算。
④ 收款人（持票人）到本企业开户银行提示付款。
⑤ 收款人开户银行审核无误划账付款。
⑥ 申请人开户银行与收款人开户银行结算资金。
⑦ 申请人开户银行退回多余款项。

知识拓展

申请人和收款人均为个人，需要使用银行汇票向代理付款人支取现金的，申请人需在"银行汇票申请书"上填明代理收款人名称，在汇票金额栏先填写"现金"字样，后填写汇票金额。申请人或收款人为单位的，不得在"银行汇票申请书"上填写"现金"字样。

业务 4

12 月 14 日，临近新年，后勤部准备去江苏购买年货。部门经理施真交来经领导签字批准的"银行汇票请领单"，要求办理金额为 100 000 元的银行汇票。

业务操作

（1）出纳员审核后勤部交来的"银行汇票请领单"，准确无误。
（2）详细填写一式三联的"银行汇票申请书"（第一联为存根联，由申请人保存，第二联为借方凭证，第三联为贷方凭证）。在"银行汇票申请书"第二联上加盖预留银行印鉴，到开户银行办理申请。

（3）签发银行受理"银行汇票申请书"，审查无误后，办理收款手续，直接从本单位账户划拨款项，并签发银行汇票，将银行汇票和解讫通知交付出纳员。

（4）取得银行汇票和解讫通知以及银行的手续费收费单据后，上机编制记账凭证，并保存原始凭证。

（5）将银行汇票和解讫通知（两联凭证，缺一不可）交付后勤部负责人施真办理采购付款手续。

银行汇票请领单

2015 年 12 月 14 日

收款人	施真	开户银行	×××××××	账号	×××××××
汇款用途	购买年货				
汇款金额	人民币（大写）壹拾万元整		¥100 000.00		
单位领导：刘辰林		部门负责人：施真		申请人：施真	

中国××银行上海市分行汇票申请书（存根）　　SD479876

申请日期 2015 年 12 月 14 日

申请人	上海辰林服装有限公司	收款人	施真								
账号或地址	10012354627000×××××	账号或地址									
用途	采购年货	代理付款行									
汇票金额	人民币（大写）壹拾万元整			千	百	十	万	千	百	拾	元	角	分
						¥	1	0	0	0	0	0	0	0
		复核				记账					

注："银行汇票申请书"的格式由人民银行各分行确定并印制。

付款期限 壹个月	中国工商银行		
	银行汇票	2	汇票号码

出票日期 贰零壹伍年壹拾贰月壹拾肆日
（大写）　　　　　　　　　代理付款行：　　　　行号：

收款人：施真	账号
出票金额人民币(大写) 壹拾万元整	

实际结算金额人民币（大写）	千	百	十	万	千	百	十	元	角	分

申请人　上海长林服务有限公司　　账号 1001235462700×××××
出票行　工行大林支行　行号＿＿＿＿
备注
凭票付款
出票行签章

（印章：工行大林支行 306491001598）

付款期限 壹个月	中国工商银行		
	银行汇票（解讫通知）	3	汇票号码

出票日期 贰零壹伍年壹拾贰月壹拾肆日
（大写）　　　　　　　　　代理付款行：　　　　行号：

收款人：施真	账号
出票金额人民币(大写) 壹拾万元整	

实际结算金额人民币（大写）	千	百	十	万	千	百	十	元	角	分

申请人　上海长林服务有限公司　　账号 1001235462700×××××
出票行　工行大林支行　行号＿＿＿＿
备注
凭票付款
出票行签章

（印章：工行大林支行 306491001598）

任务五　银行票据结算业务

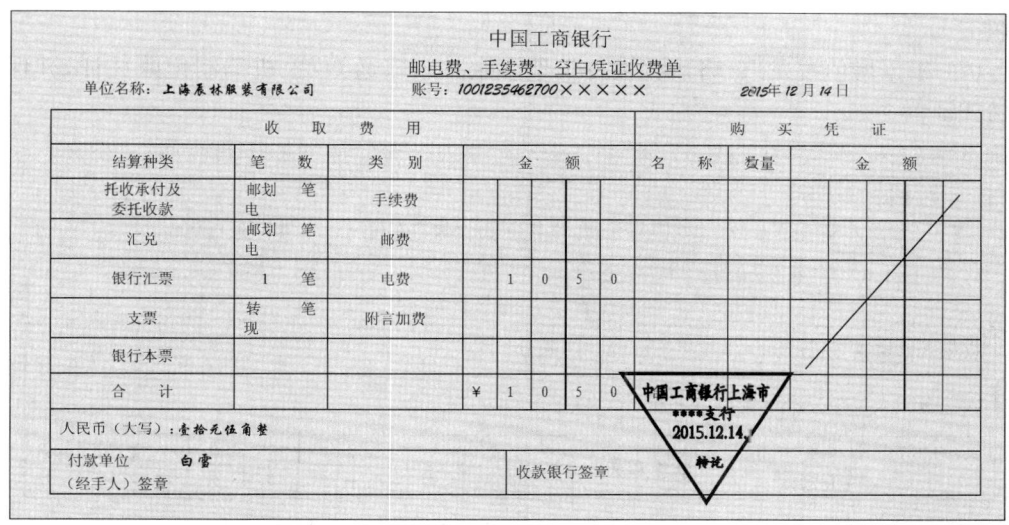

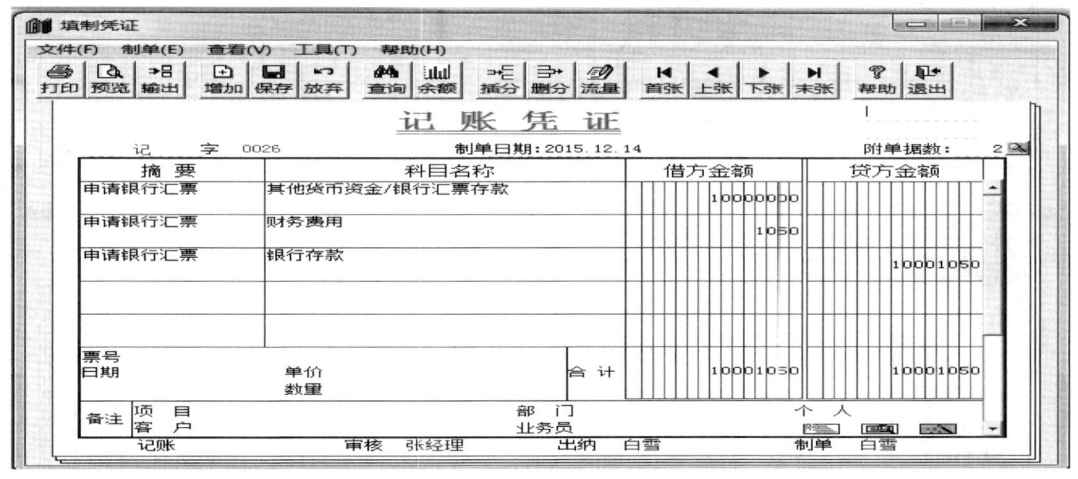

知识拓展

如果银行汇票上的"收款人"栏填写的是汇款单位持票人的姓名,则持票人可以持票到汇入地汇入银行直接办理转账支付,也可以背书转让在银行开户的收款人,由其持票到银行办理转账结算。

(6) 12月15日,后勤部负责人施真持银行汇票100 000元前往江苏购买年货,一周后取得若干增值税发票,银行汇票实际结算金额为89 600元,通过银行退回多余金额10 400元。年货中80 000元作为福利支出发给在职职工,9 600元作为新年慰问品发给离退休职工。

（7）根据增值税发票（略）及"银行汇票多余款收账通知"上机编制记账凭证，并保存原始凭证。

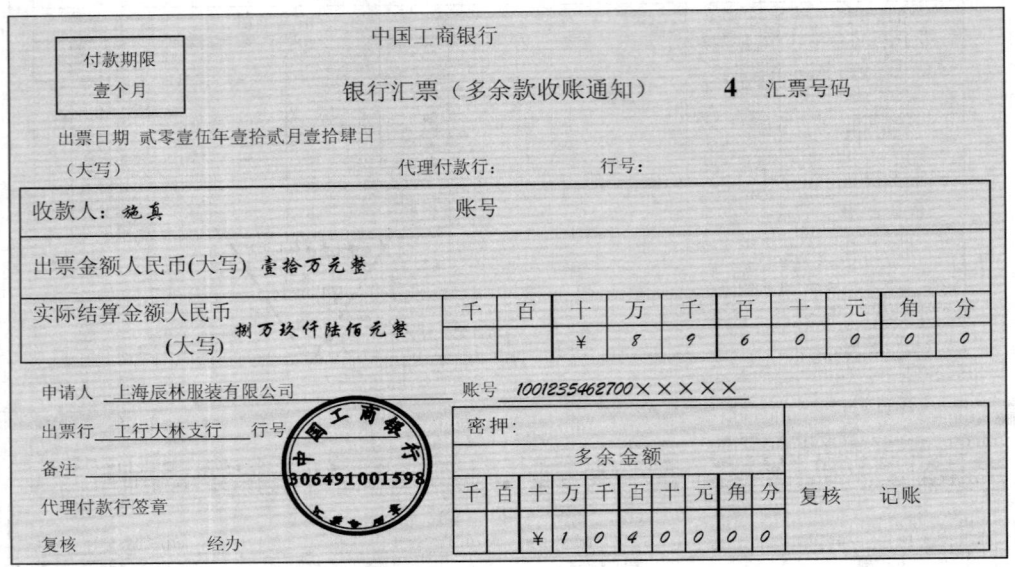

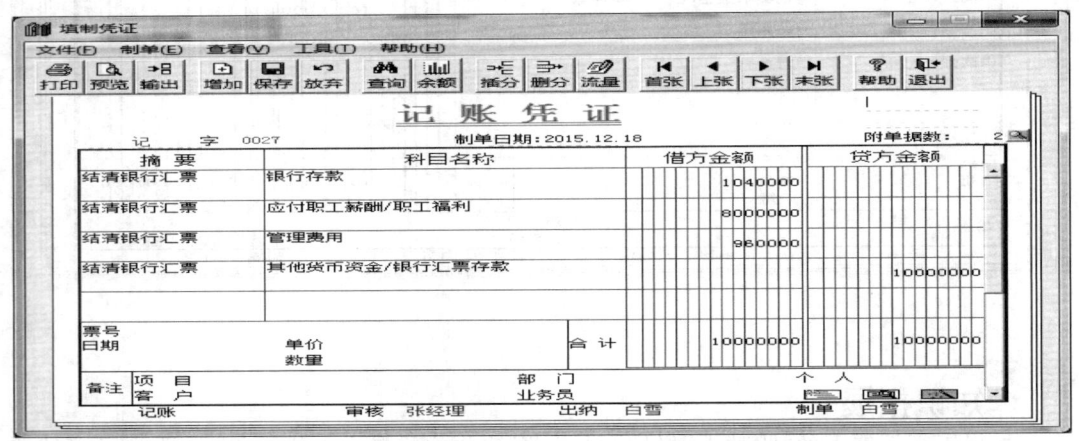

业务5

12月16日，销售部销售男女衬衫一批，交来增值税发票记账联、代垫运费发票和收受的银行汇票一份（银行汇票及解讫通知）。

 **业务操作**

（1）出纳员核对销售部交来相关原始凭证无误。

（2）对银行汇票进行如下审查：银行汇票和解讫通知是否齐全、汇票号码和记载的内容是否一致；收款人是否确为本单位或本人，银行汇票是否在提示付款期限内；必须记载的事项是否齐全；出票人签章是否符合规定；是否有压数机压印的出票金额，并与大写出票金额一致；出票金额、出票日期、收款人名称是否更改，更改的其他记载事项是否有原记载人签章证明。

（3）审核银行汇票无误后，应在出票金额以内将实际结算金额和多余金额准确、清晰地填入银行汇票和解讫通知有关栏内。

注意：未填明实际结算金额和多余金额或实际结算金额超过出票金额的，银行不予受理。银行汇票的实际结算金额不得更改，更改实际结算金额的银行汇票无效。

（4）向开户银行提示付款时应在银行汇票背面加盖预留银行印鉴，同时填写进账单，一并交付开户银行。

（5）取得银行退回的进账单回单及收款通知。

（6）依据销售发票、运费单据及进账单收款通知联等，上机编制记账凭证，并保存原始凭证。

（注：银行汇票、解讫通知、进账单略）。

知识拓展

被背书人受理银行汇票时，除了审核上诉项目外，还应注意：银行汇票是否记载实际结算金额，有无更改，其金额是否超过出票金额；背书是否连续，背书人签章是否符合规定；背书使用粘单是否按规定签章；背书人为个人的身份证件。

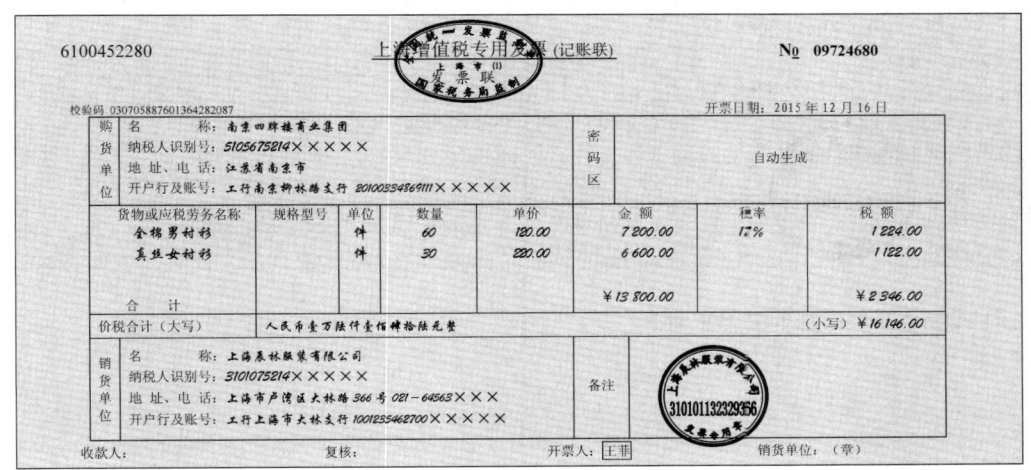

货物运输业增值税专用发票

3100052XXX
No 00823XXX
开票日期：2015 年 12 月 16 日

承运人及纳税人识别码	上海红光运输有限公司 5490011524	密码区	（略）
实际受票方及纳税人识别码	南京四牌楼商业集团 5105675214XXXX		
收货人及纳税人识别码	南京四牌楼商业集团 5105675214XXXX	发货人及纳税人识别码	上海辰林服装有限公司 3101075214XXXX
起运地、经由、到达地		上海黄浦区—江苏南京市	

费用项目及金额	费用项目 运费	金额 450.00	费用项目	金额	运输货物信息	服装
合计金额	¥450.00	税率	11%	税额	¥50.00	机器编号 3233
价税合计（大写）	人民币伍佰元整			（小写）¥500.00		
车种车号		车船吨位			备注	（上海红光运输有限公司 5490011524 发票专用章）
主管税务机关及代码	上海市税务局黄浦区税务所 2310110XXXX					

收款人：*** 复核：*** 开票人：王琦 承运人：（章）

第一联：记账联 销货方记账凭证

中国工商银行 银行汇票 2

付款期限 壹个月
出票日期 贰零壹伍年壹拾贰月壹拾肆日（大写）
代理付款行：　　行号：
汇票号码

收款人：	上海辰林服装有限公司	账号 100123546270 0××××

出票金额人民币（大写）壹万捌仟元整

实际结算金额 人民币（大写）壹万陆仟陆佰肆拾陆元整	千	百	十	万	千	百	十	元	角	分
			¥	1	6	6	4	6	0	0

申请人：南京四牌楼商业集团　账号 210033486911 1×××××
出票行：工行南京鼓楼路支行
备注：
凭票付款
出票行签章：（工商 206475002418 汇票专用章）

密押：	密押：	多余金额									复核 记账
		千	百	拾	万	千	百	拾	元	角	分
					¥	1	3	5	4	0	0

注：银行汇票解讫通知、进账单略。

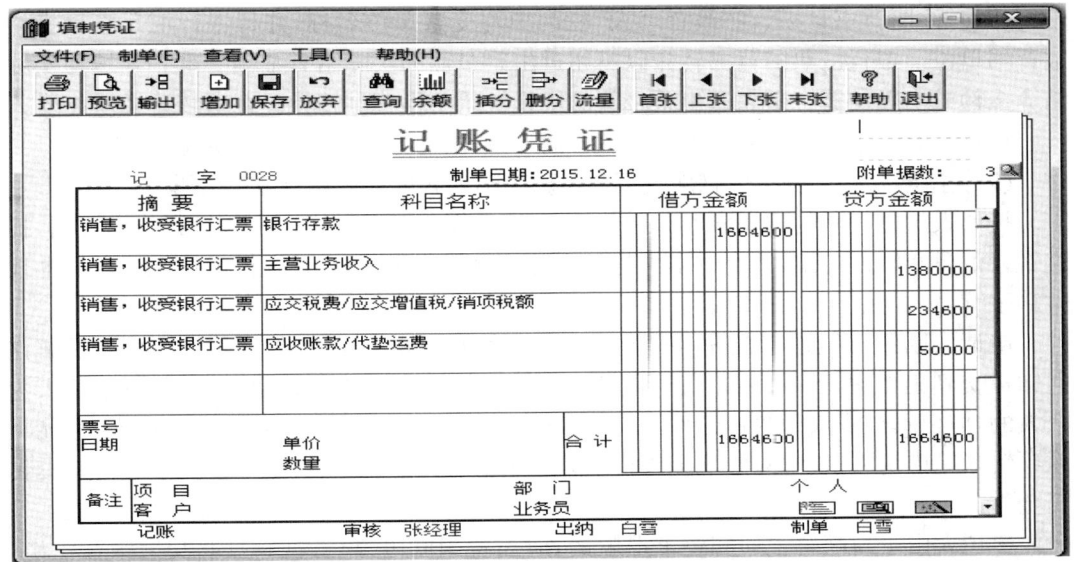

若对收受的银行汇票不着急解行,准备留作背书转让用,则上述记账凭证的借方账户为:"其他货币资金——银行汇票存款"。

留作背书转让用时要注意付款期限,千万不要过期喽!

知识拓展

未在银行开立存款账户的个人持票人,可以向选择的任何一家银行机构提示付款。提示付款时,应在汇票背面"持票人向银行提示付款签章"处签章,并填明本人身份证件名称、号码及发证机关,由其本人向银行提交身份证件及其复印件。银行审查无误后,将其身份证件复印件留存备查,并以持票人姓名开立应解汇款及临时存款账户,该账户只付不收,付完清户,不计利息。

(五)银行汇票的背书转让

银行汇票的持有人转让银行汇票,应在汇票背面"背书"栏内背书,加盖本单位预留银行印鉴,注明背书日期,在"被背书人"栏内填写受票单位名称,并将银行汇票直接交给被背书单位。银行汇票的背书转让以不超过出票金额的实际结算金额为准。未填写实际结算金额或实际结算金额超过出票金额的银行汇票不得背书转让。背书转让必须连续。

银行汇票正本背面与银行本票正本背面一致,填写方法相同,不再赘述。

(六) 持票人超过提示付款期限不获付款或申请人要求退票退款的处理

持票人超过提示付款期限不获付款的,可在票据权利时效内向出票银行作出说明,提交银行汇票及解讫通知,并提供本人身份证件或单位证明,经出票银行审核无误方可办理付款手续。

申请人因银行汇票超过提示付款期限或其他原因要求退款时,应将银行汇票及解讫通知提交到出票银行,同时说明原因。申请人为单位的,应出具该单位的证明;申请人为个人的,应出具该本人的身份证件。出票银行对于在本行开立存款账户的申请人,只能将款项转入原申请人账户;对于现金银行汇票和未在本行开立存款账户的申请人,可以退付现金。

申请人由于短缺解讫通知要求退款的,应当备函向出票行说明原因,交回银行汇票,出票行于提示付款期满一个月后办理退款。

(七) 银行汇票和银行本票的比较

银行汇票与银行本票最大的共同点是:它们都属于银行信用,在使用中都是见票即付。具体异同比较如表2所示。

表2　　　　　　　　　　银行汇票与银行本票的比较

比较项目	银行汇票	银行本票
信用属性	银行信用	银行信用
适用地域范围	主要用于异地	同城
提示付款期限	1个月	2个月
结算金额	小于等于出票金额(可自动找零)	出票金额
票据联次	4	2
出票人	银行	银行
流通转让	可以	可以
收款人风险	无	无

任务六　商业票据结算业务

 学习目标

- 懂得商业汇票的概念、分类
- 了解商业汇票的使用范围
- 知道商业汇票结算的基本规定
- 了解商业汇票结算的基本流程
- 会根据商业汇票结算的基本流程办理、审核相关业务,填制商业汇票结算的有关凭证
- 会到银行办理商业汇票结算业务
- 会根据商业汇票结算业务的有关凭证进行账务处理

张经理:我们已经学习了支票、本票和银行汇票,最近一段时间要学习商业汇票业务的处理。

白雪:商业汇票与银行汇票不一样吗?

张经理:银行汇票属银行信用,信用度高,商业汇票属商业信用,信用度相对低一些,在不同情况下我们可选用不同的票据结算方式。

 知识

一、商业汇票的概念及适用范围

商业汇票是出票人签发的,委托付款人在指定日期无条件支付确定的金额给收款人或者持票人的票据。在银行开立存款账户的法人以及其他组织之间,必须具有真实的交易关系或债权、债务关系,才能使用商业汇票。它适用于同城或异地结算。

商业汇票按承兑人不同,可分为商业承兑汇票和银行承兑汇票。

二、商业汇票结算的基本规定

1. 商业汇票的申请

企业领购商业汇票时必须填写"票据和结算凭证领用单",并盖上预留银行的签章。存款账户结清时,应该将全部剩余空白的商业汇票交回银行注销。

2. 签发商业汇票必须记载的事项

（1）表明"商业承兑汇票"或"银行承兑汇票"的字样。
（2）无条件支付的委托。
（3）确定的金额。
（4）付款人名称。
（5）收款人名称。
（6）出票日期。
（7）出票人签章。

欠缺记载上列事项之一的商业汇票无效。

3. 付款日期、地点的记载规定

汇票上记载付款日期、付款地、出票地等事项的,应当清楚、明确。付款日期可以按照下列形式之一记载:

（1）见票即付。汇票上未记载付款日期的为见票即付。
（2）定日付款。定日付款的汇票付款期限自出票日起计算,并在汇票上记载具体的到期日。
（3）出票后定期付款。出票后定期付款的汇票付款期限自出票日起按月计算,并在汇票上记载。
（4）见票后定期付款。见票后定期付款的汇票付款期限自承兑或拒绝承兑日起按月计算,并在汇票上记载。

商业汇票的付款期限最长不得超过6个月。

4. 商业汇票的背书转让规定

商业汇票可以背书转让,填明"不得转让"字样的商业汇票,不得背书转让。

5. 商业汇票的提示付款规定

持票人对见票即付的商业汇票,自出票日起1个月内向付款人提示付款;对定日付款、出票后定期付款或见票后定期付款的汇票,自到期日起10日内向承兑人提示付款。

6. 商业汇票的挂失止付

已承兑的商业汇票丧失,可由失票人通知承兑人、承兑人开户银行或承兑银行挂失止付,并在挂失止付后3日,也可以在票据丧失后,向人民法院申请公示催告或提起诉讼。

在此之前付款人已向持票人付款的,可以不再接受挂失止付。付款人和代理付款人自收到挂失止付通知之日起 12 日内没有收到人民法院的止付通知的,自第 13 日起,持票人提示付款并依法向持票人付款的,不再承担责任。

三、商业承兑汇票

1. 商业承兑汇票的概念及凭证

商业承兑汇票是指由收款人签发,经付款人承兑,或由付款人签发并承兑的商业汇票。商业承兑汇票一式三联,第一联为卡片联,由承兑人留存,第二联为正本联,由持票人开户行转付款人开户行;第三联为存根联,由出票人存查。

2. 商业承兑汇票的结算程序

在企业购买货物或接受劳务等情况下,由购货方或销货方根据已发生的真实交易或已承担的债务签发商业承兑汇票,并由购货方(付款人)承兑商业汇票;商业承兑汇票到期,付款人收到开户银行转来的付款通知,审核凭证,确定是否付款;并在 3 天的承付期内通知银行付款或向银行提交拒付理由书,承付期内未作出反应的,银行视作沉默承付,承付期满的次日开始营业时,将票款划给持票人。

若账户不足支付,开户银行会填制"付款人未付票款通知书",在委托收款凭证备注栏注明"付款人无款支付",连同汇票一并寄回持票人开户行转持票人。

销售企业在收到商业汇票后,在持有的商业汇票承兑到期前一个邮程时,以商业承兑汇票为托收依据,到开户银行办理"委托收款结算",委托开户银行收款;若付款人无款支付,则会收到开户银行转来"付款人未付票款通知书"及退回的商业汇票。

商业承兑汇票结算流程如图 10 所示。

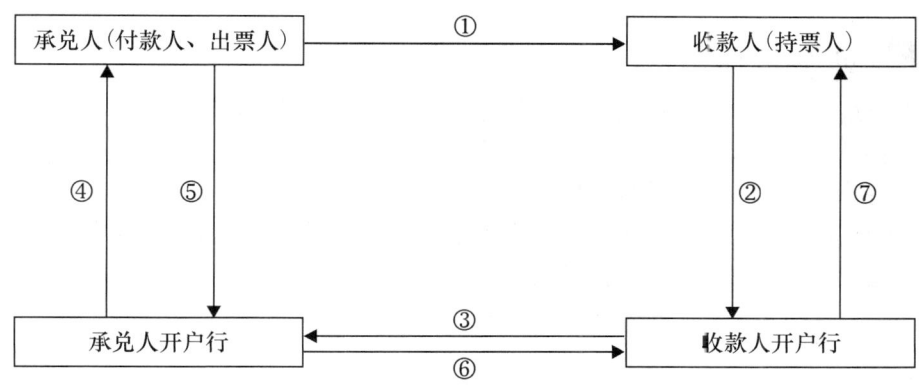

图 10 商业承兑汇票结算流程

说明:① 购销一方签发商业汇票,并由购货方(付款人)承兑后交收款人。

② 商业汇票到期，收款人到开户银行委托收款。
③ 收款人开户银行向承兑人开户银行发出"委托收款"凭证。
④ 付款人开户银行向付款人发出付款通知。
⑤ 付款人应于3日内通知银行付款。
⑥ 付款人开户银行向收款人开户银行划账付款。
⑦ 收款人收妥货款。

3. 商业承兑汇票结算的账务处理

付款人（承兑人）交付商业汇票给收款人后，依据商业承兑汇票的卡片联及有关单证借记"在途物资""应交税费"等账户，贷记"应付票据"账户；付款人承付后，借记"应付票据"账户，贷记"银行存款"账户；付款人到期无力支付时，则应借记"应付票据"账户，贷记"应付账款"账户。

收款人收到商业承兑汇票时，连同销货发票等凭证进行账务处理；借记"应收票据"账户，贷记"主营业务收入""应交税费"等账户；当收到开户银行的收款通知时，借记"银行存款"账户，贷记"应收票据"账户。如付款人到期无力支付时，收款人依据银行转来的"付款人未付票款通知书"及退回的商业汇票借记"应收账款"账户，贷记"应收票据"账户。

业务 1

12月19日，采购部交来增值税发票一张、仓库收料单一张（略）、并附购料合同（外地客户）（略），合同规定到货后30天付款，要求开立30天商业承兑汇票。

业务操作

（1）出纳员查验购料合同及相关原始凭证，确认应采用的结算方式。
（2）签发（或由收款人签发）并承兑商业汇票。
（3）将第二联正本交采购部门转供货单位。
（4）依据商业承兑汇票的卡片联及有关单证，上机编制记账凭证，并保存原始凭证。
（5）登记"应付票据备查登记簿"。（略）

上海增值税专用发票

6100452282　　　　　　　　　　　　　　　　　　　No 09724682

开票日期　2015 年 12 月 19 日

购货单位	名　称：上海辰林服装有限公司 纳税人识别号：3101075214××××× 地址、电话：上海市卢湾区大林路 366 号 021-64563××× 开户行及账号：工行上海市大林支行 1001234562700×××××	密码区	自动生成

货物或应税劳务名称	规格型号	单位	数量	单价	金额	税率	税额
金毛花呢		匹	8	1 200.00	9 600.00	17%	1 632.00
聚酯纤维面料		匹	12	780.00	9 360.00	17%	1 591.20
合　计					￥18 960.00		￥3 223.20

价税合计（大写）	人民币贰万贰仟壹佰捌拾叁元贰角整	（小写）￥22 183.20

销货单位	名　称：浙江省宏兴纺织品有限公司 纳税人识别号：67662928×××× 地址、电话：浙江省宁波市 开户行及账号：中国建设银行宁波市中南分理处 3410025023454×××××	备注	（章）

收款人：　　　　　复核：　　　　　开票人：刘霞　　　　　销货单位：（章）

商业承兑汇票（存根）　　3

出票日期贰零壹伍年壹拾贰月壹拾玖日（大写）　　汇票号码：

付款人	全　称	上海辰林服装有限公司	收款人	全　称	浙江省宏兴纺织品有限公司
	账　号	1001234562700×××××		账　号	3410025023454×××××
	开户银行	工行上海市大林支行		开户银行	中国建设银行宁波市中南分理处

出票金额	人民币（大写）贰万贰仟壹佰捌拾叁元贰角整	亿	千	百	十	万	千	百	十	元	角	分
					￥	2	2	1	8	3	2	0

汇票到期日（大写）	贰零壹壹年零壹月壹拾玖日	付款人开户行	行号	
			地址	

交易合同号码	×××××××		

本汇票日经承兑，到期无条件付款　　　　　　　本汇票请予以承兑于到期日付款

承兑人签章　　　　　　　　　　　　　　　　　出票人签章
承兑日期　2015 年 12 月 19 日

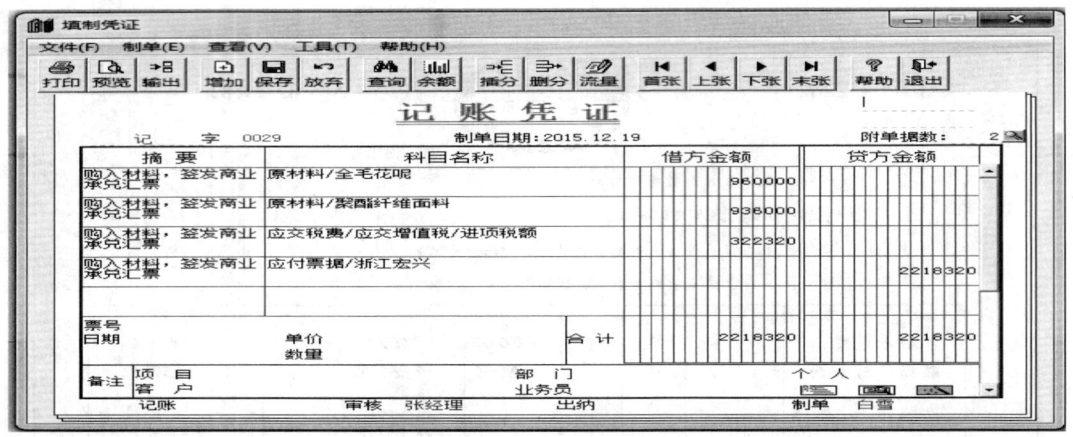

业务 2

12月20日,财务部收到开户银行转来付款通知书,9月15日开具的期限为3个月,金额为36 940元的商业承兑汇票到期,应马上付款。张经理把付款通知书交给白雪,由她办理付款。

业务操作

(1) 白雪把收到的付款通知与 9 月开出的商业承兑汇票存根联核对,并与相关部门联系,确定付款。
(2) 通知银行同意付款。
(3) 根据付款通知,上机编制记账凭证,并保存原始凭证。
(4) 登记"应付票据备查登记簿"。(略)

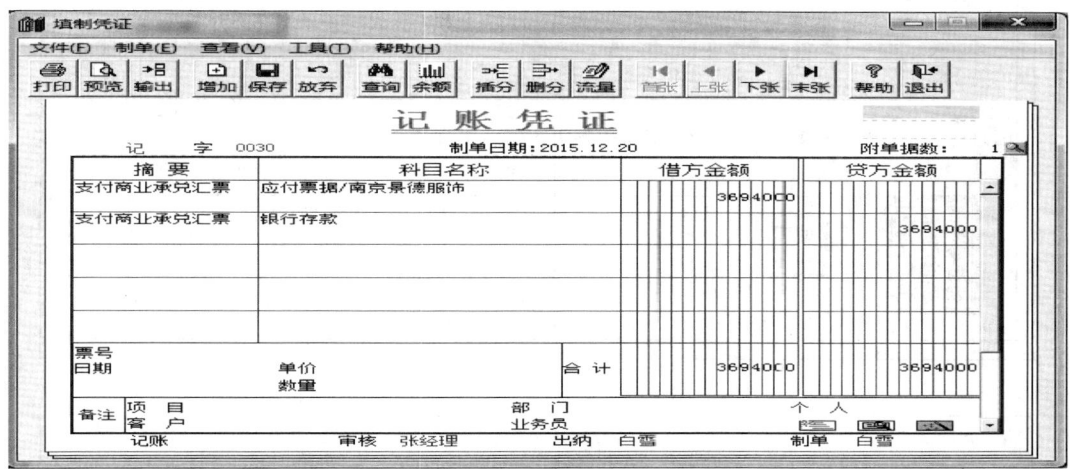

 **业务 3**

12 月 22 日,张经理把一张今年 8 月份收到的、4 个月期的商业承兑汇票拿给白雪看,告诉她这张汇票即将到期,应该提前一个邮程到开户银行办理托收,根据汇票内容填写托收凭证。

业务操作

(1) 白雪在张经理指导下以"商业承兑汇票"为托收依据,填写"委托收款"结算方式凭证("委托收款"结算方式详见任务八)。
(2) 带着即将到期的商业承兑汇票和填写的托收凭证到开户银行提前办理托收。
(3) 将开户银行退回的委托收款第一联回单专夹保存。
(4) 待收到银行"委托收款"方式的"收款通知"(略)后,抽出前受理回单,上机编制记账凭证,并保存原始凭证。
(5) 登记"应收票据备查登记簿"。(略)

商业承兑汇票 2 AB56896782

出票日期（大写）	贰零壹伍年捌月贰拾肆日		
付款人 全称	天津鹤城贸易公司	收款人 全称	上海辰林服装有限公司
账号	2029827514132××××	账号	10012354627000××××
开户银行	农行天津市分行	开户银行	工行上海市大林支行
出票金额	人民币（大写）：伍万壹仟元整		¥51000.00
汇票到期日(大写)	贰零壹伍年壹拾贰月贰拾肆日	付款人 行号	
交易合同号码	××××××××	开户行 地址	工商银行上海市分行
本汇票已承兑，到期无条件承付票款 承兑日期 2015 年 8 月 24 日 （天津鹤城贸易公司财务专用章）（刘琴仙印）承兑人签章		本汇票请予以承兑于到期日付款 出票人签章	

托收凭证（受理回单） 1

委托日期 2015 年 12 月 22 日

业务类型：委托收款（□邮划、□电划）　托收承付（□邮划、□电划）

付款人 全称	天津鹤城贸易公司	收款人 全称	上海辰林服装有限公司
账号	2029827514132××××	账号	10012354627000××××
地址	省 市 县 开户行	地址	上海省 市 县 开户行 工行上海市大林支行
金额	人民币（大写）：伍万壹仟元整		¥51000.00
款项内容	货款	托收凭据名称	发票、运单	附寄单证张数	叁张
商品发运情况	已发运	合同名称号码	778956		
备注					
复核　记账	款项收妥日期　年　月　日	收款人开户银行签章　年　月　日	

此联作收款人开户银行给收款人的受理回单

若收到开户行转来"付款人未付票款通知书"及退回的商业承兑汇票，则上述记账凭证中的借方账户应为"应收账款——天津鹤城"。

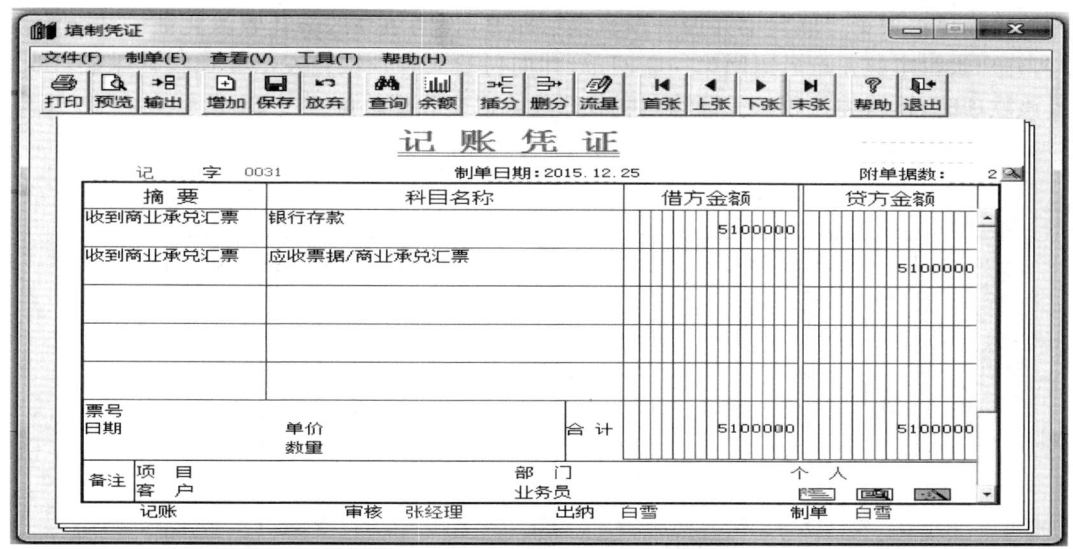

知识

四、银行承兑汇票

1. 银行承兑汇票的概念及凭证

银行承兑汇票是指由承兑申请人(出票人、付款人)签发,经开户银行承兑的商业汇票。银行承兑汇票一式三联,第一联为卡片联,由承兑人留存,第二联为正本联,由持票人开户行转付款人开户行;第三联为存根联,由承兑申请人存查。办理银行承兑汇票,承兑申请人还需填制一式三联的"银行承兑协议"。

2. 银行承兑汇票的结算程序

在企业购买货物或接受劳务等情况下,由购货方(承兑申请人、出票人、付款人)签发银行承兑汇票,至开户银行申请银行承兑汇票;经银行信贷部门审查同意后,签署"银行承兑协议";在承兑汇票的第二联正面承兑行签章处签章后,将银行承兑汇票第二、第三联交承兑申请人,并收取票面金额 0.5‰(万分之五)承兑手续费。承兑申请人取得银行承兑汇票后,由财务部出纳员将该汇票第二联交采购部转给销货方。银行承兑汇票到期前,承兑申请人(付款人)应该将票款足额缴存本企业开户银行。汇票到期时,承兑银行在接到收款人开户银行托收付款凭证时,即将款项划转收款人开户银行,并把对方有关托收付款凭证交付款人。如果汇票到期付款方无能力或不足支付款项,承兑银行必须垫付款项,对所垫付款项作逾期贷款处理,同时银行将参照签发空头支票的违规行为对付款方进行处罚。

销售企业收到银行承兑汇票后,在付款提示期内须委托本企业开户银行收款,收款人在银行承兑汇票第二联背书并加盖预留银行印鉴,连同填写的委托收款凭证一并交给银行,开户银行审核盖章后退回第一联回单,并向付款人开户银行发出委托收款凭证,在收妥该款项时,再将委托收款凭证第四联收账通知退交收款单位。

银行承兑汇票结算流程如图 11 所示。

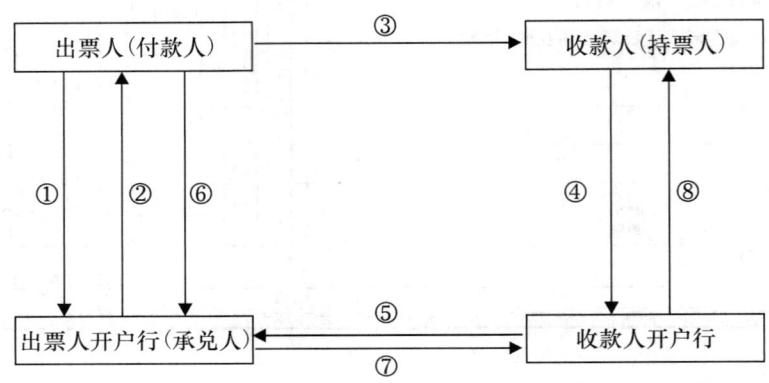

图 11　银行承兑汇票结算流程

说明:① 付款(购货)企业出纳员持签发的商业汇票到开户银行办理申请银行承兑手续。
② 银行审核后签订银行承兑协议,并将承兑后的汇票交申请企业出纳员。
③ 付款企业出纳员把银行承兑汇票交采购部门业务员带交给收款人办理结算。
④ 收款人(持票人)到本企业开户银行委托收款。
⑤ 收款人开户银行向付款人开户银行发出"委托收款"凭证。
⑥ 付款人于汇票到期前将票款足额缴存开户银行。
⑦ 付款人开户银行与收款人开户银行划转结算资金。
⑧ 收款人收妥货款。

3. 银行承兑汇票结算的账务处理

承兑申请人(出票人、付款人)签发银行承兑汇票并由银行承兑后,须根据银行手续费单据借记"财务费用"账户,贷记"银行存款"账户;交易发生后付款人交付银行承兑汇票给收款人,出纳员应以银行承兑汇票的存根联以及有关单证,借记"在途物资""应交税费"等账户,贷记"应付票据"账户;银行承兑汇票到期,收到开户银行付款通知,借记"应付票据"账户,贷记"银行存款"账户;银行账户中款项不足支付时,做逾期贷款处理,借记"应付票据"账户,贷记"短期借款"账户。

收款人(持票人)在交易发生后收到银行承兑汇票,凭发票等有关单据,借记"应收票据"账户,贷记"主营业务收入""应交税费""应收账款"等账户。取得银行盖章退回的收账通知,则借记"银行存款"账户,贷记"应收票据"账户。

业务 4

12月23日,设备部交来购置设备合同一份,合同表明公司从上海建新公司购入生产设备一套(需安装),取得对方开来的增值税专用发票上注明:设备价款为200 000元,增值税税额为34 000元,价税合计为234 000元。合同规定,采用3个月期银行承兑汇票结算款项。张经理要求白雪学习办理这类业务。

业务操作

(1)张经理要求白雪查验交易合同及相关原始凭证,确认应采用银行承兑汇票结算方式。

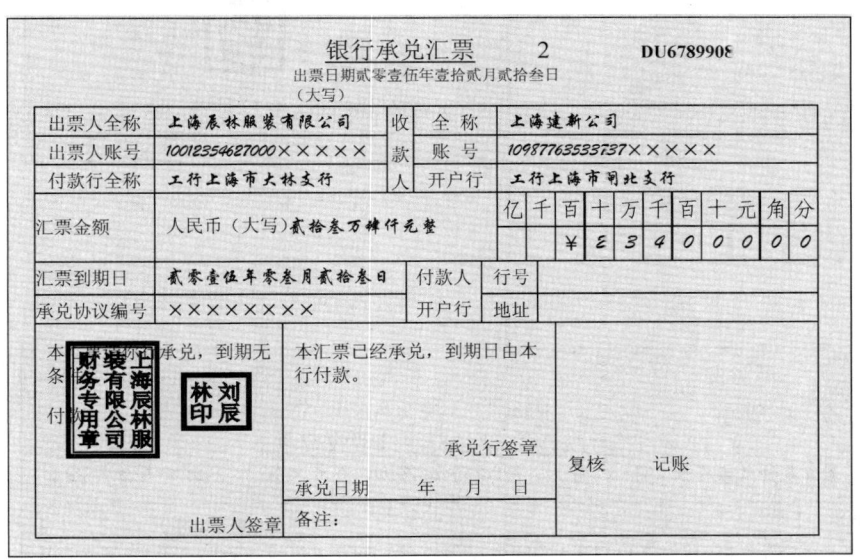

(2)张经理带白雪到开户银行信贷部门申请银行承兑汇票,经银行审查同意后,签署"银行承兑协议",按票面金额0.5‰比例缴纳并支付承兑手续费,取回银行承兑汇票第二、第三联。

(3)白雪根据承兑手续费单据上机编制记账凭证,并保存原始凭证。

银行承兑协议

编号：678808

银行承兑汇票的内容：

出票人全称 <u>上海辰林服装有限公司</u>　　收款人全称 <u>上海建新公司</u>
开　户　银行 <u>工行上海市大林支行</u>　　开　户　银行 <u>工行上海市闸北支行</u>
账　　　号 <u>1001234627OO×××××</u>　　账　　　号 <u>10987763533737×××××</u>
汇票 号码 <u>DU6789908</u>　　　汇票金额（大写）<u>贰拾叁万柒仟元整</u>
签发日期 <u>2015</u> 年 <u>12</u> 月 <u>23</u> 日　　到期日期 <u>2016</u> 年 <u>3</u> 月 <u>23</u> 日

以上汇票经银行承兑，出票人愿遵守《支付结算办法》的规定及以下条款：

一、出票人于汇票到期日前，将应付款足额交付承兑银行。
二、承兑手续费按票面金额万分之五计算，在银行承兑时一次付清。
三、出票人与出持票人如发生任何纠纷，均由收付双方自行处理，票款于到期日前仍按第一条办理不误。
四、承兑汇票到期日承兑银行凭票无条件支付票款。如到期日之前出票人不能足额交付票款，承兑银行对不足部分的票款转作出票人逾期贷款，并按有关规定计收罚息。
五、承兑汇票款付清后，本协议自动失效。

承兑银行（签章）　　　　　　　出票人（签章）　[印章：刘辰林印]
　　　　　　　　　　　　订立承兑协议日期 2015 年 12 月 23 日

中国工商银行
银行承兑汇票承兑手续费收费单

单位名称 <u>上海辰林服装有限公司</u>　账号 <u>1001234627OO×××××</u>　2015 年 12 月 23 日

结算种类	承兑金额									费率	金额								
	千	百	十	万	千	百	十	元	角	分		千	百	十	万	千	百	十	元	角	分
银行承兑汇票			￥2	3	4	0	0	0	0	0	0.5‰					￥1	1	7	0	0

人民币（大写）：<u>壹佰壹拾柒元整</u>

付款单位（经手人）签章	白雪	

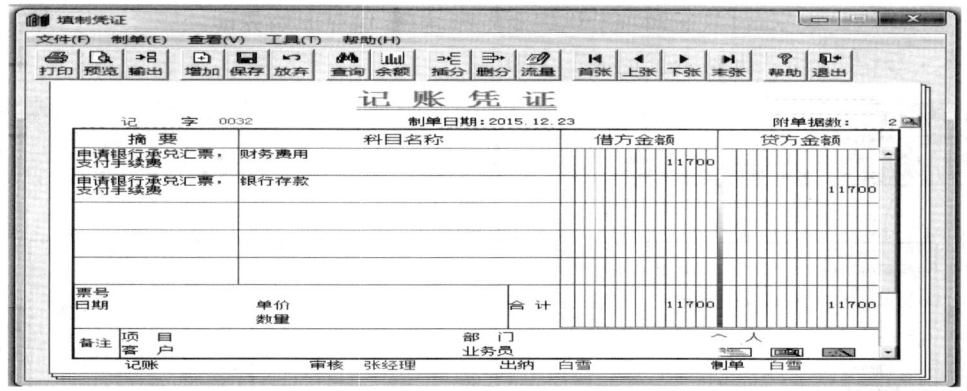

业务 5

12月25日,收到开户银行付款通知,前用于结算的银行承兑汇票到期,据以编制记账凭证。

 **业务操作**

（1）出纳员将收到的托收凭证付款通知与留存的银行承兑汇票第3联核对,并与业务部门联系,确认付款。

（2）出纳员通知开户银行付款（或不作反应,沉默付款）。

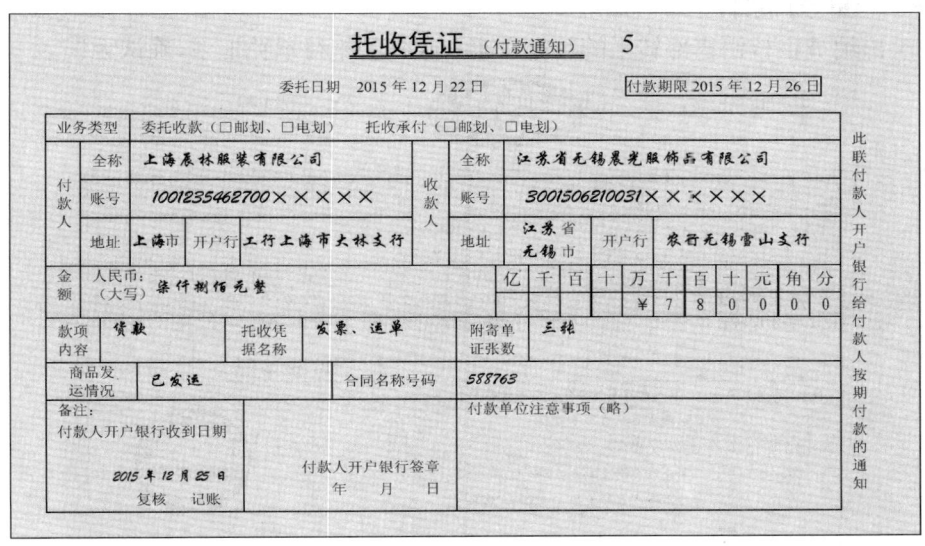

（3）出纳员根据"付款通知"，上机编制记账凭证，保存原始凭证。
（4）登记"应付票据备查登记簿"。（略）

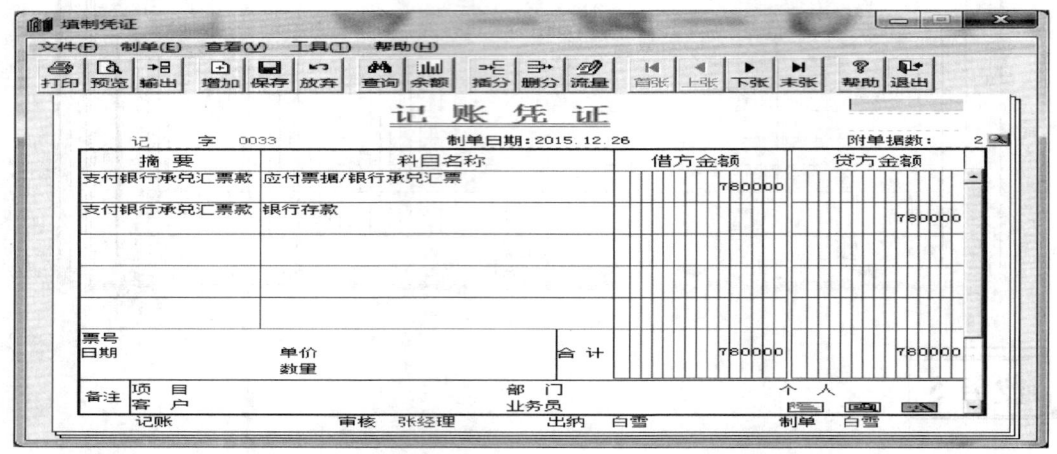

业务6

12月26日，销售部交来销售合同一份，销售全毛男西装；增值税发票一份，合同约定采用银行承兑汇票结算，已收到购货方寄来的30天期的"银行承兑汇票"。

业务操作

（1）出纳员审核销售部转来的销售发票及收到的银行承兑汇票，确认无误。

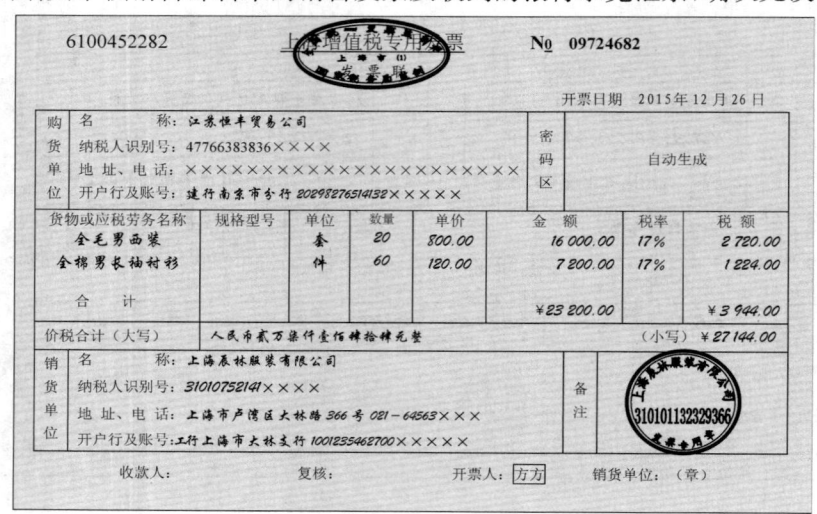

（2）依据相关凭证，上机编制记账凭证。妥善保管"银行承兑汇票"及原始凭证。
（3）登记"应收票据备查登记簿"。（略）

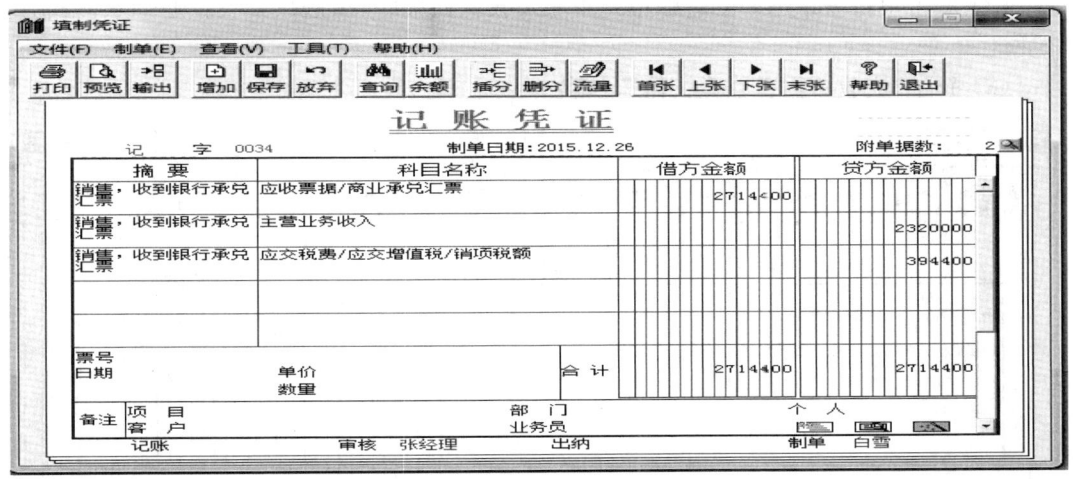

业务7

12月28日，前收到的银行承兑汇票到期，张经理要求白雪到银行办理进账手续。

业务操作

（1）出纳员根据银行承兑汇票的到期日，填制进账单，连同汇票交开户银行，办理进账手续。

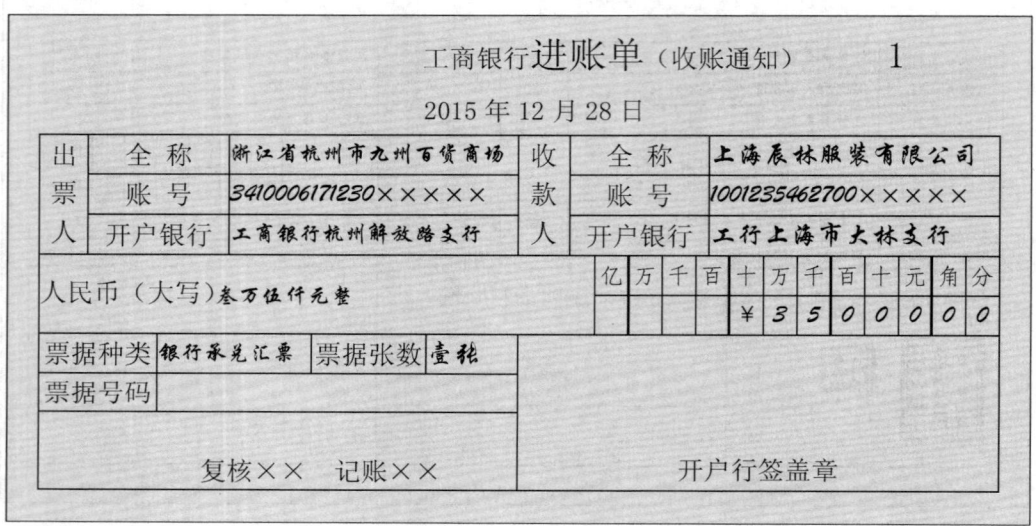

（2）取得银行盖章退回的进账单回单联及收款通知联，据进账单收款通知联，编制记账凭证。

（3）登记"应收票据备查登记簿"。（略）

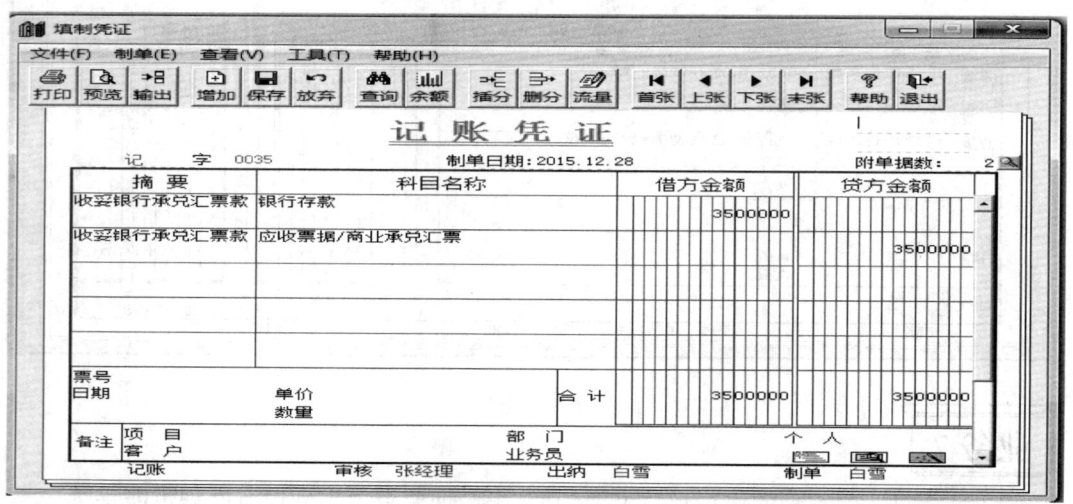

4. 银行承兑汇票与商业承兑汇票比较

商业汇票是国内所有结算方式中唯一的远期结算方式。交易完成后按约定交付商业汇票，在商业汇票到期时才给付票款。银行承兑汇票与商业承兑汇票是商业汇票下的分类，但是它们的信用属性却不同，银行承兑汇票经过银行的承兑，带有银行信用，其在远期结算中更有保障。这两种汇票的具体比较情况如表3所示。

表3　　　　　　　　　　银行承兑汇票与商业承兑汇票比较

比较项目	银行承兑汇票	商业承兑汇票
信用属性	带有银行信用	商业信用
适用地域范围	通用	通用
提示付款期限	6个月以内（含）	6个月以内（含）
出票人	付款人（承兑申请人）	收款人或付款人
承兑人	承兑申请人开户银行	付款人
票据联次	3	3
流通转让	可以	可以
收款人风险	无	有

任务七 汇兑结算业务

学习目标

- 懂得汇兑的概念
- 了解汇兑的使用范围
- 知道汇兑结算的基本规定
- 了解汇兑结算的基本流程
- 会根据发生的收付业务审核、填制汇兑的有关凭证
- 会到银行办理汇兑业务
- 会根据汇兑的有关凭证进行账务处理

业务1

12月8日,技术开发部张工程师收到赴北京参加技术研讨会通知,通知规定:会务费1 200元,需电汇到会议承办单位北京××研究所,开户银行为:中国工商银行北京市西直门支行,账号为:0200002336459×××××,其他住宿费用、来回路费自理。张工程师拿着领导签字批准的会议通知到财务部请出纳员办理汇款、借款手续。

白雪:张经理,这汇款手续应该怎么办?

张经理:处理对外汇款以及外单位汇进来的款项是出纳员经常碰到的业务,你应该了解一下这类业务的常识,学会处理这类业务。

知识

一、汇兑结算的概念及适用范围

汇兑是汇款人委托银行将款项汇给收款人的结算方式。根据凭证传递方式不同

分为电汇和信汇两种。汇款企业出纳员可根据手续费、到账时间等因素选择使用。

汇兑方式可适用于单位、个体经济户和个人各种款项的结算。主要用于异地结算。

二、汇兑结算的基本规定

1. 汇兑结算没有起点的限制

汇兑结算的起点金额与汇票结算不同,即不论汇款金额多少都可以办理信汇和电汇结算。

2. 付款人填写汇兑凭证的要求

付款企业出纳员办理汇兑业务时,必须将汇兑凭证上的内容填写齐全,否则银行不予受理。签发汇兑凭证必须记载下列事项:

(1) 表明"信汇"或"电汇"的字样。
(2) 无条件支付的委托。
(3) 确定的金额。
(4) 收款人名称。
(5) 汇款人名称。
(6) 汇入地点、汇入行名称。
(7) 汇出地点、汇出行名称。
(8) 委托日期。
(9) 汇款人签章。

根据我国《票据法》规定,以上事项有欠缺的,银行将不予受理。

汇款凭证记载的汇款人、收款人在银行开立存款账户的,必须记载其账号。如未能记载的,银行不予受理。

委托日期是指汇款人向汇出行提交汇兑凭证的当天。

如果企业将款项汇到异地需设立临时或零星采购专户,或汇兑凭证上的收款人为个人、需收款人到银行领取的,汇款人在办理汇款时,应在签发的汇兑凭证的"收款人账号或地址"栏注明"留行待取"字样;留行待取的汇款如需要指定单位的收款人领取的,必须注明收款人的单位名称;信汇凭收款人签章支取的,应在第四联凭证上加盖预留的收款人印鉴。

3. 收款人领取汇款的规定

在银行已经开立存款账户的收款人,汇入银行会将款项直接转入该企业账户,并向企业发出收账通知。收账通知是银行将款项确已收入收款人账户的凭据。

未在汇入银行开立存款账户的收款人,须凭汇入行的信、电汇的收款通知或"留存待取"的,向汇入银行领取汇款,领取时必须验交本人的身份证件,在信、电汇凭证上填写证件名称、号码及发证机关,并在"收款人签盖章"处签章;信汇凭收款人签章支取款项的,汇款人应该在信汇凭证上预留收款人的签章,取款时收款人的签章必须与预留的签章相符。银行审核无误后,以收款人的姓名开立应解汇款及临时存款账户,该账户只付不收,付完清户,不计付利息。

支取现金的,信、电汇凭证上必须有按规定填明的"现金"字样才能办理。未填明"现金"字样需要支取现金的,由汇入行按照国家现金管理制度审查支付。

4. 汇款人撤销汇款的规定

对汇出银行未汇出的款项,汇款人可以申请撤销。申请时,汇款人应出具正式函件,说明要求撤销的理由及原信、电汇凭证回单,向汇出行办理撤销手续。汇出行查明确未汇出款项的,收回原信、电汇回单,方可办理撤销。

5. 汇款人退汇的规定

汇款人对汇出行已经汇出的款项可以申请退汇。对在汇入行开立存款账户的收款人,由汇款人与收款人自行联系退回;对未在汇入行开立存款账户的收款人,汇款人在申请退汇时应出具正式函件,说明要求退汇的理由及原信、电汇凭证回单,由汇出行通知汇入行,经核实确未解付,方可由汇入行将款项汇回汇出银行再办理退汇。另外,汇入行对于收款人拒绝接受的汇款,应立即办理退汇;汇入行对于从发出取款通知之日起,2个月内无法交付的款项,可主动办理退汇。

三、汇兑结算的程序

汇兑结算根据凭证传递方式不同分为电汇、信汇两种方式,结算程序如下所述。

1. 电汇结算程序

汇款企业出纳员办理电汇时应填写电汇凭证一式三联,送交本单位开户银行办理电汇。其中第一联为汇出行给汇款人的回单,第二联为汇出行的借方凭证,用于银行记账,第三联为汇出行的汇款依据。银行受理后,将第一联回单退给汇款人,出纳员凭以记账;留下第二联借方凭证用于银行记账;依据第三联编制电划代收报单向汇入行发出电传,汇入行收到电传后,签发电划代收补充报单一式三联,将第三联资金汇划(贷方)补充凭证传给收款人,收款人凭以进行账务处理。

2. 信汇结算程序

汇款企业出纳员办理信汇时应填写信汇凭证一式四联,送交本单位开户银行办理信汇。银行受理后,将第一联回单退回汇款人记账,出纳员据此记账;第二联为汇出行的借方凭证,留下用于记账;第三、第四联由汇出行用邮寄方式传递给汇入行,汇入行收到凭证后,留下第三联收款凭证用于记账,将第四联收账通知传递给收款人,收款人收到第四联后,进行账务处理。

汇兑结算程序如图12所示。

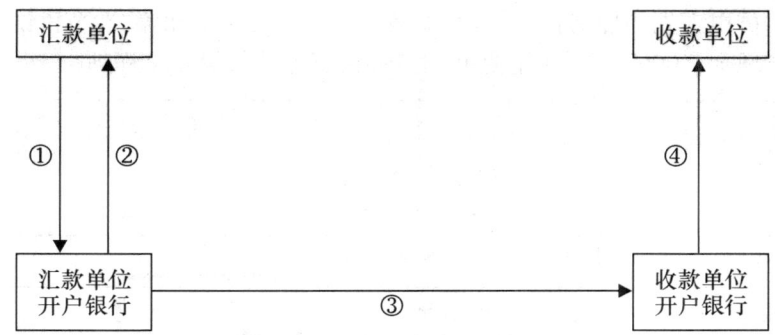

图 12　汇兑结算程序

说明：① 汇款单位出纳员到汇出行办理汇款手续，填写电、信汇凭证。
　　　② 汇出行受理，退回第一联回单，出纳员凭以记账。
　　　③ 银行划转款项，电汇时用电传，信汇时邮寄信汇凭证。
　　　④ 汇出行接电报或信汇凭证后，通知收款人汇款已到。

四、汇兑结算的账务处理

1. 付款业务的账务处理

付款单位汇出款项后，出纳员根据汇款凭证回单，借记有关账户，贷记"银行存款"账户。如果企业到外地进行临时采购或零星采购，需要将汇往采购地的款项暂存当地银行时，需在该银行开立采购专用账户，记账时借记"其他货币资金——外埠存款"账户，贷记"银行存款"账户；收到采购员交回发票等凭证时，借记有关账户，贷记"其他货币资金——外埠存款"账户；当多余的外部存款转回当地开户银行时，根据银行的收账通知，借记"银行存款"账户，贷记"其他货币资金——外埠存款"账户。

2. 收款业务的账务处理

收款单位收到银行转来的异地单位汇款的收账通知时，借记"银行存款"账户，贷记有关账户。

**业务操作**

张工程师交给白雪一份领导签字批准的会议通知，以及一张由总经理签字同意的借款单到财务部办理借款、汇款手续。

张经理告诉白雪，由于电汇的手续简便，速度快，所以现在企业汇款一般都用电汇方式，这笔会务费也用电汇。

（1）出纳员白雪先办理借款手续，在审核无误的暂支单上加盖"现金付讫"印章。

（2）取出现金2 000元，手工清点并用点钞机复点后付给张工程师。

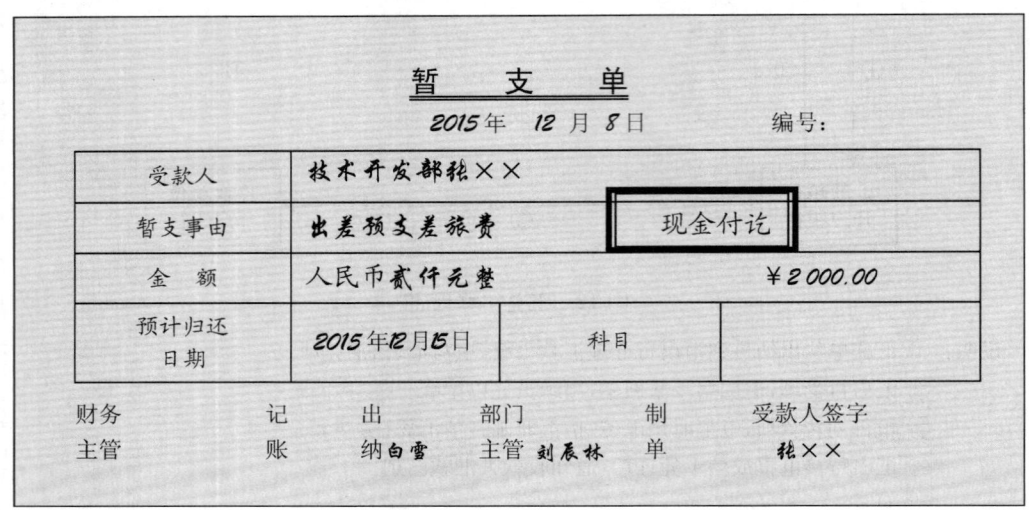

（3）然后根据领导签字的会议通知办理汇兑手续，填写电汇凭证一式三联。

（4）将电汇凭证送到开户银行办理汇款手续，银行受理，在回单上加盖受理章，退还出纳员白雪，包括电汇手续费收费单。

（5）白雪根据暂支单、会议通知、电汇凭证回单、手续费收据进行账务处理，上机编制记账凭证，并保存原始凭证。

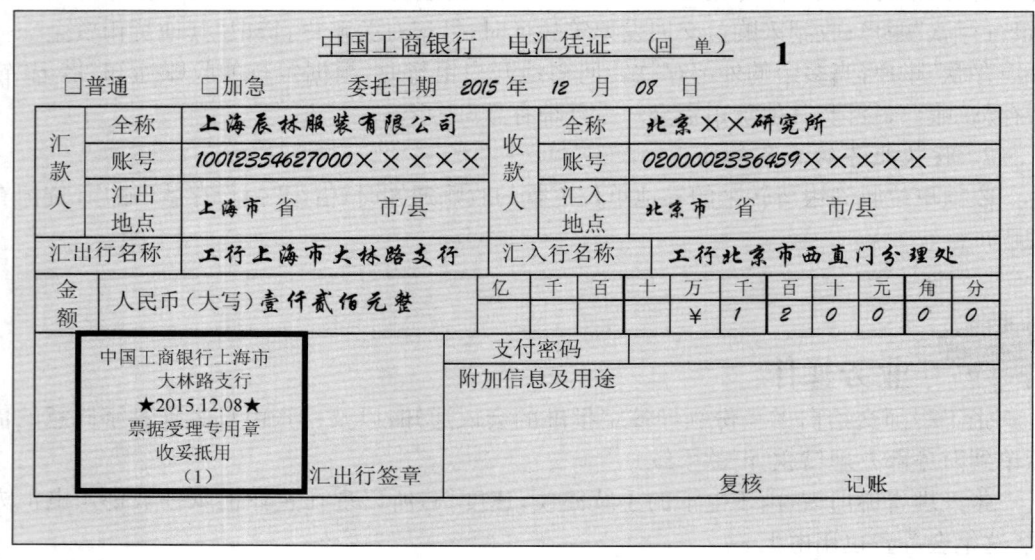

中国工商银行
邮电费、手续费、空白凭证收费单

单位名称：上海辰林服装有限公司　　账号：10012354627000×××××　　2015年12月08日

收 取 费 用				购 买 凭 证			
结算种类	笔 数	类 别	金 额	名 称	数量	金 额	
托收承付及委托收款	邮划电 笔	手续费	50				
汇兑	邮划电 1笔	邮费					
银行汇票	笔	电费	500				
支票	转现 笔	附言加费					
				合　计		¥550	

人民币（大写）：伍元伍角整

付款单位（经手人）签章　　白雪　　　　收款银行签章　　银行收讫

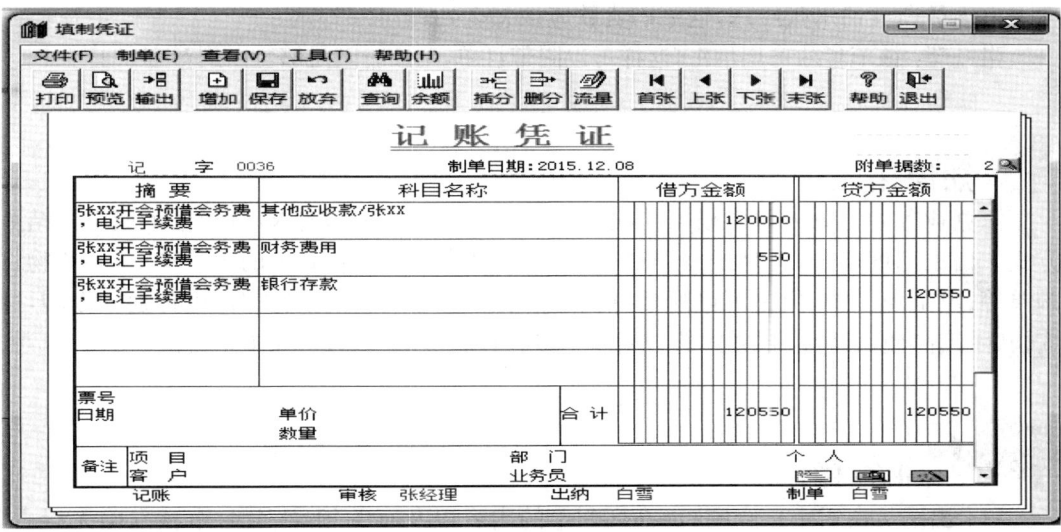

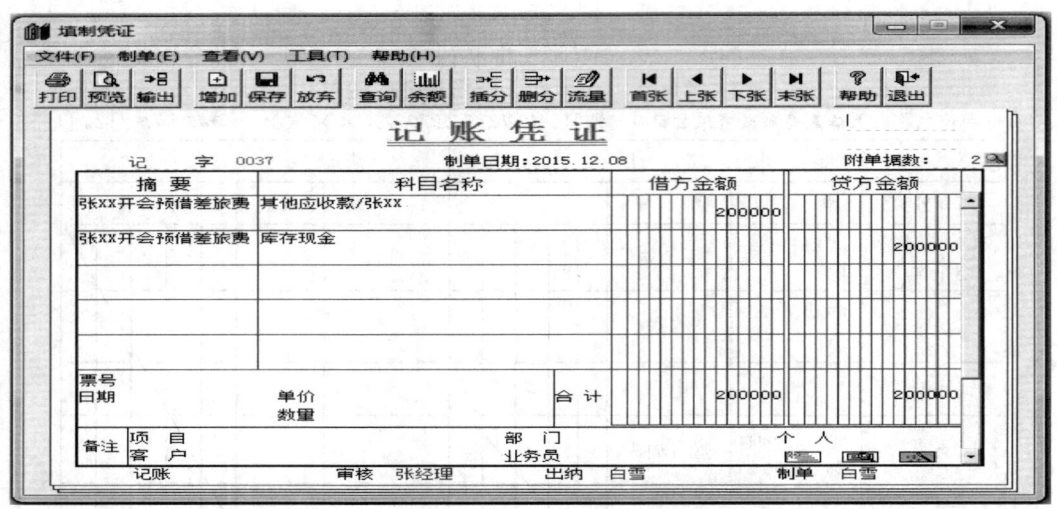

业务2

12月9日,采购供应部的采购员周建斌交来采购材料合同附货物订购单一份,根据合同要求,需预付货款共计7 800.00元,两周以后款到对方公司即可。对方公司名称为:浙江省宏兴纺织品有限公司,地址为:浙江省宁波市,要求汇款时附上订单。对方开户银行为:中国建设银行宁波市中南分理处,账号为:3410025023454×××××。

出纳员白雪请示张经理,这笔购货款应该怎么处理?

张经理:该笔货款可用信汇,这样可以附带订单,两周时间足够可以到对方账上了。

知识拓展

汇兑业务中汇款人可以根据款项汇入地点的远近和时间要求,选择信汇或电汇结算方式。信汇速度略慢,但是根据结算规定,信汇可附带与汇款有关的少量单证,如货物订购单等;电汇速度快,但是不可附带单证。目前由于电汇方式银行都用电传通知划转,速度快,手续简便,两种汇款方式的费用差不多,所以客户大多数都用电汇方式。

业务操作

(1) 出纳员白雪审核合同、货物订购单的内容以及有关领导签字,审核准确无误后,填制信汇凭证一式四联。

(2) 将信汇凭证以及货物订购单送到开户银行办理汇款手续,银行受理,在回单上加盖受理章,退还出纳员白雪,包括汇兑手续费收费单。

(3) 出纳员根据信汇凭证回单、手续费收据进行账务处理,上机填制记账凭证,并保存原始凭证。

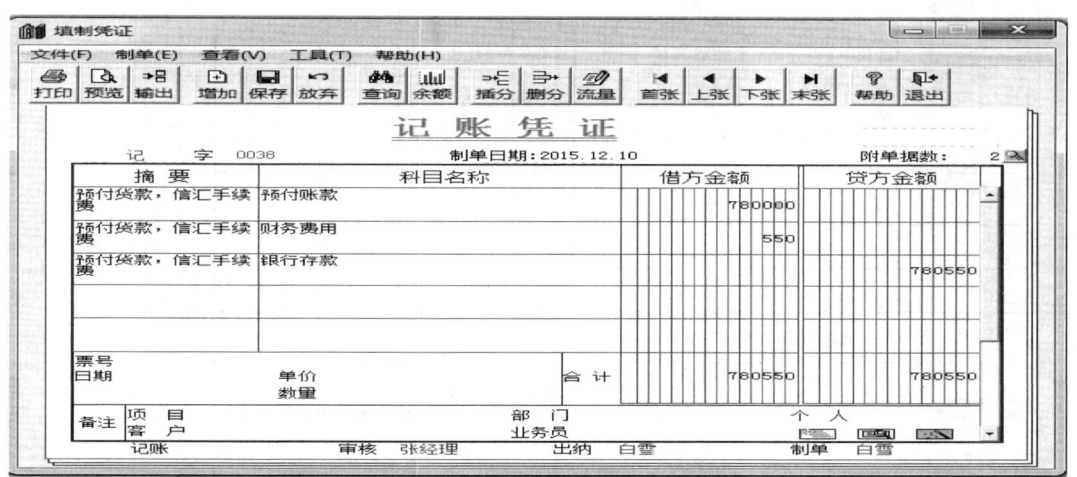

出纳实务

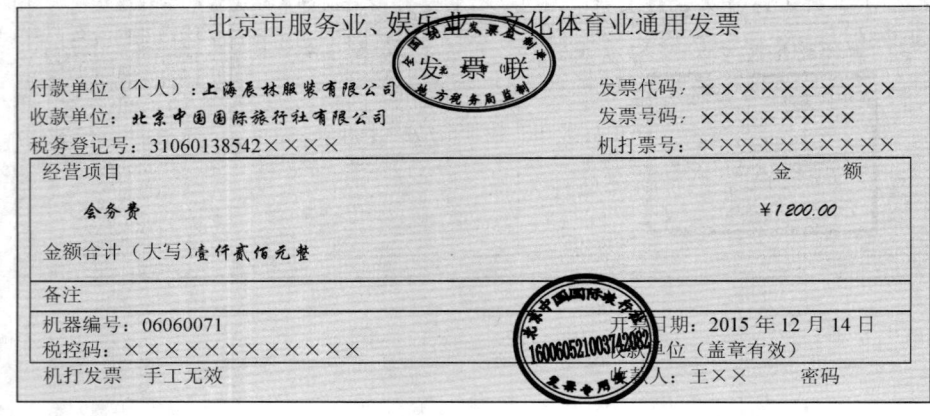

业务3

12月18日，张工程师到财务部报销差旅费，交上会务费发票以及住宿发票、火车票、汽车票等票据和剩余款项。

出纳员要求张工程师先根据出差各项费用单据填写"差旅费报销单"，并请有关领导签字，然后到财务部来办理报销手续。

外埠出差费报销单											编号：	
2015 年 12 月 18 日											附单据 8 张	
部门		技术开发部			姓名	张××	事由		北京开会			
起止时间、地址					车船票 飞机票	住宿费		住勤补贴		市内交通费	其他费用	
月	日 起程	月	日	到达		天	金额	天	金额		摘要	金额
12	9 上海	12	10	北京	499.00	5	600	2	60.00	55.00		
12	14 北京	12	15	上海	499.00				现金收讫			
合计¥1714.00			小计		998.00		600		60.00	56.00		
原借支¥2 000.00 核销 1714.00 退补 ¥286.00 共计人民币（大写）壹仟柒佰壹拾肆元零角零分												
财务住管		记账		出纳 白雪			部门主管 刘辰林			出差报销人员 张××		

 **业务操作**

张工程师填写报销单并请有关领导签字后，到财务部报销。

(1) 白雪审核有关发票、单据以及报销单，准确无误；复核抵销金额合计，准确无误。根据张工程师的原借款单金额 2 000 元，报销费用 1 714 元，应退还现金 286 元。

(2) 清点张工程师交还现金两遍，准确无误，收回保险箱，在报销单上加盖"现金收讫"戳记。

(3) 根据以上单据，上机制作记账凭证，并保存原始凭证。

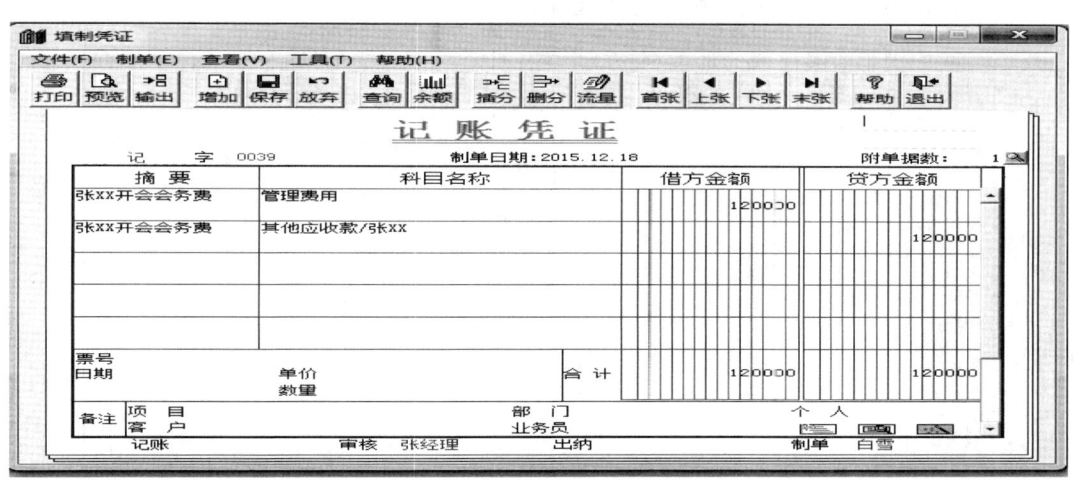

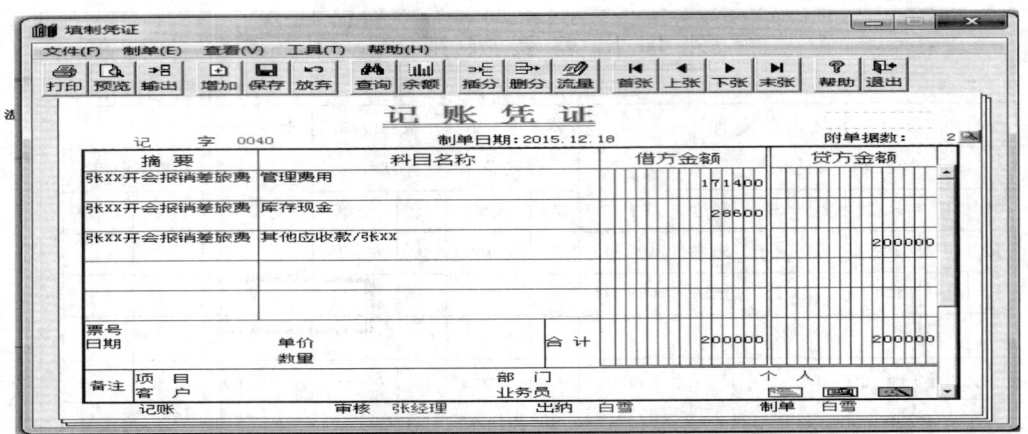

业务 4

12月19日，财务部收到开户银行转来的电汇收账通知，是浙江省杭州市九州百货商场归还前欠货款 12 500 元。

张经理要求出纳员白雪根据收账通知进行账务处理。

 **业务操作**

（1）出纳员白雪将前应收款与本收账通知内容、金额进行一一核对，准确无误；审核收账单上收、付款人名称、账号等，准确无误。

（2）根据该电划收账通知制作记账凭证。

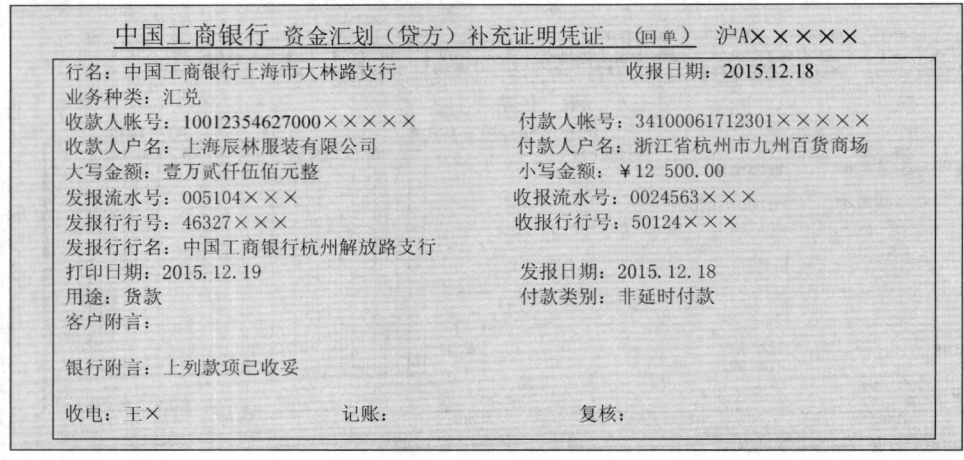

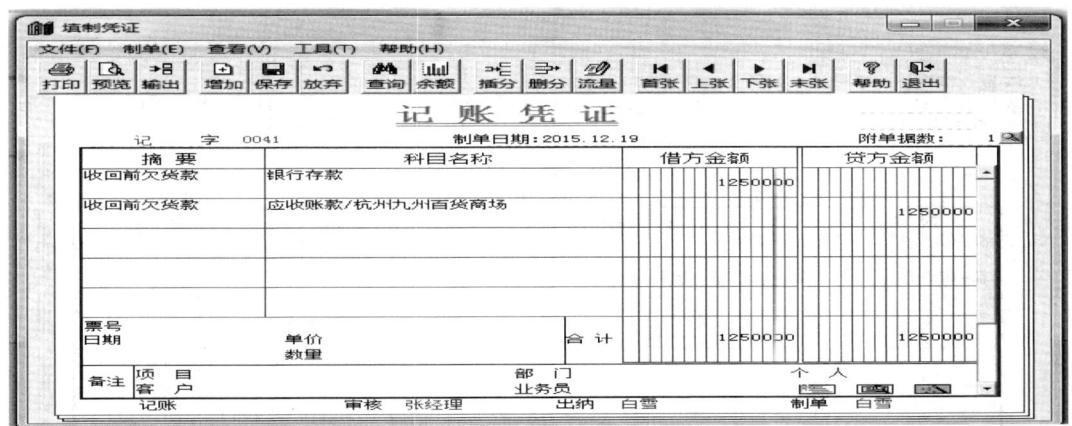

业务 5

12月20日，财务部收到开户银行转来的电汇收账通知，是江苏省南京四牌楼商业集团预付货款15 000元。

张经理要求出纳员白雪根据电汇收账通知进行账务处理。

 **业务操作**

（1）出纳员白雪将收账通知与销售部业务员核对销售合同内容，应预收金额等，确认无误；审核收账通知上的收、付款人以及账号，准确无误。

（2）根据该电划收账通知制作记账凭证。

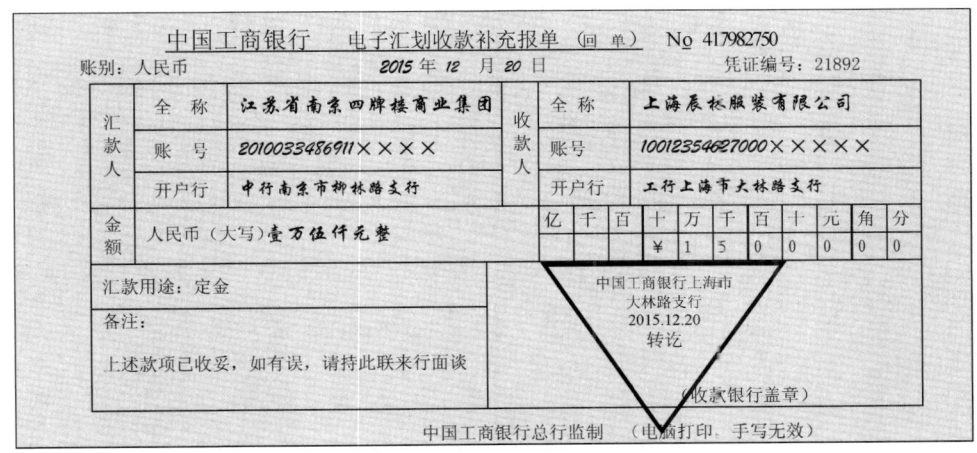

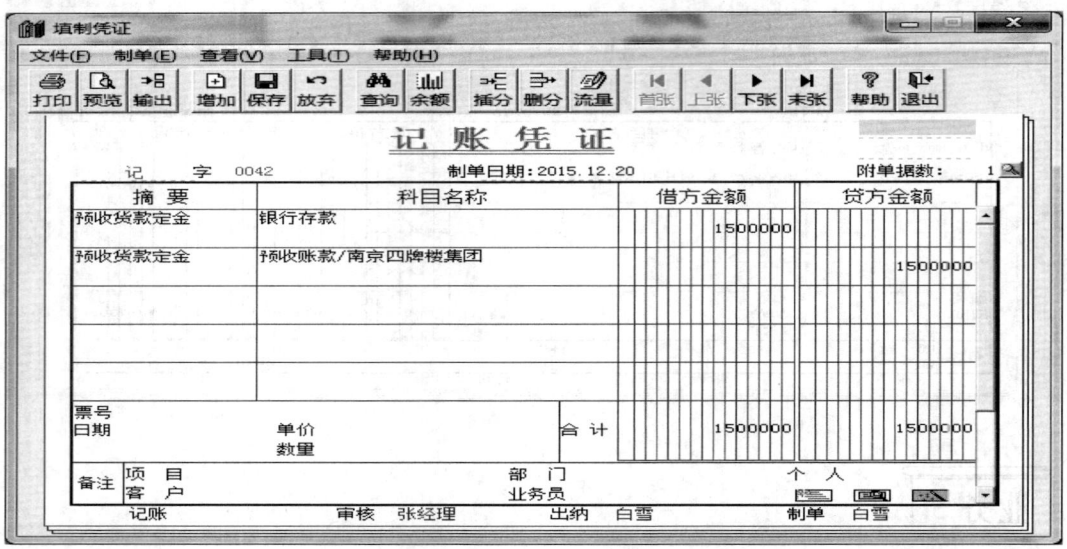

任务八 委托收款结算业务

 学习目标

- 懂得委托收款的概念
- 了解委托收款的使用范围
- 知道委托收款的基本规定
- 了解委托收款的基本流程
- 会根据发生的收付业务审核、填制委托收款的有关凭证
- 会到银行办理委托收款业务
- 会根据委托业务的有关凭证进行账务处理

业务1

12月12日,销售部交来一套销售产品的文件和凭证,销售一批产品到浙江省杭州市九州百货商场,销货合同规定货发出后用托收方式支付货款。

白雪:张经理,什么叫托收?我应该怎么操作?

张经理:托收的全称叫委托收款,也是一种当事人通过银行进行结算的方法。我们公司对一些信誉较好的客户经常用这种方法结算货款。你要学会处理这类业务。

 知识

一、委托收款的概念及适用范围

委托收款是收款人委托银行向付款人收取款项的结算方式。单位和个人凭已承兑商业汇票、债券、存单等付款人债务证明办理款项的结算,都可以使用委托收款结算方式。

委托收款可用于同城结算,也可用于异地结算。

二、委托收款结算的基本规定

1. 收款人填写托收凭证的要求

委托收款凭证由收款人签发,出纳员在签发托收凭证时必须记载下列事项:

(1) 表明"委托收款"的字样。
(2) 确定的金额。
(3) 付款人名称。
(4) 收款人名称。
(5) 委托收款凭据名称及附寄单据张数。
(6) 委托日期。
(7) 收款人签章。

根据我国《票据法》规定,以上事项有欠缺的,银行将不予受理。

委托收款以银行以外的单位为付款人的,托收凭证必须记载付款人开户银行名称;以银行以外的单位或在银行开立存款账户的个人为收款人的,托收凭证必须记载收款人开户银行名称。欠缺记载的,银行不予受理。(空白托收凭证第一、第五联如下所示)

2. 付款人承付款项的规定

付款人开户银行在收到托收凭证和有关债务证明后,审核无误即办理付款,在托收凭证第五联加盖业务公章并及时交付款人,如有债务证明的一并交给付款人签收。

付款人在收到开户银行转来的托收凭证后,应于接到通知的当日书面通知银行付款;若付款人在接到通知的次日起 3 日内未通知银行付款的,视为同意付款,银行将于接到通知的次日起第 4 日上午开始营业时,将款项划给收款人。

3. 付款人无款支付的规定

银行在办理划款时,付款人存款账户不足支付的,应通过被委托银行向收款人发出未付款通知书。如有债务证明的,应将其债务证明连同未付款通知书邮寄被委托银行转交收款人,由收款人直接与付款人联系协商解决。

4. 付款人拒绝付款的规定

付款人审核有关债务证明后,对收款人委托收取的款项拒绝付款的,可以办理拒绝付款手续。

以银行为付款人的,应自收到托收凭证即债务证明的次日起 3 日内出具拒绝证明连同有关债务证明、凭证寄给被委托银行,转交收款人。

以单位为付款人的,付款企业出纳员应在收到付款通知的次日起 3 日内出具拒绝证明,持有债务证明的,应将其送交开户银行。银行将拒绝证明、债务证明和有关凭证一并寄给被委托银行,转交收款人。

三、委托收款结算的程序

根据结算款项的划回方式不同,委托收款分为邮寄和电划两种,由于目前电划方式手续简便,速度快,费用与邮寄相差不多,所以企业基本上都用电划方式。

收款企业出纳员办理委托收款时,须填制一式五联的"委托收款凭证"。电划委托收款凭证的第一联为回单,第二联为贷方凭证,第三联为借方凭证,第四联为发电依据,第五联为付款通知。

收款企业出纳员按规定填完凭证,在第二联上签章后,将凭证以及有关债务证明提交开户银行,银行审核无误后,在第一联回单上加盖业务公章,退还收款人;将第二联留下专夹保管,并登记发出委托收款凭证登记簿;将第三联凭证加盖带有联行行号的结算专用章,连同第四、第五联和有关债务证明,一并寄交付款人开户银行。

付款人开户银行接到寄来的第三、四、五联凭证以及债务证明,审核无误后,在凭证上注明收到日期,将第三、四联专夹保管,第五联加盖业务公章后及时交付款人,由其签收。债务证明要根据有关规定或暂时留存,待付款后交付款人,或与凭证一起交付款人。

付款人收到其开户银行转来的托收凭证第五联后,在规定的期限内通知银行承付款项。银行根据留存的第四联填制联行电划贷方报单,凭以向收款人开户行发电划报单。

收款人开户银行收到电划报单,发出收账通知,告知收款人款项收妥入账。

委托收款结算业务流程如图13所示。

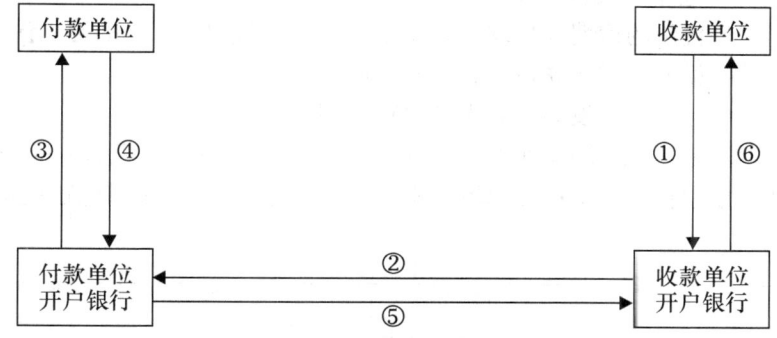

图13 委托收款结算业务流程

说明: ① 收款企业出纳员到开户行办理托收手续,填写委托收款凭证。
② 收款银行受理,退回第一联回单,寄出第三、第四、第五联。
③ 付款银行将第五联付款通知交付款人。
④ 付款人承付款项。
⑤ 银行用电传划转款项。
⑥ 收款行接电传划转报单后,通知收款人款项收妥入账。

四、委托收款结算的账务处理

1. 收款业务的账务处理

收款企业出纳员办理委托收款时,填制托收凭证一式五联交银行,委托银行代收款项。银行接受后,退回第一联回单,出纳员根据回单以及发票等有关凭证,借记"应收账款"账户,贷记相关账户;收到款项时,根据银行的收账通知,借记"银行存款"账户,贷记"应收账款"账户。

2. 付款业务的账务处理

付款企业根据出纳员从银行取回的第五联付款通知,借记相关账户,贷记"银行存款"账户;如是拒绝付款的,不做账务处理。

 **业务操作**

12月12日,销售部交来销售文件和凭证有:产品出仓单、环球运输公司运费发票(已用现金代垫)、增值税发票和销售合同副本各一份。张经理告诉白雪,按照规范,要求先审核交来的文件和单据,然后根据合同要求,开出托收凭证到开户行办理托收手续。

(1) 出纳员白雪了解合同中支付条款的要求,审核出仓单、运输发票和增值税发票的内容,准确无误;出仓单转交会计主管。

(2) 对销售员代垫的运费办理现金暂支手续,审核现金暂支单,准确无误,付款。

(3) 填写托收凭证一式五联,在第二联上签章。

(4) 将托收凭证与两张发票一并送开户行办理托收。

(5) 银行审核无误,在第一联回单上盖业务公章,包括手续费收费单,一起交还出纳员。

(6) 出纳员根据托收回单、手续费收据进行账务处理,上机编制记账凭证,并保存原始凭证。

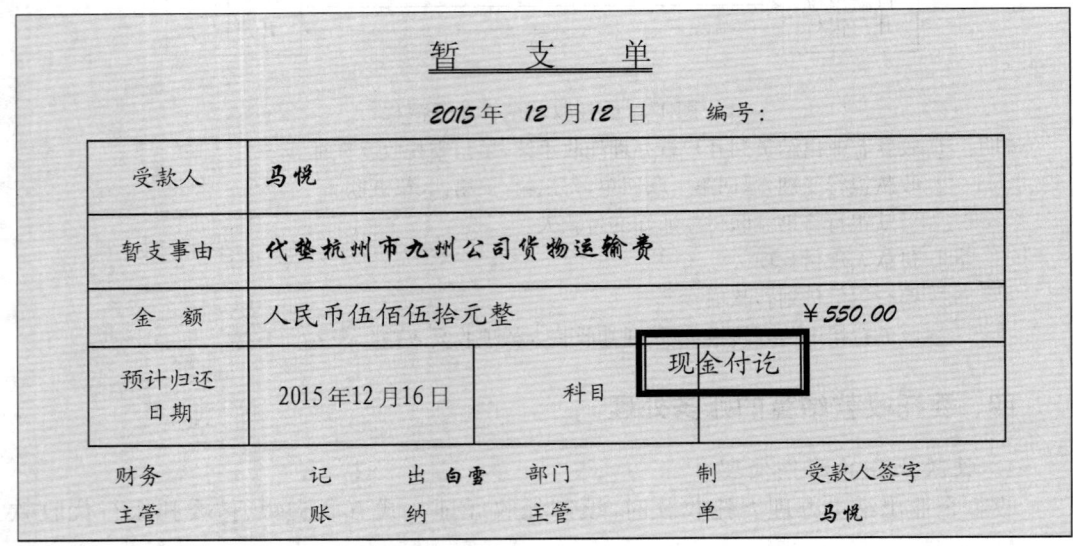

任务八 委托收款结算业务

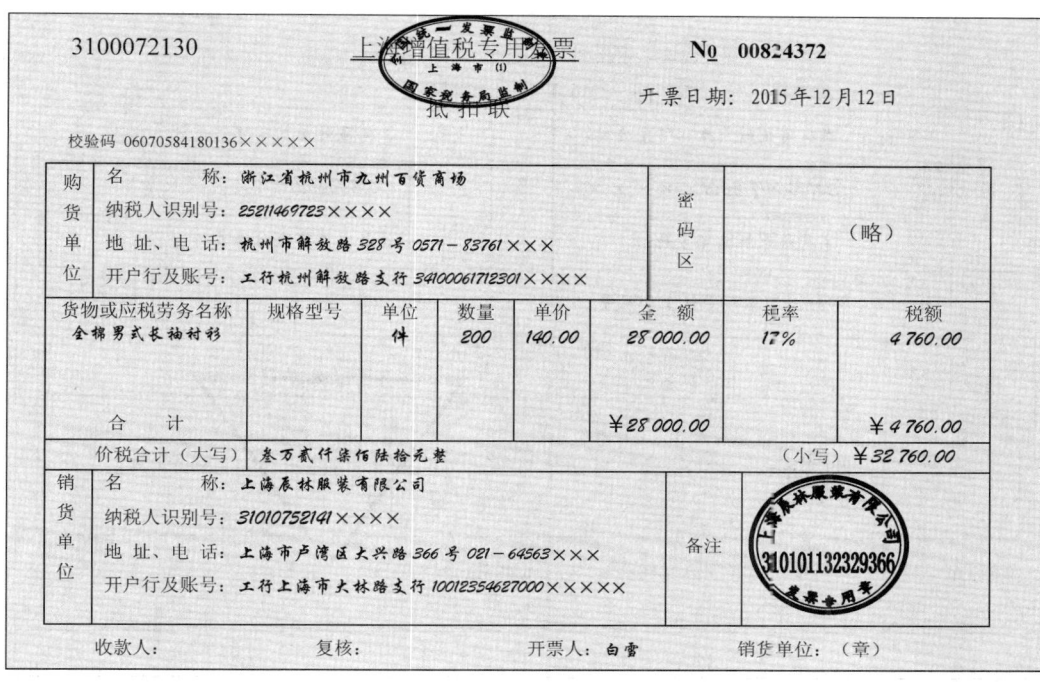

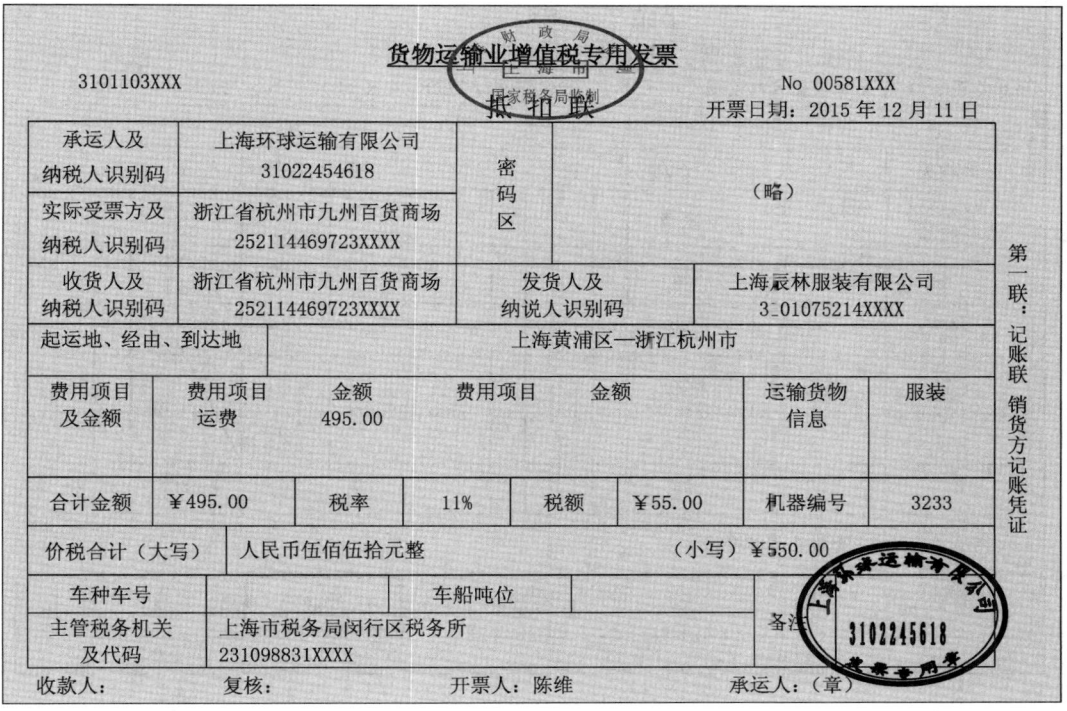

委托收款凭证（回单）

委托号码：1
委托日期：2015 年 12 月 12 日

付款人	全称	浙江省杭州市九州百货商场	收款人	全称	上海辰林服装有限公司
	账号或地址	3410006171230l×××××		账号	10012354627000×××××
	开户银行	工行杭州解放路支行		开户银行	工行上海市大林路支行

委收金额	人民币（大写）叁万叁仟叁佰壹拾元整					千	百	十	万	千	百	十	元	角	分
					¥			3	3	3	1	0	0	0	

款项内容	货款	委托收款凭据名称	增值税发票、运输单据	附寄单据张数	2 张

备注：电划

款项收妥日期　　年　月　日

（银行盖章：中国工商银行上海市大林路支行　2015.12.12　转讫）

收款人开户银行盖章　　月　日

单位主管　　会计　　复核　　记账

中国工商银行
邮电费、手续费、空白凭证收费单

单位名称：上海辰林服装有限公司　　账号：10012354627000×××××　　2015 年 12 月 12 日

收 取 费 用				购 买 凭 证		
结算种类	笔数	类别	金额	名称	数量	金额
托收承付及委托收款	邮划电 笔	手续费	50			
汇兑	邮划电 1 笔	邮费				
银行汇票	笔	电费	1000			
支票	转现 笔	附言加费				
				合计		¥1050

人民币（大写）：壹拾元零伍角整

付款单位（经手人）签章　白雪　　收款银行签章　银行收讫

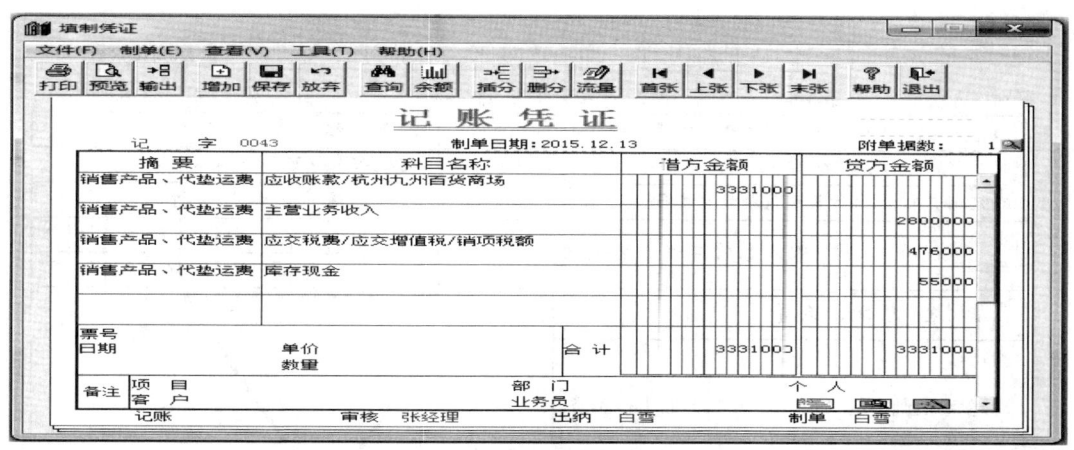

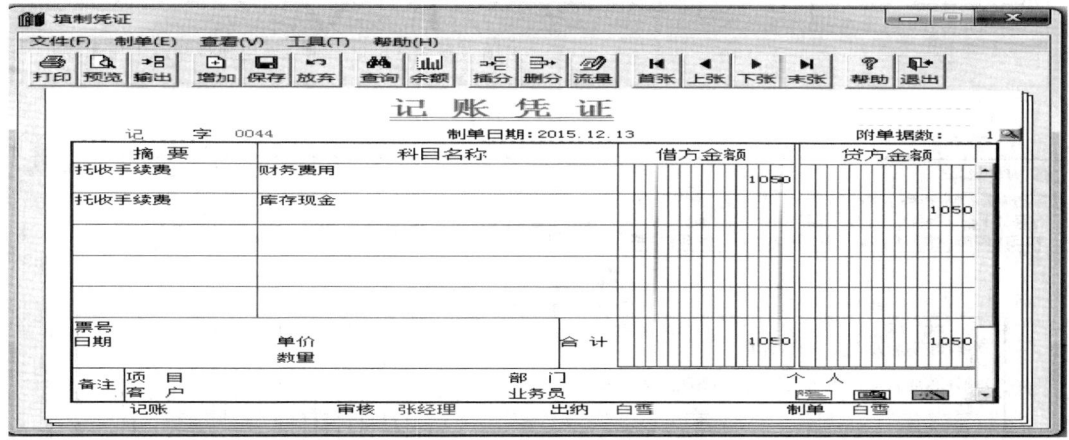

业务 2

12月16日,财务部收到开户银行转来的收账通知,收到上述托收款项。张经理要求白雪进行账务处理。

 **业务操作**

(1)白雪将收账通知与12月13日托收记录内容核对,汇款人及账号、收款人及账号、总金额等,确认无误。

(2)根据该电划收账通知,上机制作记账凭证,并保存原始凭证。

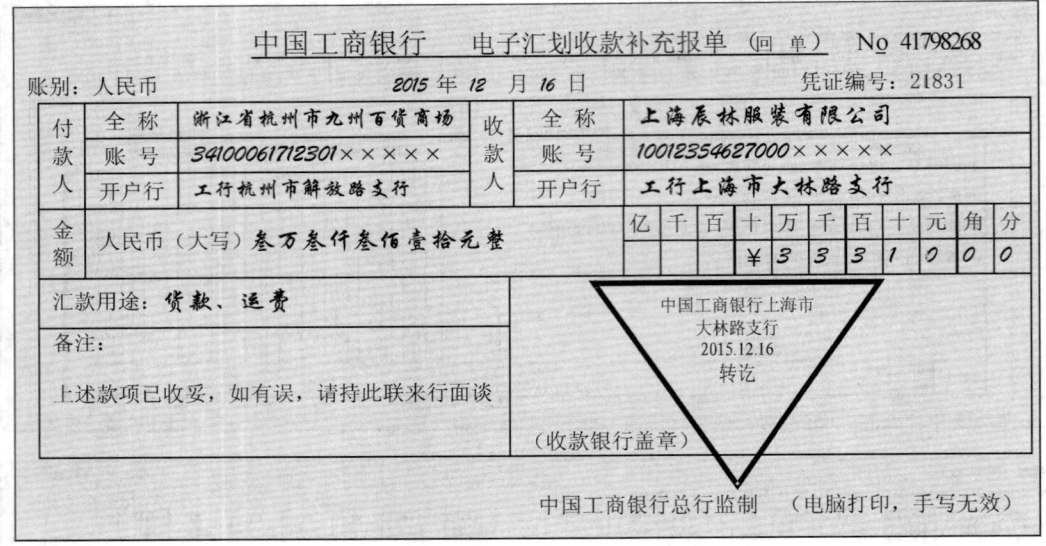

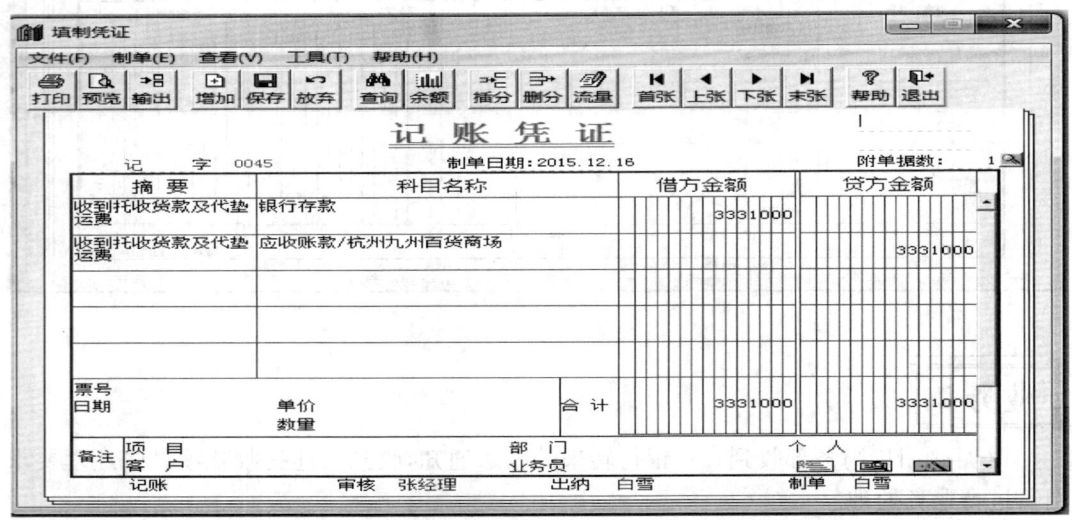

业务3

12月25日，财务部收到开户银行转来的托收凭证第五联付款通知以及增值税发票一份，该款项是公司前几天采购西装辅料应付的货款，货已入库。张经理要求白雪与采购部、仓库联系，核对采购及入库信息，然后根据合同要求进行付款操作。

江苏增值税专用发票

2500072158 No 00394364

开票日期：2015 年 12 月 24 日

购货单位	名　　称：上海辰林服装有限公司 纳税人识别号：3101075214l×××× 地址、电话：上海市大林路366号 021－64563××× 开户行及账号：工行上海市大林路支行10012354627000××××	密码区	（略）

货物或应税劳务名称	规格型号	单位	数量	单价	金　额	税率	税　额
西装辅料		套	500.00	35.00	17 500.00	17%	2 975.00
合　　计					¥17 500.00		¥2 975.00

价税合计（大写）　贰万零肆佰柒拾伍元整　　　　（小写）¥20 475.00

销货单位	名　　称：江苏省南京景德服饰品有限公司 纳税人识别号：3101075214l×××× 地址、电话：南京市城东路204号 025－53472××× 开户行及账号：农行南京市城东支行300150621003l××××	备注	（章）

收款人：　　　复核：　　　开票人：秦小林　　　销货单位：（章）

委托收款凭证（付款通知）　5　委托号码

委托日期　2015 年 12 月 23 日

付款期限 2015 年 12 月 28 日

付款人	全　称	上海辰林服装有限公司	收款人	全　称	江苏省南京景德服饰品有限公司
	账号或地址	10012354627000×××××		账号	300150621003l×××××
	开户银行	工行上海市大林路支行		开户银行	农行南京市城东支行

委收金额	人民币（大写）贰万零肆佰柒拾伍元整	千百十万千百十元角分 ¥ 3 0 4 7 5 0 0

款项内容	货款	委托收款凭据名称	增值税专用发票	附寄单据张数	1张

备注： 电划	款项收妥日期 年　月　日	收款人开户银行盖章 月　日

单位主管　　会计　　复核　　记账　　付款人开户银行收到日期 2015 年 12 月 24 日

 **业务操作**

（1）白雪与采购部、仓库联系，采购部送来采购合同副本一份，仓库送来货物收料单一份，白雪将合同、收料单与托收凭证、增值税发票的内容一一进行核对，准确无误，有关领导签字亦无误。

（2）白雪根据托收要求于 12 月 25 日下午通知开户银行对南京景德服饰品公司付款，并根据托收凭证、增值税专用发票、收料单，上机制作记账凭证，并保存原始凭证。

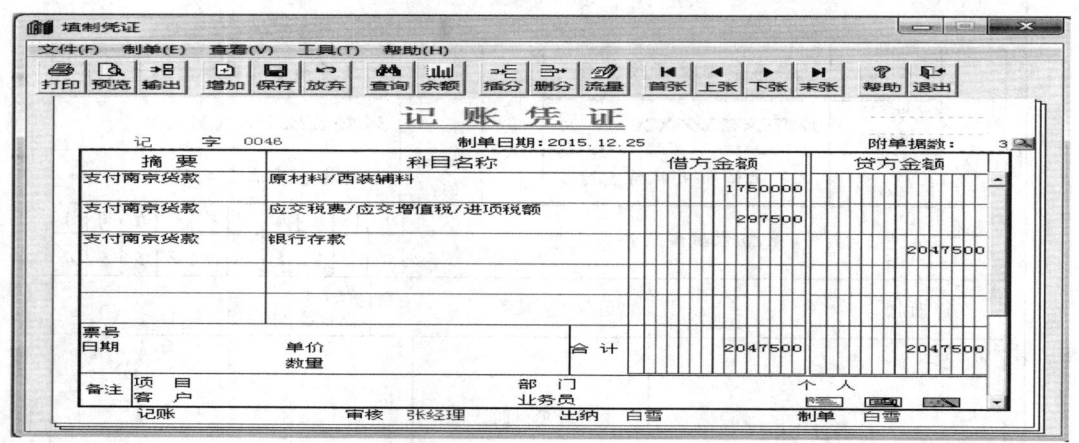

业务 4

12 月 31 日，公司收到开户银行转来的特种转账凭证以及本月电费单各一张，银行根据协议已经划付本月电费 19 656 元。白雪收到后问张经理,这种特种转账凭证是怎么回事？张经理告诉白雪,这也是一种本地托收结算方式。

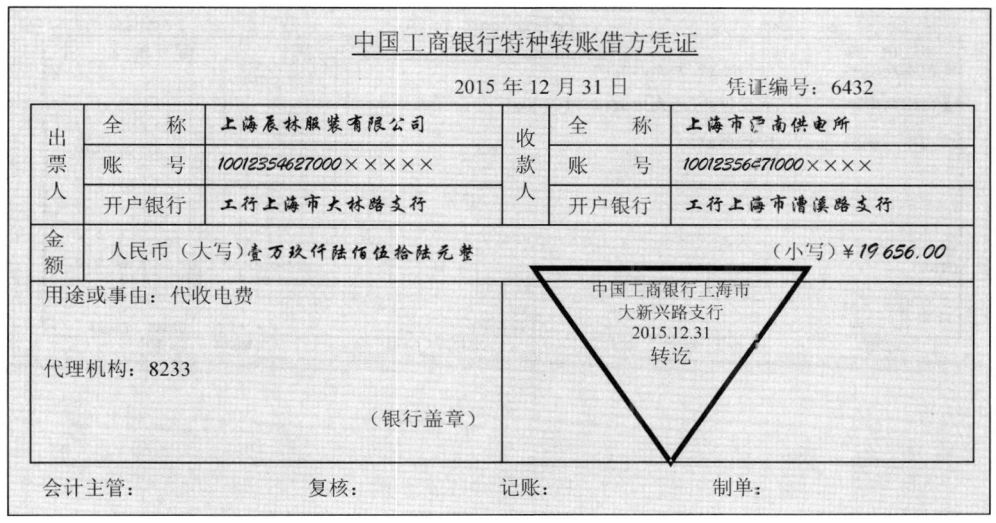

 **知识拓展**

在同城范围内,收款人收取公用事业费,如电费、水费等,可以使用同城特约委托收款。采用这种方式收取公用事业费,必须具有收付双方事先签订的经济合同,由付款人向开户银行授权,并经开户银行同意,报经中国人民银行当地分支行批准。

张经理告诉白雪,我们公司的水费、电费等公用事业费用,都已经和水、电公司以及开户银行签有特约收费合同,每月的水、电费用单直接到开户行,开户行直接划付到水、电公司,然后开户银行会转来特种转账凭证和水、电费单。现在你只要根据凭证上的信息制作记账凭证就是了。要注意的是,我们公司是加工企业,电费单上的是工业用电,所以供电所开立增值税发票,其中的增值税部分要借记"应交税费"账户。

 **业务操作**

(1)白雪审核电费单和银行特种转账借方凭证上的内容以及金额的大小写等准确无误。

(2)白雪按照要求,上机制作记账凭证,并保存原始凭证。

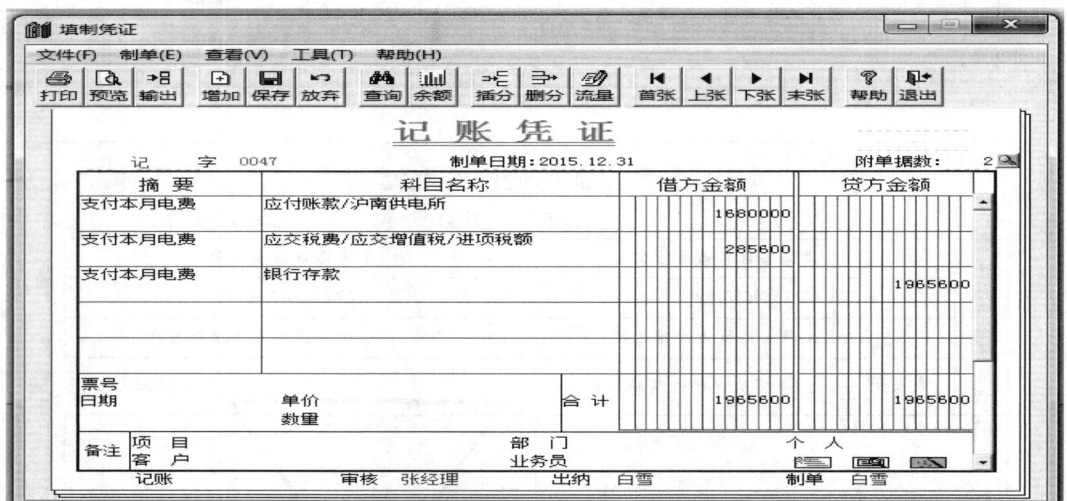

任务九　托收承付结算业务

学习目标

- 懂得托收承付的概念
- 了解托收承付的使用范围
- 知道托收承付的基本规定
- 了解托收承付的基本流程
- 会根据发生的收付业务审核、填制托收承付的有关凭证
- 会到银行办理托收承付业务
- 会根据托收承付的有关凭证进行账务处理

业务 1

12月15日,销售员交来产品出仓单一张,托运发票一份,销售合同副本一份。合同表明,公司于12月14日销售一批产品到广东省广州市花州服装商场。货物已发运。合同规定,货发运后用托收承付结算货款。

白雪:张经理,什么叫托收承付?这和前面的委托收款有什么区别,我应该怎么操作?

张经理:托收承付也是一种当事人根据购销合同由收款人发货后通过银行向异地付款人收款的结算方法。它与委托收款有一点区别,尽管现在这类结算方法用得不多,但有时还是会有,所以你要学会处理这类业务。

知识

一、托收承付的概念及适用范围

托收承付是根据购销合同由收款人发货后委托银行向异地付款人收取款项,由付

人向银行承认付款的结算方式。托收承付结算款项的划回方法,分邮寄和电报两种,由收款人选择。

办理托收承付结算的款项必须是用于商品交易,以及因商品交易而产生的劳务供应的款项。代销、寄销、赊销商品的款项,不得办理托收承付结算。

托收承付只能用于异地结算。收付双方必须签有符合我国《合同法》的购销合同。并在合同上订明使用托收承付结算方式的才可以使用托收承付方式。

收款人办理托收,必须具有商品确已发运的证件(含铁路、航运、公路等运输部门签发的运单,运单副本和邮局包裹回执)。

二、托收承付结算的基本规定

1. 收、付款人的规定

使用托收承付结算方式的收、付款单位必须是国有企业、供销合作社以及经营管理较好,并经开户银行审查同意的城乡集体所有制工业企业。

收付双方办理托收承付结算,必须重合同、守信用。收款人对同一付款人发货托收累计三次收不回货款的,收款人开户银行应暂停收款人向该付款人办理托收;付款人累计三次提出无理拒付的,付款人开户银行应暂停其向外办理托收。

2. 托收承付的起点金额

托收承付结算每笔的金额起点为 10 000 元,新华书店系统每笔的金额起点为 1 000元。

3. 收款人填写托收承付凭证的要求

托收承付凭证由收款人签发,出纳员在签发托收承付凭证时必须记载下列事项:

(1) 表明"托收承付"的字样。
(2) 确定的金额。
(3) 付款人名称及账号。
(4) 收款人名称及账号。
(5) 付款人开户银行名称。
(6) 收款人开户银行名称。
(7) 托收附寄单证张数或册数。
(8) 合同名称、号码。
(9) 委托日期。
(10) 收款人签章。

根据我国《票据法》规定,以上事项有欠缺的,银行将不予受理。

托收承付凭证不论邮寄或电划均一式五联。以电划为例,第一联是收款人开户银行给收款人的回单,第二联是收款人开户银行的贷方凭证,第三联是给付款人开户银行的借方凭证,第四联是付款人开户银行凭以发电报的依据,第五联是付款人开户银行通知付款人按期承付货款的通知。

4. 收款人托收的规定

收款人按照签订的购销合同发货后，委托银行办理托收。

收款人应将托收凭证并附发运证件或其他符合托收承付结算的有关证件和交易单证送交银行。收款人如要收回发运证件的，银行应在托收凭证上加盖"已验发运证件"戳记。

收款人开户银行接到托收凭证以及附件后，应当按照托收范围、条件和托收凭证记载的要求进行审查，必要时，还应查验收付款人签订的购销合同。不符合要求或违反购销合同发货的，不予办理，审查时间不得超过次日。

5. 付款人承付的规定

付款人开户银行收到托收凭证以及附件后，应当及时通知付款人。承付货款分为验单付款和验货付款两种，由收付双方在合同中明确规定。

（1）验单付款。验单付款的承付期为3天，从付款人开户银行发出承付通知的次日算起（承付期内遇法定休假期顺延）。付款人在承付期内，未向银行表示拒绝付款，银行即视作承付，并在承付期满的次日（法定休假日顺延）上午银行开始营业时，将款项主动从付款人账户内付出，按照收款人指定的划款方式，划给收款人。

（2）验货付款。验货付款的承付期为10天，从运输部门向付款人发出提货通知的次日开始算起。付款人收到提货通知后，应立即向银行交验提货通知。付款人在银行发出承付通知次日的10天内，未收到提货通知的，应在第10天将货物尚未到达的情况通知银行。在第10天付款人没有通知银行的，银行即视作已经验货，于10天期满的次日上午银行开始营业时，将款项划给收款人。采用验货付款的收款人必须在托收凭证上加盖明显的"验货付款"戳记。

（3）不论验单付款还是验货付款，付款人都可以在承付期内提前向银行表示承付，并通知银行提前付款，银行应立即办理划款；因商品的价格、数量或金额变动，付款人应该多承付款项的，必须在承付期内向银行提出书面通知，银行据以将全部款项划给收款人。

付款人不得在承付货款中，抵扣其他款项或以前托收的货款。

6. 付款人拒绝付款的规定

对下列情况，付款人在承付期内，可向银行提出全部或部分拒绝付款。

（1）没有签订购销合同或购销合同中未订明托收承付结算方式的款项。

（2）未经双方事先达成协议，收款人提前交货或因逾期交货付款人不再需要该项货物的款项。

（3）未按合同规定的到货地址发货的款项。

（4）代销、寄销、赊销商品的款项。

（5）验单付款，发现所列货物的品种、规格、数量、价格与合同规定不符，或货物已到，经查验货物与合同规定或发货清单不符的款项。

(6) 验货付款,经查验货物与合同规定或与发货清单不符的款项。

(7) 货款已经支付或计算有错误的款项。

不属于上述情况的,付款人不得向银行提出拒绝付款。

付款人提出拒绝付款时,必须填写"拒绝付款理由书"并签章,注明拒绝付款的理由,并提交有关证明给银行审查。开户银行必须认真审查拒绝付款理由,查验合同。

付款人部分付款,对于承付部分以特种转账借方凭证作付款回单。付款人全部拒绝付款的,银行审查企业所提交的资料后,在"拒绝付款理由书"上签注意见,并在托收凭证上注明"全部拒付","拒绝付款理由书"第一联作为回单退还付款人,将"拒绝付款理由书"第三、第四联连同有关的拒付证明和托收凭证第四、第五联等邮寄给收款人开户银行转交收款人。

三、托收承付结算的程序

收款企业按照商定的购销合同发货后,出纳员应填写托收凭证,在托收凭证第二联签章后连同发运证件或其他符合托收承付结算的有关证明和交易单证送交银行,经银行审查后取回已盖章的托收凭证第一联。银行收到款项后对企业发出收账通知(如是用电划方式的,以电划贷方补充报单第三联作收账通知,如是选用信划方式的,以托收凭证第四联作收账通知)。

付款企业收到其开户银行的付款通知后,按照与银行协议的方式取得托收凭证及附件,应在承付期限内审查核对,安排资金,并根据合同条款中确定的验单付款或验货付款的承付方式办理货款承付。

托收承付结算方式如图14所示。

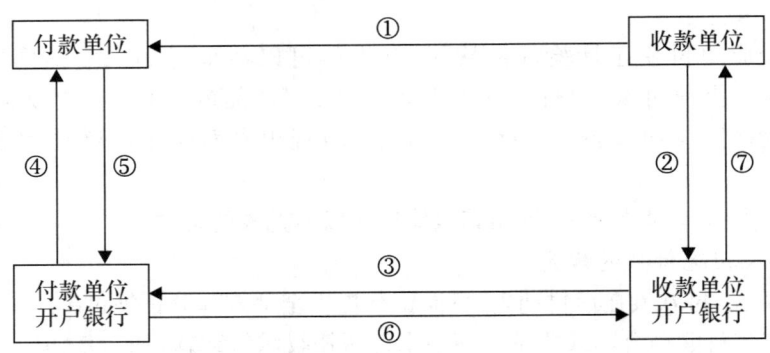

图14　托收承付结算方式

说明：① 收款企业按合同规定发运货物。

② 收款企业出纳员到开户行办理托收承付手续,填写托收凭证。

③ 收款银行受理,退回第一联回单,寄出第三、第四、第五联凭证以及随附单证。

④ 付款银行将第五联付款通知以及单证交付款人。

⑤ 付款人到期承付款项。
⑥ 银行用电传划转款项。
⑦ 收款行接电传划转报单后,通知收款人款项收妥入账。

四、托收承付结算的账务处理

1. 收款业务的账务处理

收款企业办理托收时,根据银行盖章退回的托收凭证第一联回单及有关证明,借记"应收账款"账户,贷记相关账户;收到款项时,根据银行凭证第四联收账通知或电划贷方补充报单第三联,借记"银行存款"账户,贷记"应收账款"账户。

2. 付款业务的账务处理

付款企业应根据出纳员从银行取回托收凭证第五联付款通知,借记相关账户,贷记"银行存款"账户。

知识拓展

张经理:白雪,现在你能归纳一下托收承付与委托收款的区别了吗?

白雪:首先,这两种结算方式使用的范围不同,托收承付只适用于异地结算,委托收款可适用于异地,也可用于同城。

另外,这两种结算方式的收付事由有不同,托收承付的收付事由必须是货物买卖,双方必须有购销合同,而委托收款的收付事由不一定是货物买卖,只要收付双方有债权债务关系,收款人可以凭已承兑商业汇票、债券、存单等债务证明使用委托收款结算方式。

正因为事由不同,所以办理托收承付不仅要有购销合同,还要有货物的发运证明,而委托收款没有这样的要求。

至于款项的划转方式、流转程序基本一样,托收凭证的格式内容大同小异。

张经理:还有一个不同点千万不能忘了,就是托收承付规定有起点金额,而委托收款没有这个规定。另外,目前银行已经把委托收款和托收承付的凭证合并成通用的凭证,只要在凭证的"业务类型"栏中按照要求选择就可以了。现在你按照以上讲的规定学习处理这笔业务。

业务操作

(1) 白雪先根据合同审核出仓单、托运发票、增值税发票以及买卖双方名称、收付银行名称、账号、商品名称、单价、数量、总金额等准确无误,有关领导签字确认无误。

上海增值税专用发票

3100072130　　　　　　　　　　　　　　　　　　　　　　No 00824380

发票联　　　　　　　　　　　　　　　　　　　开票日期：2015 年 12 月 14 日

购货单位	名　称	广东省广州市花洲服装商场	密码区	（略）
	纳税人识别号	44010658735××××		
	地址、电话	广州市中山路 288 号 020-5321××××		
	开户行及账号	工行广州中山路支行 2001574632×××××		

货物或应税劳务名称	规格型号	单位	数量	单价	金额	税率	税额
真丝女衬衫		件	100	220.00	22000.00	17%	3740.00
全棉男长袖衬衫		件	300	120.00	36000.00	17%	6120.00
合　计					¥58000.00		¥9860.00
价税合计（大写）	陆万柒仟捌佰陆拾元整					（小写）¥67860.00	

销货单位	名　称	上海辰林服装有限公司	备注	（销货单位章：上海辰林服装有限公司 发票专用章 3101011323299366）
	纳税人识别号	31010752141××××		
	地址、电话	上海市卢湾区大林路 366 号 021-64563×××		
	开户行及账号	工行上海市大林支行 1001234627000××××××		

收款人：　　　　复核：　　　　开票人：王燕　　　　销货单位：（章）

货物运输业增值税专用发票

3101103XXX　　　　　　　　　　　　　　　　　　　　　　No 00583XXX

抵扣联　　　　　　　　　　　　　　　　　　　开票日期：2015 年 12 月 14 日

承运人及纳税人识别码	上海环球运输有限公司 31022454618	密码区	（略）
实际受票方及纳税人识别码	广东省广州市花洲服装商场 44010658735XXXX		
收货人及纳税人识别码	广东省广州市花洲服装商场 44010658735XXXX	发货人及纳税人识别码	上海辰林服装有限公司 3101075214XXXX
起运地、经由、到达地		上海黄浦区—广东广州市	

费用项目及金额	费用项目 运费	金额 783.00	费用项目	金额	运输货物信息	服装
合计金额	¥783.00	税率	11%	税额	¥87.00	机器编号 3233
价税合计（大写）	人民币捌佰柒拾元整				（小写）¥870.00	

车种车号		车船吨位		
主管税务机关及代码	上海市税务局闵行区税务所 231098831XXXX		备注	（上海环球运输有限公司 发票专用章 3102245618）

第一联：记账联 销货方记账凭证

收款人：　　　复核：　　　开票人：陈维　　　承运人：（章）

托收凭证（受理回单）

委托号码：1
2015年12月16日

业务类型	委托收款（□邮划、□电划）		托收承付（□邮划、☑电划）	
付款人	全称	广东省广州市花州服装商场	收款人 全称	上海辰林服装有限公司
	账号	2001574632×××××	账号	1001235462700×××××
	地址 省广州市县	开户行 工行广州中山路支行	地址 省上海市县 开户行	工行上海市大林路支行

金额（大写）	人民币：陆万捌仟柒佰叁拾元整	千 百 十 万 千 百 十 元 角 分
		￥ 5 8 7 3 0 0 0

款项内容	货款	托收凭据名称	发票及运费单	随寄单据张数	2张

商品发运情况	已发运	合同名称号码	CL071236

备注：电划

款项收妥日期　　年　月　日　　收款人开户银行盖章　　年　月　日

单位主管　　会计　　复核　　记账

中国工商银行
邮电费、手续费、空白凭证收费单

单位名称：上海辰林服装有限公司　　账号：1001235462700×××××　　2015年12月16日

收取费用					购买凭证			
结算种类	笔数		类别	金额	名称	数量	金额	
托收承付及委托收款	邮电	笔	手续费	5 0				
汇兑	邮电	笔 1	邮费	1 0 0 0				
银行汇票		笔	电费					
支票	转现	笔	附言加费					
			合计				￥ 1 0 5 0	

人民币（大写）：壹拾元零伍角整

付款单位（经手人）签章：白雪　　收款银行签章

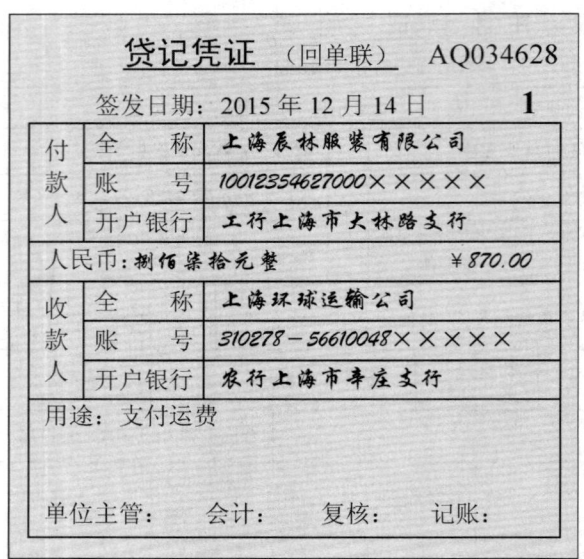

（2）填写托收承付凭证一式五联，在第二联上签章；填写贷记凭证一式四联。

（3）将托收承付凭证、贷记凭证与两张发票一并送开户行办理货款托收承付和运费代垫支付。

（4）银行审核无误，在托收承付第一联回单上盖业务公章，包括手续费收费单退还出纳员；在贷记凭证第一联上加盖受理章后退还出纳员。

（5）出纳员根据退回的托收凭证第一联回单、增值税发票、贷记凭证第一联回单、手续费收据进行账务处理，上机编制记账凭证，并保存原始凭证。

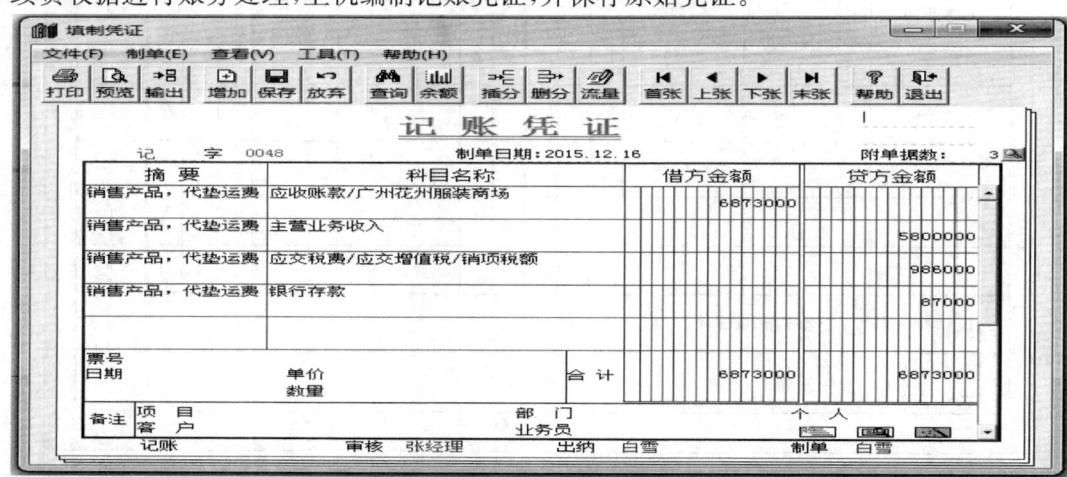

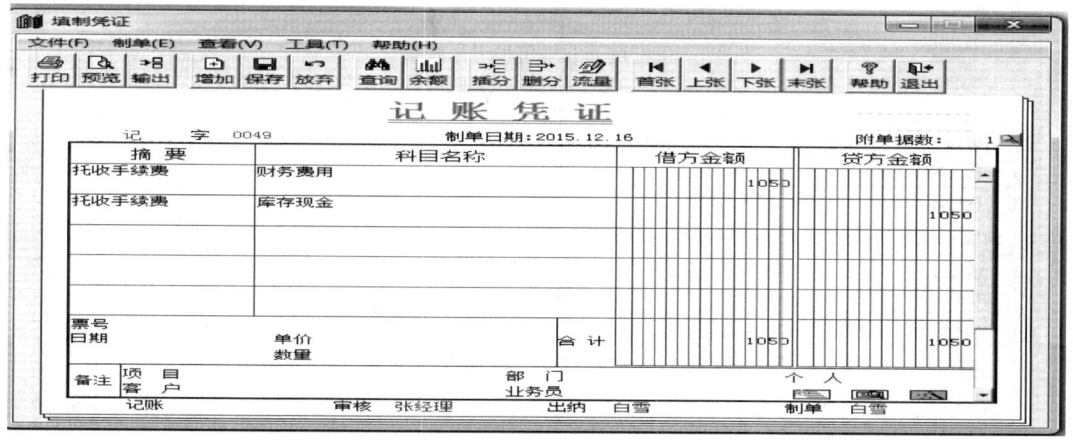

业务 2

12月17日，财务部收到开户银行转来的托收承付第五联付款通知以及增值税发票一张，运输费单据一份，该款项是公司12月10日采购全毛花呢应付的货款，货已入库。张经理要求白雪与采购部、仓库联系，核对采购、入库信息，然后根据合同要求进行付款操作。

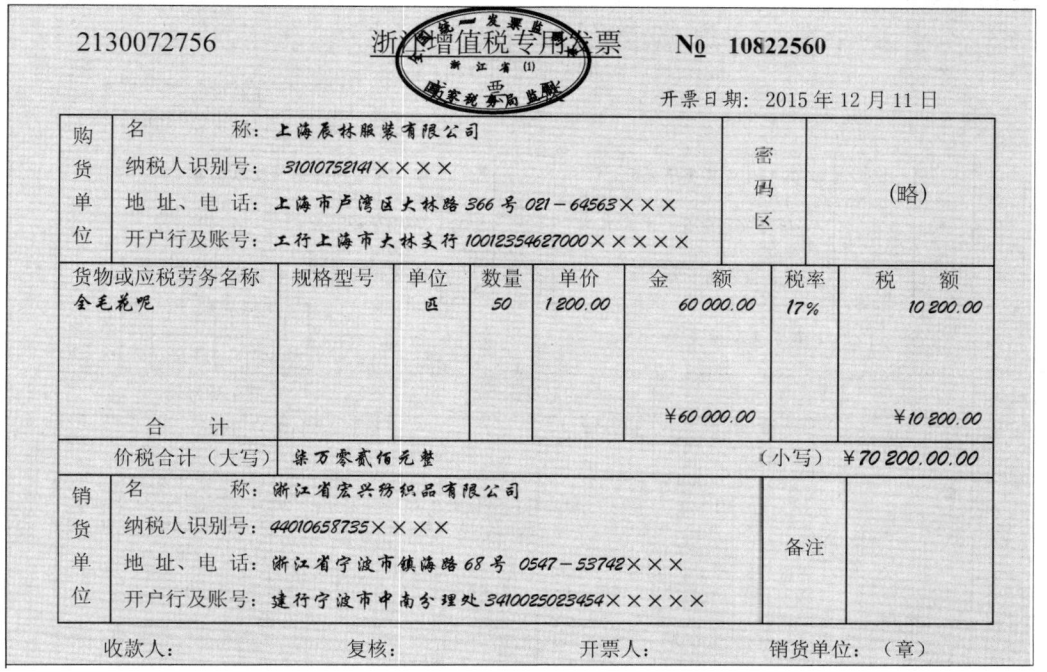

货物运输业增值税专用发票

2261103XXX 抵扣联 No 10131XXX
开票日期：2015 年 12 月 11 日

承运人及纳税人识别码	宁波欣欣运输有限公司 2262247621	密码区	（略）
实际受票方及纳税人识别码	上海辰林服装有限公司 3101075214XXXX		
收货人及纳税人识别码	上海辰林服装有限公司 3101075214XXXX	发货人及纳说人识别码	浙江宏兴纺织品有限公司 22610691224XXXX
起运地、经由、到达地		浙江宁波—上海黄浦区	

费用项目及金额	费用项目 运费	金额 540.00	费用项目	金额	运输货物信息	全毛花呢
合计金额	￥540.00	税率	7%	税额	￥60.00	机器编号 3233
价税合计（大写）	人民币陆佰元整			（小写）￥600.00		
车种车号		车船吨位			备注	
主管税务机关及代码	宁波市税务局下沙区税务所 226158432XXXX					

第一联：记账联 销货方记账凭证

收款人：　　复核：　　开票人：刘一平　　承运人：（章）

托收承付凭证（回单）　5　委托号码

委托日期　2015 年 12 月 12 日

承付期限 到期 2015 年 12 月 20 日

付款人	全称	上海辰林服装有限公司	收款人	全称	浙江省宏兴纺织品有限公司
	账号或地址	10012354627000××××		账号	3410025023454××××
	开户银行	工行上海市大林路支行		开户银行	建行宁波市中南分理处　行号

托收金额	人民币（大写）	柒万零捌佰元整	千	百	十	万	千	百	十	元	角	分
					￥	7	0	8	0	0	0	0

附寄单证张数或册数	附件 发票、运输发票 2张	商品发运情况 已发运	合同名称号码 购货合同 CL071240

备注：电划

付款人注意：
1、根据支付结算办法规定，上列托收款项，如果超过承付期限并未作拒付时，即视同全部承付。如系全额支付即以此联代付款通知；如遇延付或部分支付时，再由银行另送延付或部分支付的付款通知。
2、如需提前承付或多承付时，应另写书面通知送银行办理。
3、如系全部或部分拒付，应再承付期限内另填 拒绝承付理由书送银行办理。

单位主管　　　会计　　　复核　　　记账

业务操作

（1）白雪与采购部、仓库联系，采购部送来采购合同副本一份，仓库送来货物收料单一份。白雪将合同、收料单与托收凭证、增值税发票的内容一一进行核对，准确无误，有关领导签字也核对无误。

（2）白雪根据托收要求于12月19日下午通知开户银行对浙江省宏兴纺织品公司付款，并根据托收承付凭证、增值税专用发票、运输费用单制作记账凭证。仓库收料单交会计。

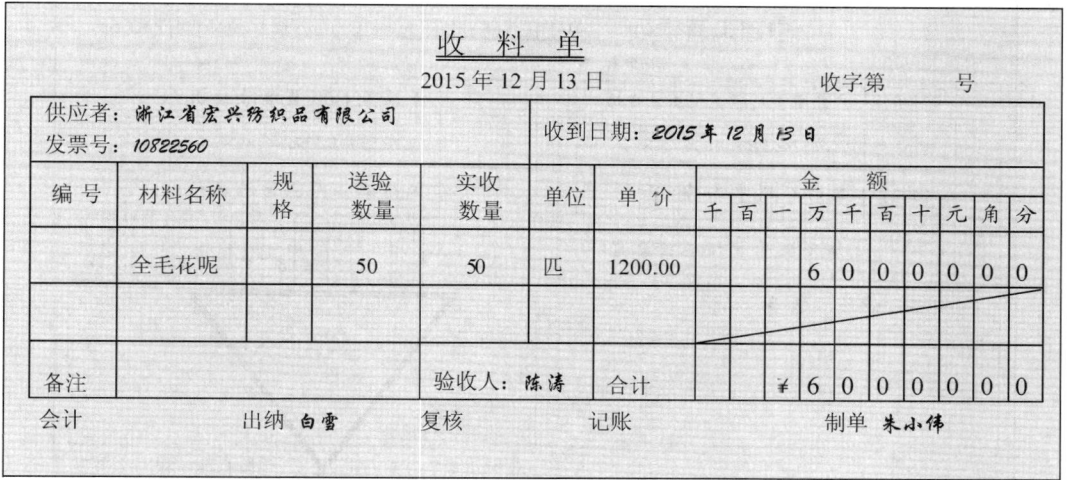

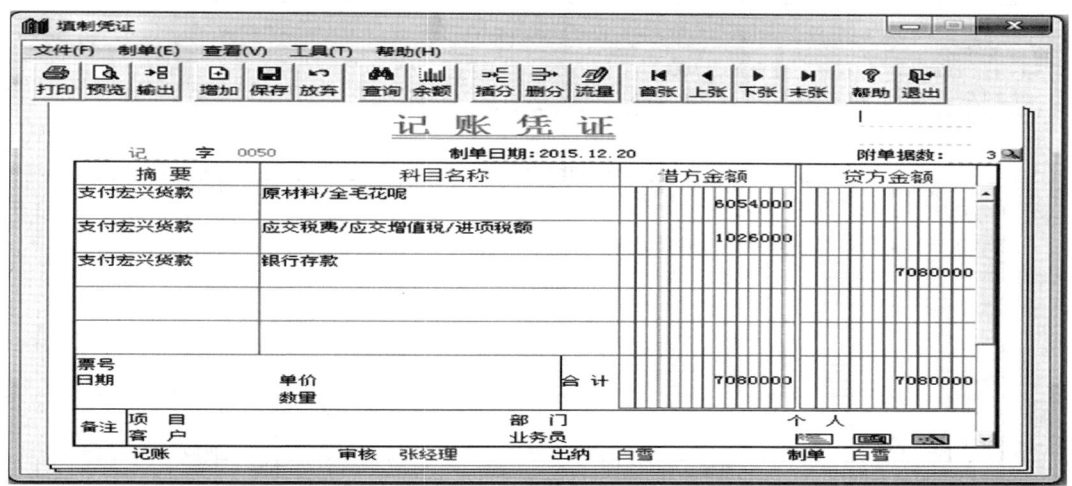

业务 3

12月22日,银行转来广州购货款项的收账通知,张经理要求白雪进行账务处理。

业务操作

(1) 白雪将收账通知与12月16日托收承付记录内容核对,汇款人及账号、收款人及账号、总金额等,确认无误。

(2) 根据该电划收账通知制作记账凭证。

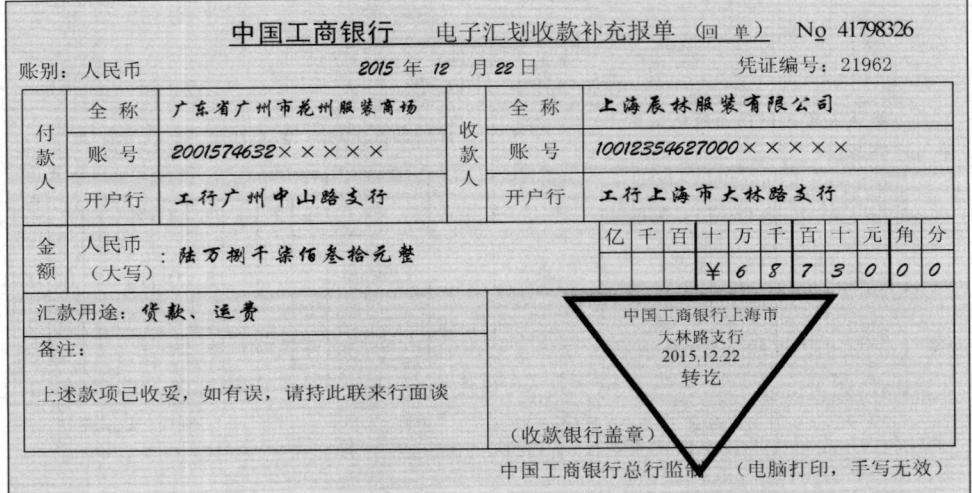

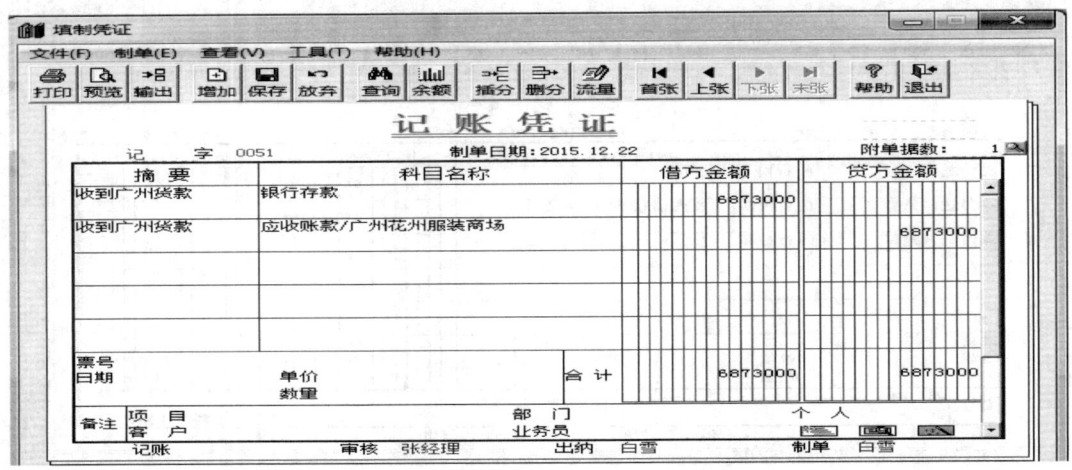

任务十　银行存款日记账的设置与登记

 学习目标

- 懂得银行结算账户的概念和基本分类
- 知道企事业单位中银行存款日记账设置的基本规定
- 知道企事业单位中出纳报告单的编制目的和方法
- 会根据发生的收付业务登记银行存款日记账
- 会根据库存现金日记账和银行存款日记账编制出纳报告单

通过一段时间的学习,白雪已经接触到了出纳员岗位大部分工作任务,这天张经理告诉白雪登记银行存款日记账也是出纳员的工作任务,要学习如何设置、记账、对账、结账等。白雪觉得库存现金日记账学过了,银行存款日记账应该也没问题。张经理告诉白雪,银行存款日记账与库存现金日记账确实有许多相同的地方,但是也有不同的特点,所以,要了解有关的知识,更要学会操作。

 知识

一、单位银行结算账户的概述

银行存款是指企事业单位存放在银行或其他金融机构中的货币资金。按照国家有关规定,凡是独立核算的单位都必须开立银行账户,单位之间的经济往来,除了按我国《现金管理暂行条例》规定的范围可以使用现金外,应当通过开户银行进行转账结算。

根据我国《人民币银行结算账户管理办法》的规定,人民币银行结算账户是指银行为存款人开立的用于办理现金存取、转账结算等资金收付活动的人民币活期存款账户,它是存款人办理存、贷款和资金收付活动的基础。

按照存款人的不同,银行结算账户可分为单位银行结算账户和个人银行结算账户。单位银行结算账户按用途分为如下四类:

(1)基本存款账户。它是单位因办理日常转账结算和现金收付需要开立的银行结算账户。

(2)一般存款账户。它是单位因借款或其他结算需要,在基本存款账户开户银行以外的银行营业机构开立的银行结算账户。

(3)专用存款账户。它是单位按照法律、行政法规和规章,对其特定用途资金进行专项管理和使用而开立的银行结算账户。

(4)临时存款账户。它是单位因临时需要并在规定期限内使用而开立的银行结算账户。

各单位可以根据本单位的业务需要自主选择银行开立银行结算账户。其中,基本存款账户是企业单位的主办账户,单位日常经营活动的资金收付及工资、奖金和日常现金的支取,必须通过这个账户办理。每个单位只能在银行开立一个基本存款账户,其他银行结算账户的开立必须凭基本存款账户开户登记证办理开户手续,并由银行在开户登记证上进行相应的登记。

张经理:这些知识你在学校里学过吧?

白雪:学过一点,但是没有接触过实际工作。我们公司银行存款账户的开户银行就是工行上海市大林支行吧?

张经理:是的,这是我们公司的基本存款账户,公司的所有资金来往结算都是通过这个账户办理的。

白雪:那么我们财务部是怎样进行这个账户的登记、核算和管理的呢?

张经理:问得好,这也是作为我们财务部门工作人员需要知道的,公司的银行存款账户设置了银行存款总账,由专门管理总账的会计负责。为了随时详细反映银行存款的存入、支出以及结存的情况,还设置了"银行存款日记账"进行序时核算。这个工作是由出纳员负责的,也就是你要学会做的任务之一。

知识

二、银行存款日记账的设置

手工记账条件下银行存款日记账必须采取订本式账簿,一般使用设有"收入(借方)金额"、"付出(贷方)金额"、"结余金额"三栏式账页。银行存款日记账的设置与库存现金日记账基本相同,不同之处是要增设"结算凭证"栏,登记所采用的结算方式类型以及凭证编号,以便与银行对账单核对。

银行存款日记账也有采用多栏式的,主要是为了清楚地反映账户之间的对应关系,了

解银行存款的增减变化。多栏式是在"借方"、"贷方"栏下，按经常发生的对应科目设立专栏，常用于经济业务比较简单、业务量比较少的单位。

手工记账的三栏式银行存款日记账样式如下所示：

200×年		凭证		摘要	结算凭证		对应科目	收入（借方）金额	付出（贷方）金额	结余金额
月	日	种类	编号		种类	编号				

银行存款　日记账　　　　　第　　页

随着电算化的普及，绝大多数单位都实现了会计电算化，在初始化时就设定了银行存款日记账以及格式，只要准确地输入相关的记账凭证，电算化软件就会自动生成银行存款日记账的登记、核算、结账等内容，随时可供查询、核对。

财务信息系统中的银行存款日记账样式：

银行日记账

科目 1002 银行存款

2015年		凭证号数	摘要	结算号	对方科目	借方	贷方	方向	余额
月	日								

张经理：我们公司的财务部已经于几年前就全部实现会计电算化了，除了出纳员岗位上有一部分业务在与外部（包括本公司的其他部门和外单位）联系过程中，还需要用手工操作，其他的岗位基本是通过电算化软件处理业务的。

由于你刚刚来工作，对很多业务和要求不很熟悉，所以要求你通过上机学习银行存款日记账的设置、记账、对账和结账等操作，尽快地熟悉业务。

知识

三、银行存款日记账的登记方法

银行存款日记账的登记工作由出纳员负责。记账方式与库存现金日记账相同。登记银行存款日记账时，应做到数字真实准确，内容完整，登记及时，账证相符，书写工整，摘要清楚，便于查阅，按期结算，不拖延积压。发生记录错误必须按规定方法更正。具体登记方法与要求如下：

(1) 根据复核无误的银行存款收、付凭证登记银行日记账。
(2) 所记载的经济业务内容必须同记账凭证相一致。
(3) 按经济业务处理的顺序逐笔登记。
(4) 必须连续登记，不得跳行、隔页。
(5) 文字与数据必须准确无误、整洁清晰。
(6) 手工记账时每一面账页记完，必须按规定转页。
(7) 每月月末，按规定对账、结账。

四、银行存款日记账的核对

为防止记账发生错误和正确掌握银行存款实际金额，企事业单位应当按期进行对账。银行存款日记账与有关账、证、单的核对，主要包括以下三个方面：

(1) 银行存款日记账与银行存款收、付凭证互相核对，做到账证相符。
(2) 银行存款日记账与银行存款总账互相核对，做到账账相符。
(3) 银行存款日记账与开户银行的银行对账单互相核对，做到账单相符。如有未达账项使单位银行日记账余额和银行对账单余额不一致时，要通过查对进行调节，使调节后的余额一致。

白雪：银行存款日记账的登记操作在学校学过，但是没有真刀真枪地做过。

张经理：那么现在就要你真刀真枪地操作了，现在已是12月21日了，12月下旬的银行存款日记账就由你来登记。

业务 1

张经理要求白雪从12月下旬开始登记银行存款日记账。白雪接过银行存款日记账

本,开始按照要求逐日、逐笔登记发生的业务。到 12 月底时在张经理的指导下进行了月底对账、结账。

 **业务操作**

登记的银行存款日记账如下所示:

张经理:企业每月发生的经济业务比较多,为了及时掌握库存现金和银行存款的收、支和结存情况,会要求出纳员定期做一张"出纳报告单"。

白雪:什么是"出纳报告单"?应该怎么做?

张经理:你先学习一下有关"出纳报告单"的知识。

 知识

五、出纳报告单

出纳人员记账后,应根据"库存现金日记账"和"银行存款日记账"的核算资料定期编制"出纳报告单",报告本单位本期库存现金和银行存款的收、支与结存情况,并与总账会

计核对库存现金和银行存款总账的期末余额。以确保企业有关领导能及时掌握本单位的资金状况。

1. 出纳报告单的基本格式

出纳报告单并没有固定格式,一般常见的格式如下所示:

出纳报告单			编号:×××
库存现金 银行存款			

单位名称:_____ 自20 年 月 日至 月 日

项 目	库存现金	银行存款	备注
上期结存			
本期收入			
合 计			
本期支出			
本期结存			

财务主管　　　　记账　　　　出纳　　　　复核　　　　制单

2. 填制说明

借贷记账法下出纳报告单填制方法如下:

(1)报告期填写。出纳报告单的报告期可与本单位总账会计汇总记账的周期相一致,如果本单位总账5天汇总记一次账,则出纳可以每5天出一次报告单,总账10天汇总记一次,出纳报告单可以每10天填报一次。如果本单位领导临时需要,出纳员应该及时编出报告单。

(2)编号编排。报告单编号一般将月序号编在前面,而且由于月内报告单不可能超过31张,所以月序号数后面编两位即可。例如,10月份第1张报告单的编号为"1001",12月份的第5张报告单编号为"1205"。编号只是为了查对,各单位可以根据自己单位的实际情况规定编号方法。

(3)上期结存。这栏的数字是报告期前一期的期末结存数,即本报告单前一天的账面结存金额。也是上一期报告单的"本期结存"数字,可直接抄过来。

(4)本期收入。这栏的数字是按账面本期合计借方数字填列。

(5)合计。这栏的合计数是上期结存与本期收入的合计数字,直接相加即可。

(6)本期支出。这栏的数字是按账面本期合计贷方数字填列。

(7)本期结存。这是指本期末账面结存数字,等于表中的"合计"数减去"本期支出"

数。本期结存必须与账面实际结存数一致。

(8) 有关签章及其他填制要求与一般会计凭证的要求相同。

白雪：原来出纳报告单是这么编制的，我觉得不很难。

张经理：好的，我们公司的出纳报告单规定是每 10 天编一次，现在你根据手中的两本日记账的记录，学习编制 12 月下旬的出纳报告单。

 **业务操作**

白雪根据库存现金日记账、银行存款日记账的记录，编制 12 月下旬的"出纳报告单"如下所示：

库存现金
银行存款 出纳报告单　　编号：1203

单位名称：上海辰林服装公司　　自 2010 年 12 月 21 日至 12 月 31 日

项　目	库存现金	银行存款	备　注
上期结存	5 851.10	387 000.80	
本期收入	50.00	235 990.00	
合　计	5 901.10	622 990.80	
本期支出	1 050.00	48 048.00	
本期结存	4 851.10	574 942.80	

财务主管　　　记账　　　出纳　白雪　　复核　　　制单　白雪

任务十一　其他相关业务

 学习目标

- 会进行日记账的对账工作
- 会编制银行存款余额调节表
- 会查找记账差错与更正错账
- 会进行出纳会计资料的整理、保管
- 了解出纳工作交接的内容
- 掌握出纳工作交接的操作程序
- 会进行出纳工作的交接

12月底了,财务部的工作人员都忙着在结账、对账,张经理要白雪跟着一起学习作为出纳员如何与总账会计结账、对账工作。张经理告诉白雪,12月底既是月底,又是年底,对于财务部门来讲工作尤其繁忙,你先学习月底结账、对账的工作要求,如果发现错误,要学会规范地更正错账。

 知识

一、出纳员对账与错账更正

出纳员负责登记库存现金日记账和银行存款日记账,到了月底必须与总账会计进行核对。

1. 现金日记账的账证、账账、账实核对

为了使库存现金的账面记录完整与准确,使其与有关的账目、款项相符,出纳员在收、付现金以后,要及时记账,并且要按照一定的程序进行对账。

对账,就是对账簿记录的内容进行核对,使账证、账账和账实相符的过程。手工记账

条件下具体操作过程如下：

（1）库存现金日记账与现金收、付凭证核对。收、付款凭证是登记库存现金日记账的依据，账目和凭证应该是完全一致的。但是，在记账过程中，由于各种原因，往往会发生重记、漏记、记错方向或记错数字等情况。账证核对要按照业务发生的先后顺序逐笔进行。检查的项目主要有：核对凭证编号；复查记账凭证与原始凭证，看两者是否完全相符；查对账证金额与方向的一致性；检查中如发现差错，要立即按规定方法更正，确保账证完全一致。

（2）库存现金日记账与现金总分类账的核对。库存现金日记账是根据收、付款凭证逐笔登记的，现金总分类账是根据收、付凭证汇总表登记的，记账的依据是相同的，记录的结果应该完全一致。但是，由于两种账簿是由不同的人员分别记账的，而且总账一般是汇总登记，在汇总和登记过程中，都有可能发生差错，而日记账逐笔登记，记录的次数多，也容易发生差错。因此，出纳员要定期出具"出纳报告单"并与总账会计进行核对。每月底结账后，总分类账各个账户的借方发生额、贷方发生额和余额都已试算平衡，一定要将库存现金总分类账本月借方发生额、贷方发生额和月末余额分别与库存现金日记账的本月收入（借方）合计数、本月支出（贷方）合计数以及余额互相核对，查看账账之间是否完全相符。检查如发现差错，应立即按照规定的方法加以更正，做到账账相符。

（3）库存现金日记账与库存现金的核对。出纳员在每天业务结束后，应清查账款是否相符。先结出当天库存现金日记账的账面余额，再盘点库存现金的实有数，看两者是否完全相符。在实际工作中，凡是有当天来不及登记的现金收、付款凭证的，一般都按"库存现金实有数＋未记账的付款凭证金额－未记账的收款凭证金额＝库存现金日记账账存金额"进行核对。如果反复核对仍不能相符的，说明当日日记账的记录有差错，或实际收、付中有差错。这时，出纳员应该及时向财务部负责人报告；另外，应及时对当天办理的收、付款业务逐笔回忆，争取尽快找出差错的原因。

在信息化记账条件下，对账工作简单多了，出纳员点击"对账、确认"按钮，系统会自动显示对账结果，需要注意的是在自动对账不能完全对上的情况下，可采用手工对账。一般情况下，实施信息化记账方式后，计算机自动记账后各种账簿都应该是正确、平衡的，但有时候由于非法操作、计算机病毒或其他原因，会造成某些数据被破坏，因而引起账账不符。为了保证账证相符、账账相符，应该经常使用"对账"功能进行对账，至少每月一次，在结账前进行。

如果企业领导或上级主管会计业务的部门要对本单位出纳员的库存现金进行定期或不定期的检查，应注意几点：一是检查时出纳员应将现金收、付款凭证全部入账，并且结出账面余额；二是清查时出纳员必须在场；三是一切借条、收据不能抵充现金。

现金清查完毕，要编制库存现金盘点报告表（见任务三）。

2. 银行存款日记账的账证、账账、账实核对

银行存款日记账的核对也有三项：

(1) 银行存款日记账与银行存款收、付款凭证互相核对,做到账证相符。
(2) 银行存款日记账与银行存款总账互相核对,做到账账相符。
(3) 银行存款日记账与银行开出的银行存款对账单互相核对,做到账实相符。

前两项的核对与库存现金的核对基本相同,第三项[即上述第"(3)"点]的核对与库存现金日记账的核对方法有所不同。库存现金日记账的账实核对是通过库存现金实地盘点查对的,而银行存款日记账的账实核对无法进行存款的实地盘点查对,它是通过与银行送来的对账单进行核对。

银行开出的银行存款对账单是银行对本企业在银行存款进行序时核算的账簿记录的复制件,所谓与银行存款对账单进行核对,实际上是与银行进行账簿记录的核对。

从理论上讲,企业银行存款日记账的记录与银行开出的银行存款对账单应该是一致的,因为它们是对同一账号存款的记录。但是,通过核对,有时会发现双方的账目会出现不一致的情况。原因有两个:一是有未达账项;二是双方账目可能有记录差错。

无论是未达账项还是双方账目记录差错,都要通过企业银行存款日记账的记录与银行开出的银行存款对账单进行逐笔核对才能发现。

具体操作的方法:企业把银行存款日记账中的借方和贷方的每笔记录分别与银行存款对账单中的贷方和借方的每笔记录从凭证种类、编号、摘要内容、记账方向和金额等项目进行逐笔核对,经核对相符的,分别在各自有关数额的旁边划"√"以作标记。在双方的账单中没有划"√"标记的,不是"未达账项"就是双方账目记录有差错。

对于查出的错账、漏账,有关一方应及时加以更正。但为了对账方便,银行记录错误可以暂时由企业出纳在银行存款对账单中作临时更正,事后再与银行联系,由银行正式更正其账目。对于未达账项,则应该编制余额调节表加以调节,以便切实查清双方账目是否相符,查明企业银行存款的实有数额。

业务 1

白雪:银行存款余额调节表的内容我们在学校学习过,我知道怎么操作。

张经理:那好,你就把银行刚刚送来的银行存款对账单和你在 12 月下旬登记的银行日记账进行核对,看有没有不一致的地方(银行存款日记账见"任务十")。

业务操作

白雪把自己记录的 12 月下旬的银行存款日记账的内容与银行送来的银行存款对账单(如下所示)上 12 月下旬的账项逐项核对。

中国工商银行				对账单	
户名：上海辰林服装有限公司					
账号：1001235462700×××× 币种：人民币 月份：12 页数：2					

日 期	凭证种类	凭证编号	摘 要	借方发生额	贷方发生额	余 额
2010/12/22	电划报单		收到广州货款		68 730.00	455 730.80
2010/12/23	手续费		承兑汇票手续费	117.00		455 613.80
2010/12/25	托收凭证		支付南京货款	17 500.00		438 113.80
2010/12/25				2 975.00		435 138.00
2010/12/25	商业承兑汇票		收到前欠货款		51 000.00	486 138.80
2010/12/26	商业承兑汇票		支付货款	7 800.00		478 338.80
2010/12/28	商业承兑汇票		收妥货款		35 000.00	513 338.80
2010/12/31	特种托收		支付本月电费	16 800.00		496 538.80
2010/12/31				2 856.00		493 682.80
2010/12/31	特种托收		支付本月水费	5 824.00		487 858.80
2010/12/31	电划报单		收到宁波货款		54 964.00	542 822.80
合 计						

核对后，白雪发现自己记录的银行存款日记账的余额与银行送来的对账单余额有不一致，再仔细检查，原来是有几项未达账项：其中银行代企业划收、支付各一笔款项已经入账，而企业尚未收到银行的有关通知；而企业刚刚收到的一张转账支票已经入账，但银行还未办理转账。白雪在张经理指导下，进行了"输出余额调节表"的操作。系统生成的银行存款余额调节表，如下所示。

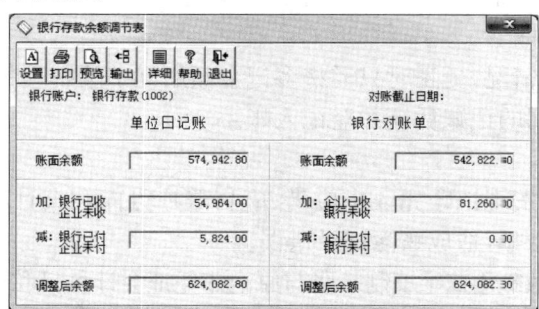

白雪把银行存款余额调节表打印后交给张经理，检查结果准确无误。张经理告诉白雪，如果在查对的过程中发现有记录错误，应该用规范的方法更正。

知识

3. 错账的更正

在日常的账簿记录中，常常会发生各种各样的错误。常见的有：登账"串户"，如把一个账户的金额记入另一个账户;金额"反向",即将应记入账户借方的金额记入了账户的贷方;"数字写错",就是写入毫不相关的数字而该写的未写;"金额错位",如把1 000写成100;"数字倒码",如把67写成76;还有漏登账簿等。

出纳员或会计在对账、查账过程中,对于账簿记录的错误,一是要及时查找原因;二是要按正确的方法及时更正。

手工记账条件下更正账簿记录的正确方法主要有:

(1) 划线更正法。具体如下所述:

适用范围:每日结账前,发现账簿记录有错误,而记账凭证正确。账簿记录的文字、数字有错误,记账方向有错误,过错账户等都可以采用划线更正法。

更正方法:在错误的文字、数字上划一条单红线,然后将正确的文字或数字写在红线上方,并由记账人员在更正处加盖私章,以示负责。要注意,如是文字错误,只要划去错误的文字;如是数字错误,应该将整笔数字划去,不得只划去某一错误的数字,并且还要使原来的数据字迹可以辨认。

(2) 红字更正法。具体如下所述:

适用范围:一是记账后发现记账凭证中应借、应贷会计账户或记账方向有错误;二是记账后发现记账凭证中应借、应贷会计账户和记账方向均没有错误,只是记账凭证中所填的金额数大于应记的正确金额数。

更正方法:对第一种情况,应先用红字金额填制一张与原错误记账凭证内容完全一样的记账凭证,并以红字登记入账,冲销原有的错误记录;然后用蓝字金额填制一张正确的记账凭证,并以蓝字记账。

对于上述第(2)种情况,更正时只需将多记金额用红字编制一张记账科目和记账方向与原记账凭证完全相同的记账凭证并登记入账。

(3) 补充登记法。

适用范围:记账后发现记账凭证中应借、应贷账户方向和会计科目是正确的,只是所填写的金额小于实际金额,造成账簿记录错误。

更正方法:将少记数额用蓝字填制一张与原记账凭证会计科目和记账方向完全相同的记账凭证,登记入账,只是在摘要栏内要注明"补充××××年×月×日×号凭证少记金额"。

在信息化记账条件下,账簿的错误率大大降低,但也难免由于种种原因会产生记账错误,需要及时更正。一般情况下,多数企事业单位的更正方法有:

(1) 在编制凭证过程中发现有错,操作人员(出纳、会计)及时撤销错误,重新编制一张正确的凭证。

(2) 在上级会计审核时发现凭证有错,会要求操作人员撤销错误凭证,重新编制一张正确的凭证。

(3) 在审核、记账或者结账以后再发现有错,为了保证账簿记录的真实性,这时一般不会让操作人员撤销错误凭证(他们一般没有这个权限),而是由会计主管用红字更正法或补充登记法更正错误。

张经理:月底对账、结账工作做好后,要将有关的资料进行整理归档,这也是出纳员的工作任务。

知识

二、出纳核算资料的归档、保管

出纳核算资料是整个会计档案资料的重要组成部分,各单位出纳人员必须认真做好出纳核算资料的保管、归档工作。

1. 出纳归档资料的范围

根据2015年12月财政部和国家档案局联合颁布、2016年1月1日实施的《会计档案管理办法》规定,下列会计资料应当进行归档:

(1) 会计凭证,包括原始凭证、记账凭证。

(2) 会计账簿,包括总账、明细账、日记账、固定资产卡片及其他辅助性账簿。

(3) 财务报告,包括月度、季度、半年度、年度财务报告。

(4) 其他会计资料,包括银行存款余额调节表、银行对账单、纳税申报表、会计档案移交清册、会计档案保管清册、会计档案销毁清册、会计档案鉴定意见书及其他具有保存价值的会计资料。

同时规定,在满足上述规定的条件下,单位内部形成的属于归档范围的电子会计资料可仅以电子形式保存,形成电子会计档案。单位可以利用计算机、网络通信等信息技术手段管理会计档案。

2. 出纳归档资料的整理和保管

各企事业单位的出纳员对这些资料必须进行科学的管理,做到妥善保管、存放有序、查找方便;要严格执行安全和保密制度,不能随意堆放,以免毁损、丢失和泄密。

(1) 出纳凭证的整理。出纳员记账所编制和使用的各种收、付款凭证及其所附的原始凭证,月末打印整理装订后,一般情况下要传递给记账会计,在年终归档前由记账会计进行整理和保存;平时出纳员主要应该做好原始凭证的整理及保管工作。对于一些像"支票申请单"之类的原始凭证,为了保管与查对方便,平时也可以由出纳人员单独保管并整理成册,年终统一归档。

(2) 出纳账簿的整理。一般情况下,年末出纳员负责将库存现金日记账和银行存款日记账打印后加以装订,编齐页码,并要像订本式账簿一样加上扉页,注明单位名称、所属时间、共计页数和人员签章的张数等,加盖公章后归档保存。

（3）其他出纳归档资料的整理。出纳账证以外的其他出纳保管归档资料，主要是指各种报表和文件（如各项经费开支计划表、出纳报告单、银行对账单、资金分析报告表），作为收、付款依据的各种合同文件，以及其他财务管理方面的重要依据（如支票申请单和支票领用登记簿、空白凭证票据）等，这些资料应该分类整理并妥善保管，年末集中归入会计档案。

（4）出纳资料的保管。出纳岗位形成的归档资料，是会计档案的重要组成部分，应由财务部门统一安排，按照归档的要求整理立卷和装订成册。根据《会计档案管理办法》的有关规定：当年形成的会计档案，在会计年度终了后，可由单位会计管理机构临时保管1年，再移交单位档案管理机构保管。纸质会计档案移交时应当保持原卷的封装。电子会计档案移交时应当将电子会计档案及其元数据一并移交，且文件格式应当符合国家档案管理的有关规定。单位应当严格按照相关制度，利用会计档案，在进行会计档案查阅、复制、借出时履行登记手续，严禁篡改和损坏。单位保存的会计档案一般不得对外借出，确因工作需要且根据国家有关规定必须借出的，应当严格按照规定办理相关手续。会计档案借用单位应当妥善保管和利用借入的会计档案，确保借入会计档案的安全完整，并在规定时间内归还。

3. 出纳归档资料的保管期限与销毁

《会计档案管理办法》规定：会计档案的保管期限分为永久、定期两类。定期保管期限一般分为10年和30年。涉及出纳岗位的"原始凭证"、"记账凭证"、"日记账"、"会计档案移交清册"等保管期限为30年，"银行存款余额调节表"、"银行对账单"等保管期限为10年，"会计档案保管清册"、"会计档案销毁清册"等保管期限为永久。

企事业单位应当定期对已到保管期限的会计档案进行鉴定，并形成会计档案鉴定意见书。经鉴定，仍需继续保存的会计档案，应当重新划定保管期限；对保管期满，确无保存价值的会计档案，可以销毁。会计档案的销毁程序如下：

（1）单位档案管理机构编制会计档案销毁清册，列明拟销毁会计档案的名称、卷号、册数、起止年度、档案编号、应保管期限、已保管期限和销毁时间等内容。

（2）单位负责人、档案管理机构负责人、会计管理机构负责人、档案管理机构经办人、会计管理机构经办人在会计档案销毁清册上签署意见。

（3）单位档案管理机构负责组织会计档案销毁工作，并与会计管理机构共同派员监销。监销人员在会计档案销毁前，应当按照会计档案销毁清册所列内容进行清点核对；在会计档案销毁后，应当在会计档案销毁清册上签名或盖章。

电子会计档案的销毁还应当符合国家有关电子档案的规定，并由单位档案管理机构、会计管理机构和信息系统管理机构共同派员监销。

白雪：想不到出纳资料的保管还有那么多学问啊。

张经理：是的，除了资料的保管工作以外，如果出纳人员有调整，还要按规定进行交接工作,这里也有很多规范要求。

知识

三、出纳工作交接

出纳工作交接要做到两点:一是移交人员与接管人员要办清手续;二是交接过程中要有专人负责监交。交接时要求进行财产清理,账账核对,账款核对;交接清理后要填写移交表,将所有移交的票、款、物编制详细的移交清册,按册向接管人点清;然后由交、接、监三方签字盖章,同时将移交表存入会计档案。

1. 出纳工作交接内容

出纳工作交接包括的内容有:

出纳凭证(原始凭证和记账凭证)、账簿(库存现金日记账和银行存款日记账)和出纳报告等。

银行存款、现金、有价证券和其他贵重东西。

用于银行结算的各种票据、票证、支票簿等。

收款收据(空白收据、已用和作废发票存根联及作废发票其他联等)。

印章、文件资料以及由本部门保管的各种档案文件资料。

办公室、办公桌与保险柜(箱)的钥匙和各种保密号码。

会计用品、器具。

经办未了的事项;等等。

实行会计电算化的单位,移交人员还要移交会计软件以及有关密码与口令;各种程序盘与使用说明书,已打印和备用的各种账、表、证;有关电算化的其他资料等。

2. 出纳工作交接程序

一般出纳工作交接的程序分三个阶段:

(1)交接准备。出纳人员办理交接前应做好一些准备工作:

已受理的经济业务应该及时完成,如有关记账凭证的填制。

未登记的账目应该抓紧登记完毕,并在最后一笔余额后加盖经办人印章。

整理应该移交的所有资料,对未了事项写出书面材料。

编制移交前清册,列明应当移交的所有证、账、款等。

移交清册包括移交表和交接说明书两部分,其中移交表主要有银行存款移交表,库存现金移交表,核算资料移交表,有价证券、贵重物品移交表等。其格式分别如下所示。

银行存款移交表

移交日期： 年 月 日　　　　单位：元　第 页

开户银行	币种	期限	账面数	实有数	备注

附：（1）银行存款余额调节表　份
　　（2）银行预留印鉴卡一张

单位领导：　　　移交人：　　　监交人：　　　接交人：

库存现金移交表

币种：　　移交日期： 年 月 日　　　　单位：元　第 页

币别	数量	移交数量	移交金额	备注
100元				
50元				
20元				
10元				
5元				
2元				
1元				
5角				
2角				
1角				
5分				
2分				
1分				
合计				

单位领导：　　　移交人：　　　监交人：　　　接交人：

　　交接说明书是把移交表中无法列入和尚未列入的内容作具体说明的文件。它包括了交接日期、交接双方及监交人员的职务和姓名、移交清册页数、需要说明的问题和意见等。

　　（2）交接阶段。出纳员办理交接手续，必须有监交人员监交。出纳工作交接属于一般会计人员交接，在交接过程中有单位会计部门负责人和会计主管进行监督。

　　移交人员在规定的期限内，按照移交清册逐项移交；接管人员应逐项核对点收，主要有以下几项：

核算资料移交表

移交日期　　年　月　日　　　　　　　　第　页

名　　称	年　度	数　量	起上号	备　注
库存现金日记账				
银行存款日记账				
收据领用登记簿				
支票领用登记簿				
托收承付登记簿				
付款委托书				
信汇登记簿				
电汇登记簿				
……				

单位领导：　　　　移交人：　　　　监交人：　　　　接交人：

有价证券、贵重物品移交表

移交日期：　　年　月　日　　　　　　单位：元　第　页

名　　称	购入日期	单　位	数　量	金　额	备　注

单位领导：　　　　移交人：　　　　监交人：　　　　接交人：

移交库存现金日记账时：接管人应着重核对账账、账实的一致性。核对无误后才在结账数字下签章。

移交银行存款日记账及有关票据、票证，更换印鉴章时：接管人应该着重银行存款日记账与银行存款对账单的核对，以及有关票据、票证、印鉴章的核对，核对无误后再签章。

移交有价证券、贵重物品时：接管人应认真按照清册上的数字逐一清点，验对无误后，接替人应该在贵重物品登记簿上签章，以示收到无误。

移交保险箱(柜)密码、重要的工作台、室的钥匙时：接管人应该一一试验，检查无误，在接受后,应该重新更换密码及有关锁具。

移交工作计划时:移交人要详细介绍计划执行的情况、进度和具体要求,以后执行时可能出现的问题等,以便接管人日后顺利工作。

移交待办事项时:为了有利于出纳工作的延续性,移交人在移交代办事项时,应将处理方法和有关注意事项向接替人交代清楚。

(3)交接结束。交接完毕后,交接双方和监交人员要在移交清册上签名或者盖章,并在移交清册上注明:单位名称、交接日期、交接双方和监交人的职务、说明、移交页数以及需要说明的问题和意见等。移交清册一般应该填制一式三份,交接双方各执一份,存档一份。接替人在交接结束后,应当继续使用移交的会计账簿,不得另立新账,以保持会计记录的连续性。对于出纳人员在办理工作移交手续后发现的问题,根据《会计基础工作规范》第三十五条规定:"移交人员对所移交的会计凭证、会计账簿、会计报表和其他会计资料的合法性、真实性承担法律责任。"这是对会计工作交接后交接双方责任的具体规定。移交人员所移交的会计资料是在其担任会计工作期间内所发生的,应当对这些会计资料的合法性、真实性负责,即使接替人员在交接时因疏忽没有发现所交接的会计资料有问题,如事后发现,仍由原移交人员负责,原移交人员不能因会计资料已移交而推卸责任。

张经理:白雪,你现在还是实习生,真正的出纳员交接手续还没有办理,等你能够独立完成出纳岗位上的工作任务时,就要按照以上的规范要求办理交接手续,你就是一名真正的出纳员了。

主要参考文献

1. 企业会计准则编审委员会.中华人民共和国会计法[M].北京:法律出版社,1999.
2. 中华人民共和国票据法[M].北京:中国方正出版社,1995.
3. 企业会计准则编审委员会.企业会计准则——应用指南[M].上海:立信会计出版社,2006.
4. 中国人民银行支付结算司.新版票据与结算凭证使用手册[M].北京:中国金融出版社,2004.
5. 中国人民银行支付结算司.中国人民银行支付系统制度汇编[M].北京:中国金融出版社,2006.
6. 鞠岗,史璞.出纳实务[M].杭州:浙江大学出版社,2008.
7. 胡世强.出纳实务[M].成都:西南财经大学出版社,2007.
8. 孙建良,王芬.基础会计[M].上海:上海财经大学出版社,2007.
9. 余国艳.出纳实务[M].北京:科学出版社,2007.
10. 励丹.基础会计[M].上海:华东师范大学出版社,2007.
11. 陈志红.会计实务[M].上海:华东师范大学出版社,2007.
12. 田国强.出纳实务[M].上海:立信会计出版社,2006.
13. 薛跃.中小企业出纳通[M].上海:立信会计出版社,2004.

附录一

中国人民银行公告〔2011〕第 2 号

为提高银行票据凭证的防伪性能,保证票据的流通和安全使用,中国人民银行决定启用 2010 版银行票据凭证(以下简称新版票据凭证)。现公告如下:

一、自 2011 年 3 月 1 日起一律使用新版票据凭证,停止签发旧版银行票据凭证。2011 年 3 月 1 日前签发的旧版票据,仍可继续流通使用。

对客户已购未用的旧版票据,银行应按原售价及时购回,集中销毁。

二、新版票据凭证的主要特点

(一)防伪工艺的调整。

现金支票、转账支票、汇票、非清分机本票纸张使用新型专用水印纸;清分机支票、清分机本票纸张使用新型专用清分机纸;所有纸张中增加了新型荧光纤维;汇票、非清分机本票纸张中增加了安全线;所有票据凭证均采用双色底纹印刷。

(二)印制标准的调整。

1. 票据号码。所有票据的号码调整为 16 位,分上下两排。使用支付密码器编制密码的支票,仍以票据号码后 8 位流水号作为编码要素。

2. 支票。统一支票底纹颜色,不再按行别分色;现金支票的主题图案为梅花,转账支票、清分机支票主题图案为竹;支票号码前不再冠地名;现金支票上的"现金支票"字样改为黑色印刷。

3. 汇票。统一汇票(含华东三省一市银行汇票)底纹颜色,银行汇票、银行承兑汇票不再按行别分色;汇票主题图案为兰花;银行汇票号码前一律不再冠地名;银行承兑汇票左上角不再加印各银行行徽;取消银行汇票、银行承兑汇票左上角无色荧光暗记。

4. 本票。本票主题图案为菊花;行名前不再加印统一徽记;号码前不再冠地名。

5. 所有票据小写金额栏分隔线由实线改为虚线。

(三)凭证格式、要素内容的调整。

1. 支票。取消小写金额栏下方支付密码框,调整为密码和行号填写栏(现金支票只有密码栏);将"本支票付款期限十天"调整为"付款期限自出票之日起十天";存根联"附加信息"栏由三栏缩减为两栏,相应扩大收款人填写栏;背面缩小附加信息栏,背书栏由一栏调整为两栏;"附加信息"栏对应的背面位置加印温馨提示"根据《中华人民共和国票据法》等法律法规的规定,签发空头支票由中国人民银行处以票面金额 5% 但不低于 1 000 元的罚款"。

2. 汇票。取消银行汇票收款人账号;小写金额栏增加亿元位;将左上角"付款期限壹个月"调整为"提示付款期限自出票之日起壹个月",并移置票据左边款处;印制企业名称改印在票据背面左边款；银行承兑汇票票面右下框增加密押栏。

3. 本票。增加小写金额栏；将左上角"付款期限贰个月"调整为"提示付款期限自出票之日起贰个月"，并移置票据左边款处；印制企业名称改在票据背面左边款；金额栏右下方增加密押栏和行号填写栏。

三、广大使用票据的银行和客户，应认真了解新版票据凭证的防伪点，增强票据风险防范意识，促进票据的安全使用。

中国人民银行
二〇一一年二月二十四日

附录二

最新国内结算用票据票样及常用结算凭证

支票票样(正面)

支票票样(反面)

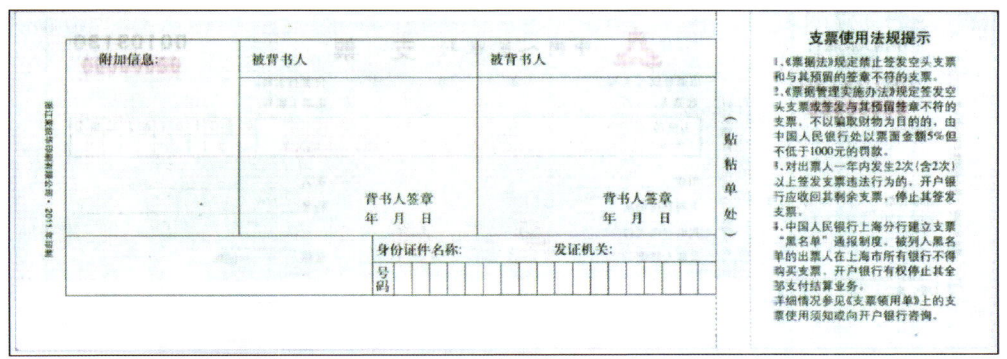

全国银行汇票票样(正面)

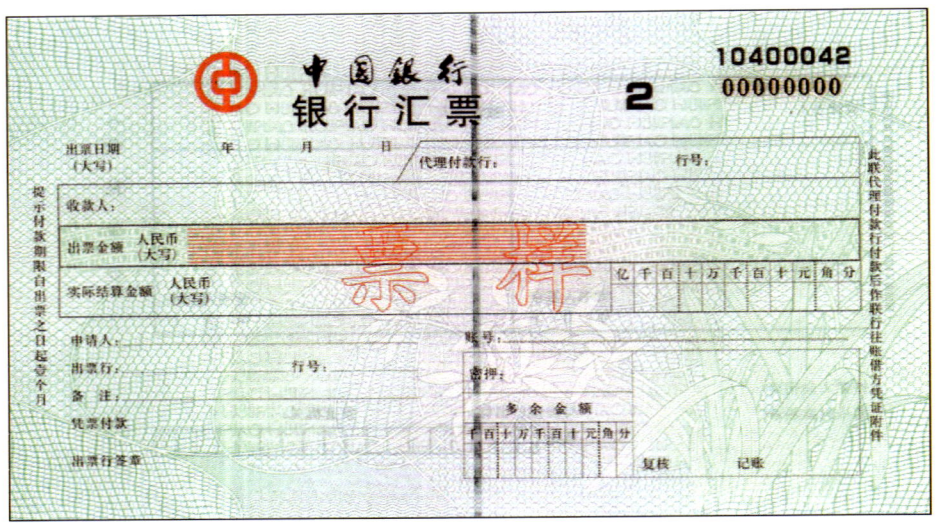

全国银行汇票票样(反面)

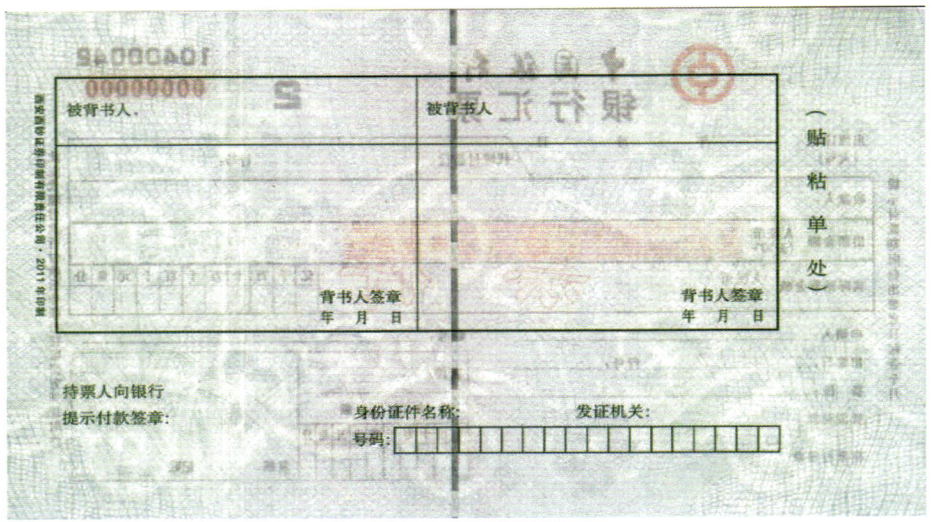

华东三省一市银行汇票票样(正面)

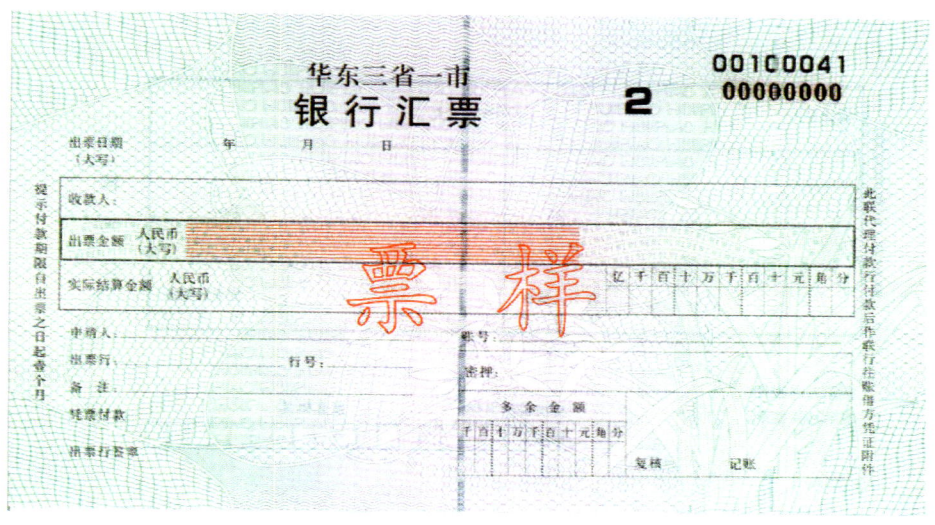

华东三省一市银行汇票票样(反面)

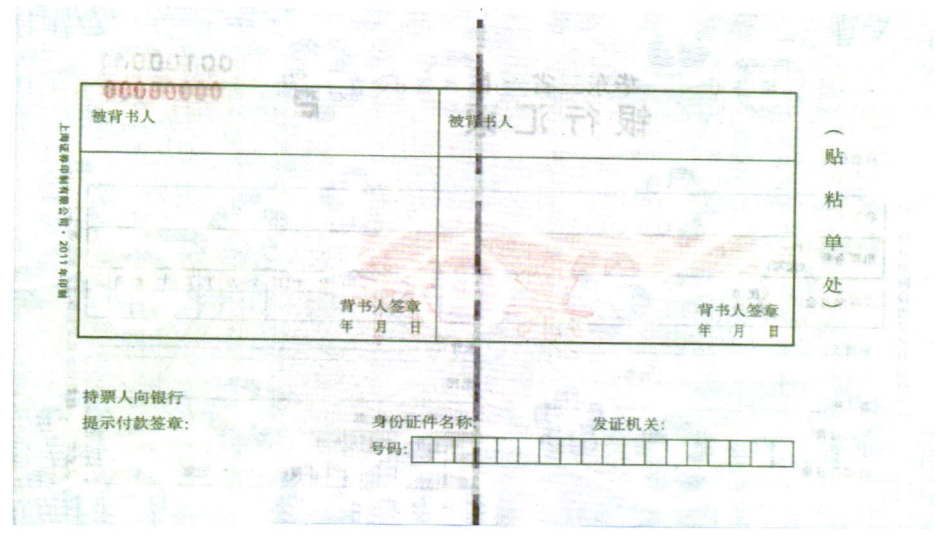

银行承兑汇票票样(正面)

银行承兑汇票票样(反面)

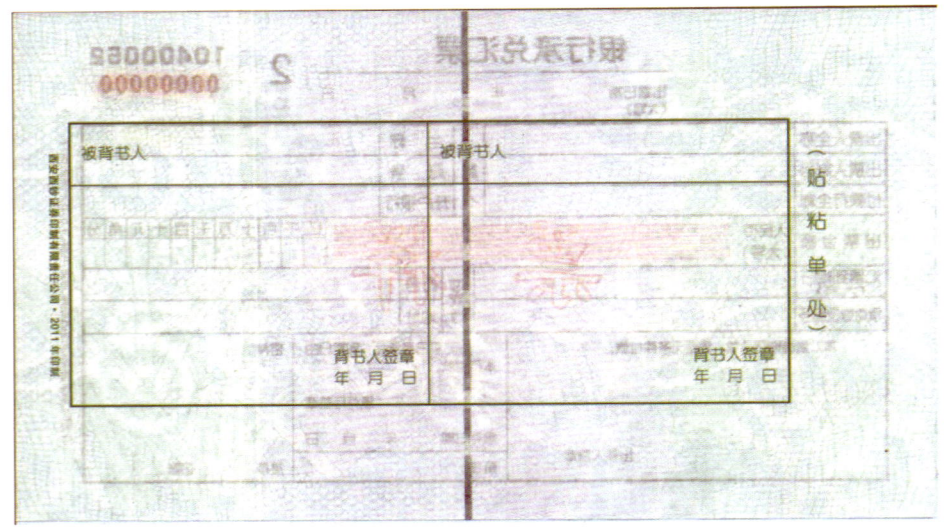

商业承兑汇票票样(正面)

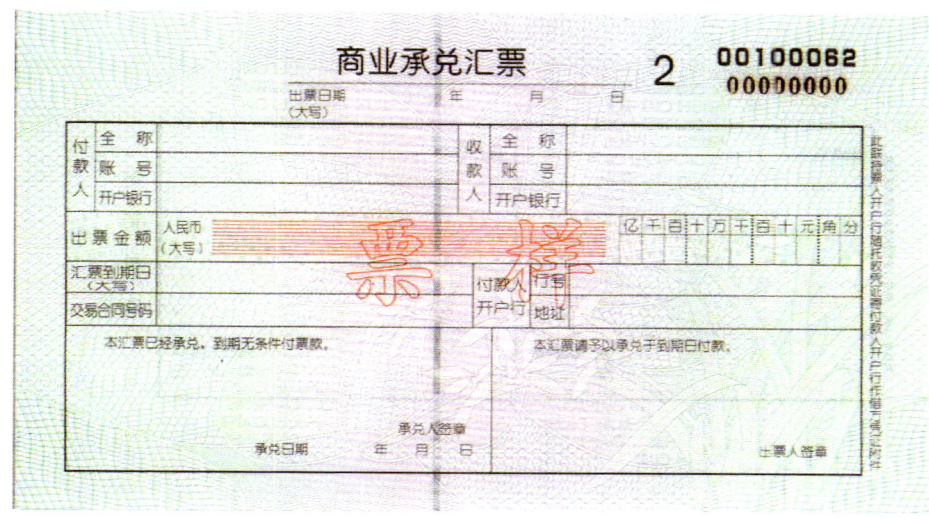

商业承兑汇票票样(反面)

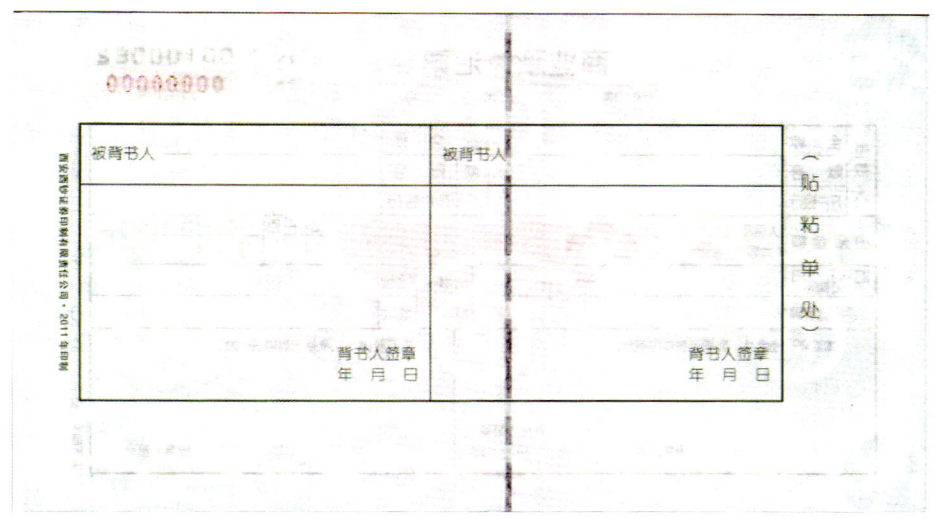

银行本票票样（正面）

银行本票票样（反面）

托收凭证第 1—5 联

托收凭证（借方凭证） 3

委托日期 年 月 日		付款期限 年 月 日
业务类型	委托收款（□邮划、□电划） 托收承付（□邮划、□电划）	

付款人：全称、账号、地址（省 市县 开户行）
收款人：全称、账号、地址（省 市县 开户行）
金额：人民币（大写） 亿千百十万千百十元角分
款项内容　托收凭据名称　附寄单证张数
商品发运情况　合同名称号码
备注：
付款人开户银行收到日期　年 月 日
收款人开户银行签章　年 月 日
复核　记账

此联付款人开户银行作借方凭证

托收凭证（汇款依据或收账通知） 4

委托日期 年 月 日		付款期限 年 月 日
业务类型	委托收款（□邮划、□电划） 托收承付（□邮划、□电划）	

付款人：全称、账号、地址（省 市县 开户行）
收款人：全称、账号、地址（省 市县 开户行）
金额：人民币（大写） 亿千百十万千百十元角分
款项内容　托收凭据名称　附寄单证张数
商品发运情况　合同名称号码
备注：上列款项已划回收入你方账户内。
收款人开户银行签章　年 月 日
复核　记账

此联付款人开户银行凭以汇款或收款人开户银行作收账通知

贷记凭证 1—4 联

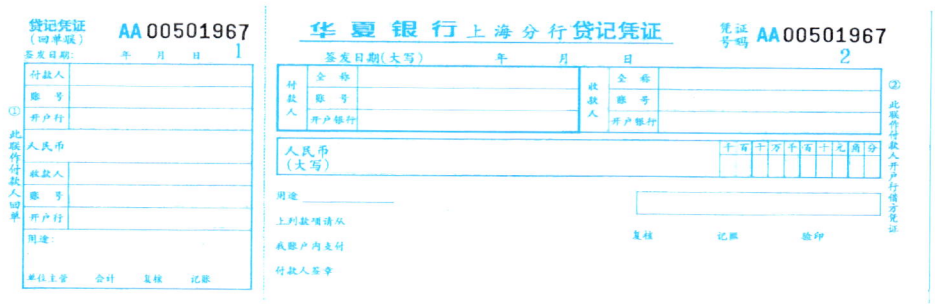

中国银行电汇凭证 1—3 联

中国银行进账单 1—3 联

出纳实务练习册

(第三版)

目录 CONTENTS

任务一　现金收入业务练习 ·· 1
　　一、选择题 ··· 1
　　二、判断题 ··· 2
　　三、问答题 ··· 2
　　四、实训操作题 ··· 2

任务二　现金支出业务练习 ·· 16
　　一、选择题 ··· 16
　　二、判断题 ··· 17
　　三、问答题 ··· 18
　　四、实训操作题 ··· 18

任务三　现金管理业务练习 ·· 42
　　一、选择题 ··· 42
　　二、判断题 ··· 42
　　三、问答题 ··· 43
　　四、实训操作题 ··· 43

任务四　支票结算业务练习 ·· 48
　　一、选择题 ··· 48
　　二、判断题 ··· 49
　　三、问答题 ··· 49
　　四、实训操作题 ··· 50

任务五 银行票据结算业务练习 ... 60
    一、选择题 ... 60
    二、判断题 ... 60
    三、问答题 ... 61
    四、实训操作题 ... 61

任务六 商业票据结算业务练习 ... 77
    一、选择题 ... 77
    二、判断题 ... 77
    三、问答题 ... 78
    四、实训操作题 ... 78

任务七 汇兑结算业务练习 ... 90
    一、选择题 ... 90
    二、判断题 ... 90
    三、问答题 ... 91
    四、实训操作题 ... 91

任务八 委托收款结算业务练习 ... 102
    一、选择题 ... 102
    二、判断题 ... 102
    三、问答题 ... 103
    四、实训操作题 ... 103

任务九 托收承付结算业务练习 ... 115
    一、选择题 ... 115
    二、判断题 ... 116
    三、问答题 ... 116
    四、实训操作题 ... 116

任务十 银行存款日记账的设置与登记练习 ... 130
    一、选择题 ... 130
    二、判断题 ... 130
    三、问答题 ... 130

四、实训操作题 ··· 131

任务十一　其他相关业务练习 ·· 134
　　一、选择题 ·· 134
　　二、判断题 ·· 134
　　三、问答题 ·· 134
　　四、实训操作题 ··· 135

课程综合练习 ·· 136

任务一 现金收入业务练习

一、选择题

1. 现金收入业务内容主要包括（   ）。
   A. 销售商品取得的现金收入   B. 提供劳务取得的现金收入
   C. 提供非经营性服务取得的现金收入   D. 单位内部往来的收入

2. 《现金管理暂行条例》规定，库存现金的限额为企业（   ）天的日常零星开支金额。
   A. 3~5   B. 5~8
   C. 10   D. 15

3. 以现金方式收取包装物押金时，收款方的会计分录为（   ）。
   A. 借：库存现金   B. 借：库存现金
      贷：其他业务收入   贷：其他应付款
   C. 借：库存现金   D. 借：库存现金
      贷：主营业务收入   贷：应付账款

4. 出纳人员在做现金收入业务时，主要依据的原始凭证是（   ）。
   A. 发票   B. 现金支票存根
   C. 收款收据   D. 非经营性收据

5. 出纳人员在办理收款或付款后，应在（   ）上加盖"收讫"或"付讫"的戳记，以避免重收、重付。
   A. 记账凭证   B. 原始凭证
   C. 收款凭证   D. 付款凭证

6. 报销差旅费收回多余款涉及的原始凭证可能会有（   ）。
   A. 收据   B. 差旅费报销单
   C. 进账单   D. 付款凭单

7. 《现金管理暂行条例》由（   ）发布。

A. 财政部门　　　　　　　　　　B. 国务院
C. 人民银行　　　　　　　　　　D. 全国人民代表大会

二、判断题

1. 现金收入业务是各企业在其生产经营和非生产经营活动中取得现金的业务。（　　）

2. 银行对边远地区和交通不便地区的开户单位，其库存现金限额的核定可以按最多不超过 15 天的日常零星开支的需要量加以确定。（　　）

3. 收款收据一般用于单位内部职能部门或职工之间现金往来，由各单位根据自己的需要设计印刷或购买。（　　）

4. 为了简化现金存取手续，企业可以用收入的现金直接支付有关款项。（　　）

5. 企业需要提取现金时，一般由领导批准，出纳人员填写现金支票到银行提取现金，在填写好的支票上，需加盖法人代表印章。（　　）

三、问答题

1. 什么是库存现金限额？核定单位库存现金限额的原则是什么？
2. 企业现金收入的范围主要包括哪些内容？
3. 现金管理"八不准"指的是什么？

四、实训操作题

【实训题一】

20××年12月1日，财务部门的库存现金不足，须从银行提取现金5 000元备用。

要求：出纳员按照规定填制原始凭证、办理提现手续、进行账务处理。

应知：出纳员按照规定要求办理提取备用金的手续以及应该注意的问题。（写出操作步骤）

应会：出纳员签发现金支票。
　　　　进行账务处理。

| 中国工商银行 现金支票存根 （ ） IX II 04158561 附加信息 _____ _____ 出票日期 年 月 日 收款人： 金　额： 用　途： 单位主管　　会计 | 本支票付款期限十天 | 中国工商银行　现金支票（ ）IX II 04158561 出票日期（大写）　　年　　月　　日　付款行名称： 收款人：　　　　　　　　　　　　　出票人账号： 人民币（大写）　　　　　千百十万千百十元角分 用途 上列款项请从 我账户内支付 出票人签章　　　　　　　　　　　复核　　　记账 |

记 账 凭 证　　　　　　　　编号：

　　　　年　月　日　　　　　　　附件　　张

摘　要	一级科目	二级或明细科目	√	借方金额	贷方金额
合　计					

会计主管　　　　记账　　　　审核　　　　出纳　　　　制单

【实训题二】

12月2日，仓库保管员交来现金300元，系美亚公司交来包装物押金，美亚公司经办人为张玲。

要求：出纳员办理收款手续。

应知：出纳员处理美亚公司交来现金的手续。（写出操作步骤）

应会：出纳员收取现金，开收据。
　　　　进行账务处理。

上海市企业单位统一收据

No：4856824

年　　月　　日

第三联　记账联

交款单位＿＿＿＿＿＿＿＿＿＿＿＿＿＿＿＿＿＿＿

人民币(大写)＿＿＿＿＿＿＿＿＿＿＿＿＿＿　¥＿＿＿＿＿＿＿

系付＿＿＿＿＿＿＿＿＿＿＿＿＿＿＿＿＿＿＿

现金	
支票	

收款单位(盖章有效)　　财务＿＿＿＿＿＿　经手人＿＿＿＿＿＿

记　账　凭　证

年　　月　　日

编号：
附件　　张

摘　　要	一级科目	二级或明细科目	√	借方金额	贷方金额
合　　计					

会计主管　　　　记账　　　　审核　　　　出纳　　　　制单

【实训题三】

12月5日，到银行提取现金98 765元，准备发工资，当天将工资发放给职工。

要求：出纳员按照规定填制原始凭证，办理提现手续，进行提现，工资发放的账务处理。

应知：到银行提取现金发工资出纳员应怎样处理？（写出操作步骤）

应会：出纳员签发现金支票。

进行账务处理。

中国工商银行 现金支票存根（ ）		中国工商银行　现金支票（　　）IX II 04158578		
IX II 04158578	本支票付款期限十天	出票日期(大写)　　年　月　日	付款行名称：	
附加信息 _____ _____		收款人：	出票人账号：	
出票日期　年　月　日		人民币(大写)	千百十万千百十元角分	
收款人：		用途		
金　额：		上列款项请从		
用　途：		我账户内支付		
单位主管　　　会计		出票人签章　　　　　复核　　　　记账		

记 账 凭 证

编号：
年　月　日　　　　　　　　附件　　张

摘　要	一级科目	二级或明细科目	√	借方金额	贷方金额
合　计					

会计主管　　　　记账　　　　审核　　　　出纳　　　　制单

	记 账 凭 证			编号：	
	年　月　日			附件　　张	
摘　要	一级科目	二级或明细科目	✓	借方金额	贷方金额
合　计					
会计主管	记账	审核		出纳	制单

【实训题四】

12月6日，公司办公室秘书高燕从苏州参加培训班回来，报销差旅费，交来领导签字的报销单一张，以及余款75元。（高燕预支差旅费1 000元）

要求：出纳员按照规定办理报销手续，收回多余的现金，并进行账务处理。

应知：出纳员办理出差报销的手续。（写出操作步骤）

费用报销单

部门：办公室　　　　　报销日期：20××年12月6日

摘　要	金　额							科　目	单据张数
	十万	千	百	十	元	角	分		
交通费			1	2	5	0	0		4
会务费			8	0	0	0	0		1
合计人民币（大写）玖佰贰拾伍元整	¥		9	2	5	0	0		

财务主管　　　记账　　　出纳 白雪　　部门主管 刘辰林 复核　　　报销人 高燕

应会：出纳员审核报销单。
　　　收回交来的多余现金，并开具收据。
　　　进行账务处理。

收　据	No：0030376
年　　月　　日	

第三联　记账联

交款单位：_____　　收款方式_____
人民币(大写)_____　¥_____
收款事由：_____

财务主管：　　记账：　　出纳：　　审核：　　经办：

	记　账　凭　证				编号：
	年　　月　　日				附件　　张
摘　　要	一级科目	二级或明细科目	✓	借方金额	贷方金额
合　　计					
会计主管	记账	审核		出纳	制单

【实训题五】

12月11日，收到仓库报关员交来天宇公司租借包装物押金160元。天宇公司承办人为黄燕。

　　要求：按照规定处理收取押金业务。
　　应知：办理收到其他企业租借包装物押金的手续。(写出操作步骤)

　　应会：出纳员收进现金，并开具收据。

进行账务处理。

```
          上海市企业单位统一收据          No：4856826
                   年    月    日

  交款单位_____
  人民币(大写)_____        ¥_____
  系付_____        ┌────┬────┐
                                       │现金│    │
                                       ├────┼────┤
                                       │支票│    │
                                       └────┴────┘
  收款单位(盖章有效)    财务_____    经手人_____
```

第三联 记账联

```
               记 账 凭 证              编号：
                   年    月    日        附件    张

  摘   要  │ 一级科目 │ 二级或明细科目 │ ✓ │ 借方金额 │ 贷方金额
  ─────────┼──────────┼───────────────┼───┼──────────┼──────────
           │          │               │   │          │
           │          │               │   │          │
           │          │               │   │          │
  合   计  │          │               │   │          │
  会计主管         记账         审核         出纳         制单
```

【实训题六】

12月12日,从银行提取现金7 000元备用。

要求:按照规定办理提取备用金业务。

应会:签发现金支票一张。

进行账务处理。

中国工商银行		🏦 中国工商银行　现金支票（ ）IX II 04158585											
现金支票存根　（ ）		出票日期（大写）　　年　月　日　付款行名称：											
IX II 04158585	本支票付款期限十天	收款人：							出票人账号：				
附加信息＿＿＿＿＿		人民币（大写）	千	百	十	万	千	百	十	元	角	分	
＿＿＿＿＿＿＿＿＿													
＿＿＿＿＿＿＿＿＿		用途											
出票日期　年 月 日		上列款项请从我账户内支付											
收款人：													
金　额：		出票人签章　　　　　　　复核　　　记账											
用　途：													
单位主管　　会计													

记　账　凭　证						编号：
年　月　日						附件　　张
摘　　要	一级科目	二级或明细科目	✓	借方金额	贷方金额	
合　　计						
会计主管　　　　　　记账　　　　　　审核　　　　　　出纳　　　　　　制单						

【实训题七】

12月13日，收到职工蒋晓玲因损坏有关物品交来的赔偿款150元。（相关凭证略）

要求：按照规定处理收进赔偿款业务。

应会：出纳员收进现金，开具收款收据一张。

　　　　进行账务处理。

收 据

No：0030379

年　月　日

第三联　记账联

交款单位：_____　　收款方式_____

人民币（大写）_____　　¥

收款事由：_____

财务主管：　　　记账：　　　出纳：　　　审核：　　　经办：

记 账 凭 证

编号：
年　月　日
附件　张

摘　要	一级科目	二级或明细科目	√	借方金额	贷方金额
合　　计					

会计主管　　　记账　　　审核　　　出纳　　　制单

【实训题八】

12月14日，出售办公室废旧报刊，取得现金98元，经办人为办公室工作人员张琴。

要求：按照规定处理零星现金收入业务。

应会：出纳员收进现金，并开具收款收据一张。

　　　　进行账务处理。

收 据

No：0030381

年　月　日

第三联　记账联

交款单位：_____　　收款方式_____

人民币（大写）_____　　¥

收款事由：_____

财务主管：　　　记账：　　　出纳：　　　审核：　　　经办：

记 账 凭 证					编号：
年　月　日					附件　　张
摘　要	一级科目	二级或明细科目	√	借方金额	贷方金额
合　计					

会计主管　　　　记账　　　　审核　　　　出纳　　　　制单

【实训题九】

12月16日，采购员张素芳出差回来，报销差旅费1 826元（报销凭证略），交回余款174元。（张素芳预支差旅费2 000元）

要求：按照规定处理出差报销业务。

应会：出纳员审核报销凭证，收进交来余款，开具收款收据一张。

　　　　进行账务处理。

收　据　　　　　　　　　　No: 0030384

年　月　日

交款单位：_____　　　　收款方式_____

人民币（大写）_____　　　　￥_____

收款事由：_____

财务主管：　　　记账：　　　出纳：　　　审核：　　　经办：

第三联　记账联

记账凭证

　　　　年　月　日　　　　　　　　　　　　　　编号：
　　　　　　　　　　　　　　　　　　　　　　　　附件　　张

摘　要	一级科目	二级或明细科目	√	借方金额	贷方金额
合　　计					

会计主管　　　　记账　　　　审核　　　　出纳　　　　制单

【实训题十】

12月26日，办公室秘书王兰云预订20××年第一季度的报纸，共计834元，退回余款166元。（12月25日预支1000元）

中国邮政报刊费收据

20××年第一季度　　No 2478542

户　名：上海辰林服装有限公司
地　址：上海市卢湾区大林路366号
查询号：310116001756705　　收订局：上海市斜桥邮政支局

报刊种类	起止期	定价	份数	金　额					
				千	百	十	元	角	分
报纸	20××.1-3	278.00	3	¥	8	3	4	0	0

共计款额（大写）捌佰叁拾肆元整　　　　　　¥834.00

注：数字涂改或未盖收款章无效　　　　经手：戴宜

要求：按照规定报销业务。
应会：出纳员收进余款，并开具收款收据。
　　　进行账务处理。

收据   No：0030387

年　月　日

交款单位：＿＿＿＿＿＿＿＿＿＿＿＿＿＿＿＿　　收款方式＿＿＿＿＿＿

人民币(大写)：＿＿＿＿＿＿＿＿＿＿＿＿＿＿　　￥＿＿＿＿＿＿

收款事由：＿＿＿＿＿＿＿＿＿＿＿＿＿＿＿＿

财务主管：　　记账：　　出纳：　　审核：　　经办：

第三联　记账联

记 账 凭 证

编号：

年　月　日　　　　附件　张

摘　要	一级科目	二级或明细科目	√	借方金额	贷方金额
合　计					

会计主管　　　记账　　　审核　　　出纳　　　制单

【实训题十一】

根据所示原始凭证说出经济业务的类型。

1. 现金支票存根

　　经济业务：

中国工商银行
现金支票存根　　（　）
IX II 04158562
附加信息

出票日期20××年12月1日

收款人：	本单位
金　额：	￥3000.00
用　途：	备用金

单位主管　　　会计

2. 上海市企业单位统一收据

　　经济业务：

上海市企业单位统一收据 No: 4856824

20XX 年 12 月 16 日

交款单位 长兴公司

人民币（大写）叁佰元整　　　　　　　¥300.00

系付 包装物押金

现金收讫　　现金 ✓　支票

收款单位（盖章有效）　财务_____　经手人 白雪

第三联 记账联

3. 外埠出差费报销单
   经济业务：

外埠出差费报销单

20XX 年 12 月 9 日　　附单据 10 张　编号：

部门	销售部	姓名	沈申	事由	杭州开会				
起止时间、地址				车船票飞机票	住宿费		住勤补贴		市内交通费	其他费用

月	日	起程	月	日	到达	车船票飞机票	天	金额	天	金额	市内交通费	摘要	金额
12	4	上海	12	4	杭州	56.00	4	800.00	4	120.00	90.00	伙食	200.00
12	8	杭州	12	8	上海	56.00						其他	90.00
合计 ¥1 412.00				小计	112.00		800.00		120.00			290.00

原借支 ¥1 500.00　核销 ¥1 412.00　退补 ¥88　共计人民币（大写）壹仟肆佰壹拾贰元 零 角 零 分

财务主管　　记账　　出纳 白雪　　部门主管 李明　　出差报销人员 沈申

任务一 现金收入业务练习 15

```
                        收    据         No:0030389
                    20××年 12 月 19 日

    交款单位: 沈申                  收款方式 现金           第
                                                        二
    人民币(大写) 捌拾捌元整              ￥88.00            联
                                                        记
    收款事由: 收回多余借款          ┌─────────┐          账
                                  │ 现金收讫 │          联
                                  └─────────┘

    财务主管:      记账:     出纳: 白雪   审核:    经办: 沈申
```

【实训题十二】

分析以下经济业务可能会涉及哪些原始凭证。

1. 20××年12月3日,出售废旧杂志,收到现金250元。
2. 20××年12月4日,从银行提取现金6 000元备用。
3. 20××年12月8日,采购员小华出差回来报销差旅费1 334元,交回多余现金166元。(原预支1 500元)
4. 20××年12月12日,收到职工王小华赔偿款100元。
5. 20××年12月24日,收到华天公司包装物租金400元。

【实训题十三】

审核原始凭证,指出下列支票存在的问题。

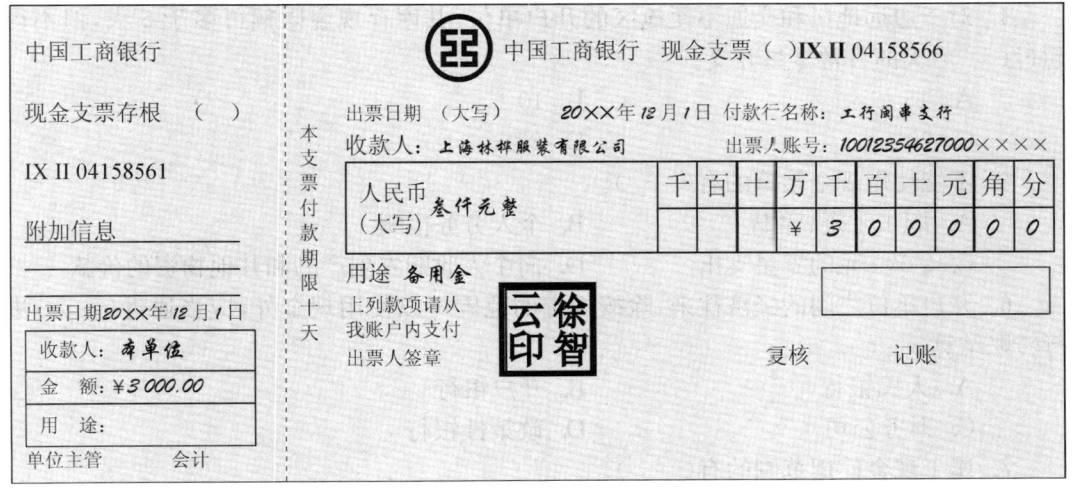

任务二　现金支出业务练习

一、选择题

1. 现金支出业务内容主要包括（　　）。
   A. 发放工资业务　　　　　　B. 向外单位购买货物、接受劳务而支付现金的业务
   C. 费用报销业务　　　　　　D. 现金存入银行以及向有关部门支付备用金
2. 开户单位原则上不能坐支现金，因特殊情况需坐支现金的，应当事先报（　　）审查批准。
   A. 人民银行　　　　　　　　B. 单位负责人
   C. 开户银行　　　　　　　　D. 会计机构负责人
3. 开户单位现金收入应于当日送存银行，当日送存确有困难的，由（　　）确定送存时间。
   A. 人民银行　　　　　　　　B. 单位负责人
   C. 开户银行　　　　　　　　D. 会计机构负责人
4. 对于边远地区和交通不便地区的开户单位，其库存现金限额可多于 5 天，但不得超过（　　）天的日常零星开支。
   A. 15　　　　　　　　　　　B. 10
   C. 20　　　　　　　　　　　D. 25
5. 不能使用现金结算的有（　　）。
   A. 职工工资、津贴　　　　　B. 个人劳务报酬
   C. 2 000 元的零星支出　　　D. 向个人收购农副产品和其他物资的价款
6. 开户单位之间的经济往来，除按规定的范围可以使用现金外，应当通过（　　）进行转账结算。
   A. 人民银行　　　　　　　　B. 开户银行
   C. 财务公司　　　　　　　　D. 政策性银行
7. 属于现金使用范围的有（　　）。

A. 职工工资、津贴 B. 个人劳务报酬
C. 4 000元的购货款项 D. 向个人收购农副产品和其他物资的价款

8. 关于单位现金库存限额，下列说法正确的有（　　）。
   A. 单位现金库存限额由单位负责人决定
   B. 库存限额一经确定，单位必须严格遵守
   C. 库存限额一般是单位3～5天的日常零星开支
   D. 对于边远地区和交通不便地区的开户单位，其库存现金限额可多于5天，但不得超过15天的日常零星开支

9. 下列说法中，正确的有（　　）。
   A. 企业现金收入应于当日送存银行，当日送存有困难的，由开户银行确定送存时间
   B. 不论什么情况，开户单位均不得坐支现金
   C. 职工工资、津贴可以以现金支付
   D. 暂借出差人员必须随身携带的差旅费可以以现金支付

10. 企业购买印花税票的会计分录是（　　）。
    A. 借：管理费用 B. 借：应交税费
       贷：库存现金（或银行存款）   贷：库存现金（或银行存款）
    C. 借：制造费用 D. 借：销售费用
       贷：库存现金（或银行存款）   贷：库存现金（或银行存款）

11. 企业在经营活动中发生的现金收入，不及时送存银行，直接用于支付企业各种的支出，这种行为称为（　　）。
    A. "白条抵库" B. "公款私存"
    C. "小金库"   D. "坐支"

12. 根据《现金管理暂行条例》规定，下列经济业务中，不能用现金支付的是（　　）。
    A. 支付职工奖金3 000元 B. 支付零星办公用品购置费700元
    C. 支付原材料采购费1 800元 D. 支付职工差旅费2 200元

二、判断题

1. "现金缴款单"一式两联，应用双面复写纸填写，用圆珠笔书写，交款日期必须填写交款当日，交款单位名称应当填写全称，款项来源如实填写。（　　）
2. 开户单位支付现金，可以从本单位现金库存中支付或者从开户银行提取，也可以从本单位的现金收入中直接支付。（　　）
3. 企业购买印花税税票的会计分录是，"借：应交税费，贷：库存现金"。（　　）
4. 财会人员以库存现金支付预支差旅费后，根据暂支单进行账务处理，借记"其他应

收款"账户,贷记"库存现金"账户。   (   )

5. 各种劳保、福利费用以及国家规定对个人的其他支出,如各种抚恤金、学生奖学金、丧葬补助费可以以现金支付。   (   )

6. 在购买零星办公用品后,经办人员必须填写费用报销单,请有关领导签字,否则财会人员不能给予报销。   (   )

三、问答题

1. 什么是"账外账"和"小金库"?两者有什么关系?
2. 企业购买零星办公用品,在报销时通常有哪些做法?
3. 出差人员报销差旅费,如果实际报销的金额大于预支的款项,应怎样处理?

四、实训操作题

【实训题一】

20××年12月2日,采购员华庚申到广州出差,交来由领导签字的暂支单一张,需预支差旅费2 000元。

暂　支　单

20××年 12 月 2 日　　　　　编号:

受款人	华庚申		
暂支事由	出差预支差旅费		
金　额	人民币贰仟元整	￥2 000.00	
预计归还日期	20××年12月10日	科目	
财务主管	记账	出纳 白雪	部门主管 刘辰林	制单	受款人签字 华庚申

要求:出纳员按照规定办理预支业务。

应知:出纳员拿到暂支单后应怎样处理这笔业务?(写出操作过程步骤)

应会:进行账务处理。

	记 账 凭 证			编号：	
	年 月 日			附件 张	
摘 要	一级科目	二级或明细科目	√	借方金额	贷方金额
合 计					
会计主管	记账	审核		出纳	制单

【实训题二】

12月3日，办公室秘书王兰云以现金购买一批办公用品，交来发票一张。（相关领导及物品保管人已在发票背面签字）

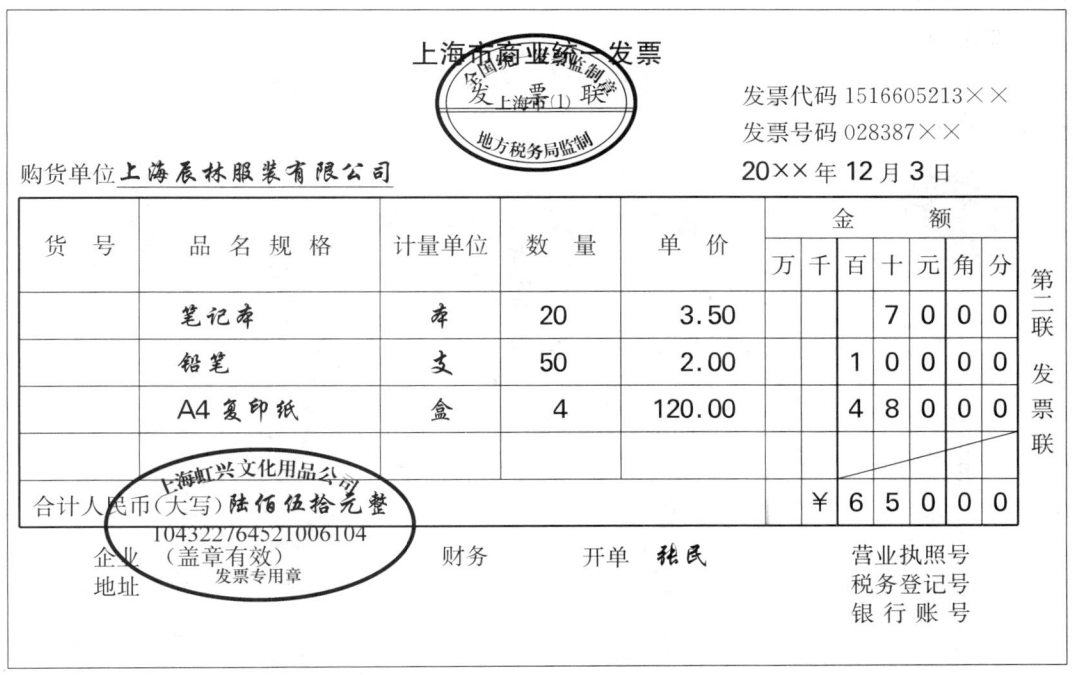

要求：出纳员按照规定处理报销业务。

应知:出纳员拿到发票按照规定处理报销业务。(写出操作过程步骤)

应会:进行账务处理。

记账凭证 编号:					
年 月 日				附件 张	
摘要	一级科目	二级或明细科目	√	借方金额	贷方金额
合计					
会计主管	记账	审核		出纳	制单

小思考
除了可以在购货发票上签字报销外,还可以怎么处理?

【实训题三】
12月3日,会计周红英到上海市税务局领购增值税专用发票3本,计52.50元,出纳以现金支付。

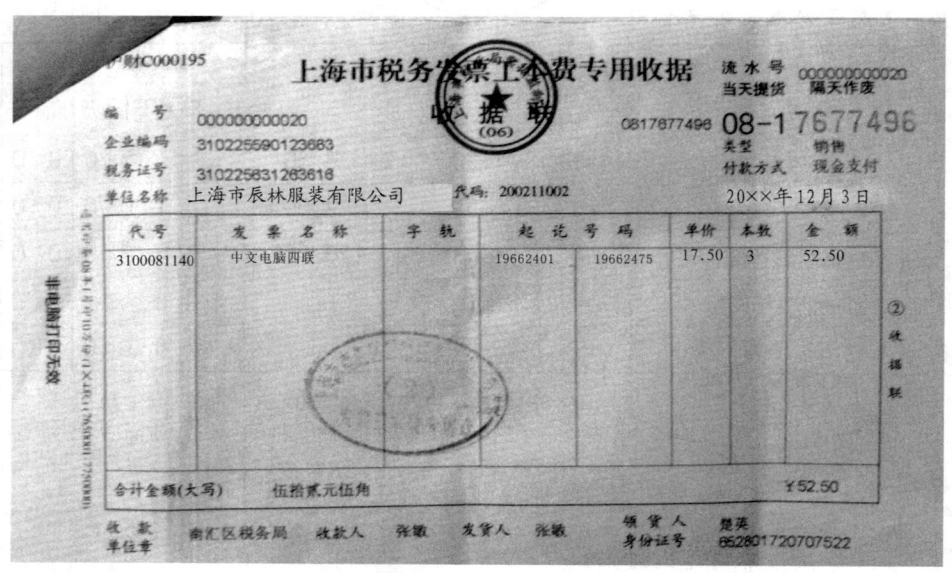

费用报销单

部门：　　　报销日期：20××年12月3日

摘 要	金 额								科 目	单据张数
	十万	千	百	十	元	角	分			
发票工本费				5	2	5	0			1
									现金付讫	
合计人民币（大写）伍拾贰元伍角整			¥	5	2	5	0			

财务主管　　　记账　　　出纳 白雪　　部门主管 刘辰林 复核　　　报销人 周红英

要求：出纳员按照规定处理报销业务。

应知：出纳员怎样处理这笔业务？（写出操作过程步骤）

应会：进行账务处理。

记 账 凭 证

编号：
年　月　日　　　　　　　附件　　张

摘　要	一级科目	二级或明细科目	✓	借方金额	贷方金额
合　　计					

会计主管　　　　记账　　　　审核　　　　出纳　　　　制单

【实训题四】

12月4日，营业部交来零星销货款2 750元（其中壹佰元面值的10张、伍拾元面值的15张、贰拾元面值的20张、拾元面值的10张、伍元面值的100张）。

要求：出纳员按照规定处理这笔现金收入业务。

应知：出纳员应该怎样处理交来的零星销货款？（写出操作过程步骤）

应会：出纳员填写现金缴款单。
　　　进行账务处理。

中国工商银行现金缴款单(回单) ①

年　　月　　日

收款单位	全称			款项来源	
	账号		开户银行	交款单位	

人民币(大写)		千	百	十	万	千	百	十	元	角	分

辅币	券别	五角	贰角	壹角	五分	贰分	壹分	收款员	
	张数							收讫	
								复核员	

主币	券别	壹佰元	伍拾元	贰拾	拾元	伍元	贰元	壹元
	张数							

记 账 凭 证

编号：

年　　月　　日　　　　　　　　　　附件　　张

摘　要	一级科目	二级或明细科目	✓	借方金额	贷方金额
合　计					

会计主管　　　　　记账　　　　　审核　　　　　出纳　　　　　制单

【实训题五】

12月5日,财务部周红英报销会计从业人员继续教育培训费600元。(附件为上海市定额发票)

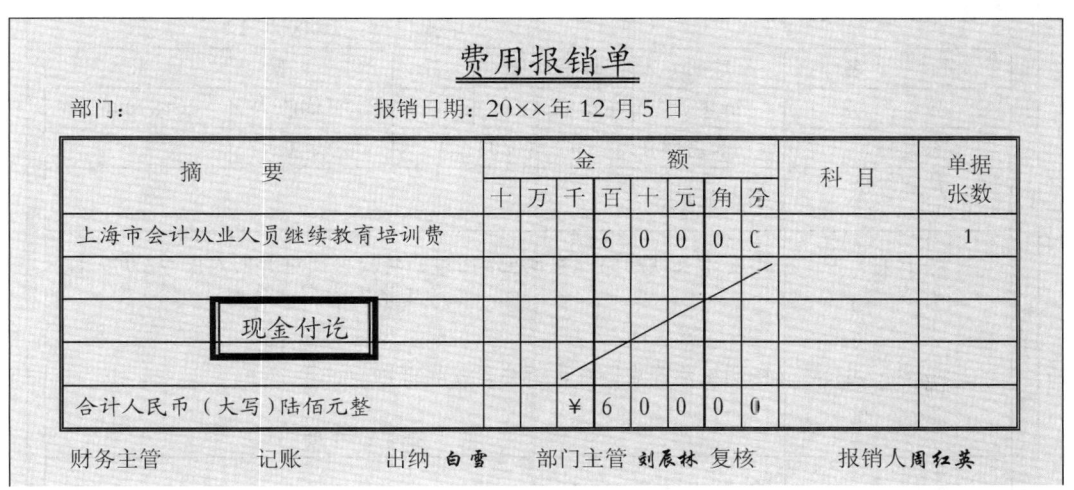

要求:出纳员按照规定处理报销业务。

应知:出纳员怎样处理这笔报销业务?(写出操作过程步骤)

应会:进行账务处理。

摘 要	一级科目	二级或明细科目	√	借方金额	贷方金额
合 计					

会计主管　　　　　记账　　　　　审核　　　　　出纳　　　　　制单

【实训题六】

12月5日,销售部陈明交来生活困难补助申请表一张。

上海辰林服装有限公司职工困难补助申请表

填报日期：20XX 年 12 月 5 日

姓　名	陈明	性　别	男	年　龄	48
职　务	销售员	家庭人口	3	年平均收入	18 000
家庭住址	长海路1156弄7号203室		联系电话		
其它经济来源	工资收入				
职工本人申请	因妻子长期患病、家庭生活困难，特提出困难补助人民币2 000元。 申请人签字：陈明				
部门领导意见	陈明生活确有困难，请公司领导批准 签字：李明				
公司领导意见	同意补助2 000元。 签字：刘辰林				

要求：出纳员按照规定办理现金支付业务。

应知：出纳员如何办理这笔业务？（写出操作业务过程步骤）

应会：出纳员填写付款凭单。
　　　进行账务处理。

付　款　凭　单

编号：　　　
年　　月　　日　　　　　附件　　张

受　款　人	
受款用途	
金　　额	人民币(大写)：　　　　　　　　　¥

财务主管　　复核　　记账　　部门主管　　出纳　　受款人签字

记 账 凭 证					编号：
年 月 日					附件 张
摘 要	一级科目	二级或明细科目	√	借方金额	贷方金额
合 计					
会计主管	记账	审核		出纳	制单

【实训题七】

12月6日，销售部经理李明报销用餐费120元，以现金支付。

要求：出纳员按照规定处理报销业务。

应会：出纳员办理报销业务。

进行账务处理。

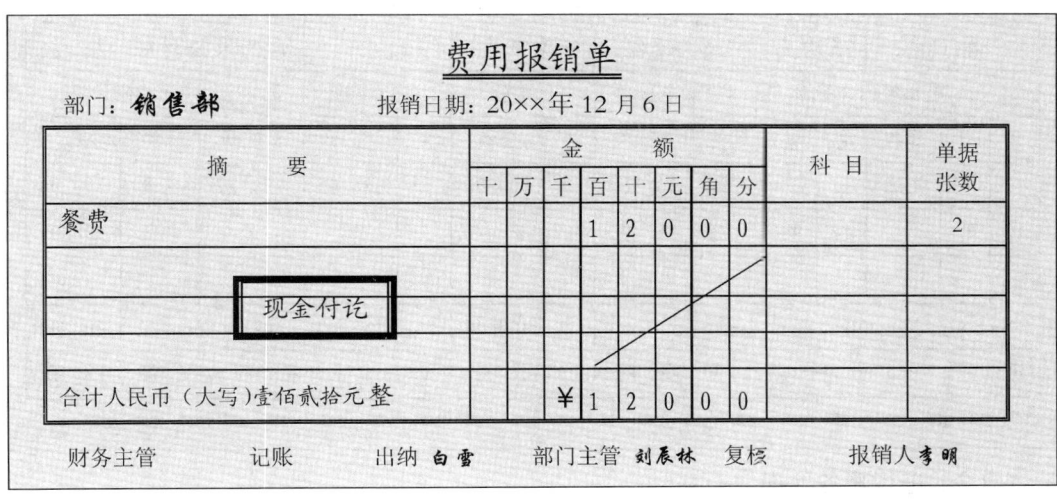

记账凭证

编号：_____
年　月　日　　　　　　　　　附件　　　张

摘　要	一级科目	二级或明细科目	√	借方金额	贷方金额
合　计					

会计主管　　　　　记账　　　　　审核　　　　　出纳　　　　　制单

【实训题八】

12月10日，采购员华庚申出差回来，报销差旅费2 214元。（预借2 000元）

要求：出纳员按照规定办理出差报销业务。

应知：出纳员如何处理费用超支的报销业务？（写出操作过程步骤）

外埠出差费报销单

编号：_____
20××年 12 月 10 日　　　附单据 10 张

部门		采购员			姓名	华庚申	事由		广州采购材料		
起止时间、地址					车船票飞机票	住宿费		住勤补贴		市内交通费	其他费用	
月	日	起程	月	日	到达		天	金额	天	金额		摘要	金额
12	3	上海	12	4	广州	367.00	4	800.00	6	180.00	100.00	伙食	300.00
12	8	广州	12	9	上海	367.00						其他	100.00
合计￥2 214.00				小计	734.00		800.00		180.00	100.00		400.00

原借支￥2 000.00　核销￥2214.00　退补￥214.00　共计人民币（大写）贰仟贰佰壹拾肆元　零角　零分

财务主管　　　记账　　　出纳 白雪　　　部门主管 刘辰林　　　出差报销人员 华庚申

应会：进行账务处理。

	记 账 凭 证			编号：	
	年　月　日			附件　张	
摘　要	一级科目	二级或明细科目	✓	借方金额	贷方金额
合　　计					
会计主管　　　　记账　　　　审核　　　　出纳　　　　制单					

【实训题九】

12月10日，新岛公司来人退回租借包装物，办理退还押金200元的手续。（新岛公司业务员王梅）

要求：出纳员按照规定处理这笔退款业务。

应知：出纳员怎样处理押金退款业务？（写出操作过程步骤）

应会：出纳员开具付款凭单，办理退款支付业务。

　　　进行账务处理。

	付 款 凭 单		编号：
	年　月　日		附件　张
受款人			
受款用途			
金　额	人民币（大写）：	￥	
财务主管　　复核　　记账　　部门主管　　出纳　　受款人签字			

	记 账 凭 证				编号：
	年　月　日				附件　张
摘　要	一级科目	二级或明细科目	√	借方金额	贷方金额
合　计					

会计主管　　　　记账　　　　审核　　　　出纳　　　　制单

【实训题十】

12月10日，采购部业务员交来出租车票据六张（略）办理报销，六张票据共计费用139元。

要求：出纳员按照规定办理这笔报销业务。

应知：出纳员处理这笔报销业务的手续以及应该注意的问题。（写出操作过程步骤）

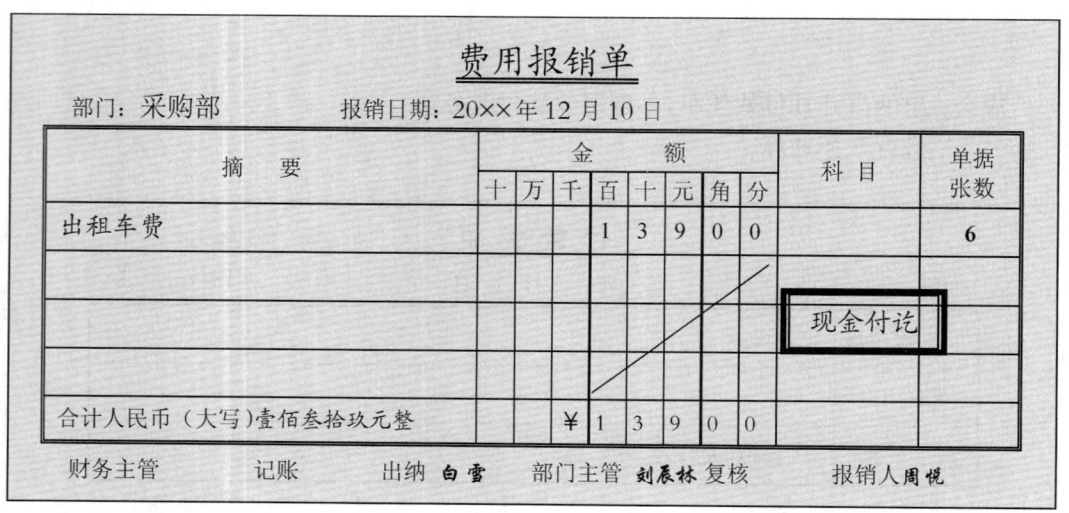

注：费用报销单附件为出租车票。

应会：进行账务处理。

记 账 凭 证					编号： 附件　张
年　月　日					
摘　　要	一级科目	二级或明细科目	✓	借方金额	贷方金额
合　　计					
会计主管	记账	审核		出纳	制单

【实训题十一】

12月11日，采购部采购员吴易出差预支差旅费500元。

要求：出纳员按照规定处理预支业务。

应会：出纳员办理预支手续。

　　　进行账务处理。

暂 支 单

20××年　12月11日　　编号：

受款人	吴易		
暂支事由	出差预支差旅费		
金　额	人民币伍佰元整	￥500.00	
预计归还日期	20××年12月14日	科目	
财务主管	记账	出纳 白雪	部门主管 刘辰林	制单	受款人签字 吴易

		记 账 凭 证		编号：	
		年　　月　　日		附件　　张	
摘　　要	一级科目	二级或明细科目	√	借方金额	贷方金额
合　　计					
会计主管	记账	审核		出纳	制单

【实训题十二】

12月12日，行政部门交来购买办公用品发票一张（发票背面已有有关领导、经办人、物品保管人等的签名），办理报销。

要求：出纳员按照规定办理报销业务。

应会：办理报销业务手续。

　　　　进行账务处理。

记 账 凭 证

编号：
年　　月　　日　　　　　　　　　　　附件　　张

摘　　要	一级科目	二级或明细科目	✓	借方金额	贷方金额
合　　计					

会计主管　　　　记账　　　　审核　　　　出纳　　　　制单

【实训题十三】

12月14日，采购部采购员吴易出差回来报销差旅费，差旅费报销单及有关原始凭证已审核无误，领导已签字，共计费用558元。（预支500元）

要求：出纳员按照规定处理报销业务。

应会：出纳员要求报销人填制付款凭单一张，支付超支现金。

　　　进行账务处理。

付 款 凭 单

编号：
年　　月　　日　　　　　　　　　　　附件　　张

受 款 人	
受款用途	
金　　额	人民币(大写)：　　　　　　　　　¥

财务主管　　复核　　记账　　部门主管　　出纳　　受款人签字

	记 账 凭 证			编号：	
	年　月　日			附件　　张	
摘　要	一级科目	二级或明细科目	✓	借方金额	贷方金额
合　计					
会计主管	记账	审核		出纳	制单

【实训题十四】

12月14日,清点库存现金,有多余款1 800元,须解缴银行。(其中壹佰元面值的10张、伍拾元面值10张、贰拾元面值10张、拾元面值5张、伍元面值10张)

要求：出纳员按照规定办理这笔借款业务。

应会：出纳员填制现金缴款单一张。

进行账务处理。

中国工商银行现金缴款单(回单) ①

年　月　日

收款单位	全称			款项来源							
	账号		开户银行		交款单位						
人民币(大写)				千	百	十	万	千	百	十	元	角	分
辅币	券别	五角	贰角	壹角	五分	贰分	壹分	收款员	
	张数							收　讫	
								复核员	
主币	券别	壹佰元	伍拾元	贰拾	拾元	伍元	贰元	壹元
	张数							

记 账 凭 证					编号：
年 月 日					附件 张
摘 要	一级科目	二级或明细科目	✓	借方金额	贷方金额
合 计					
会计主管	记账	审核		出纳	制单

【实训题十五】

12月16日，厂长办公室交来费用报销单一张，报销业务招待费900元（原始凭证为上海市定额专用发票），以现金支付。

要求：出纳员按照规定办理报销业务。

应会：出纳员处理报销业务，支付现金。

进行账务处理。

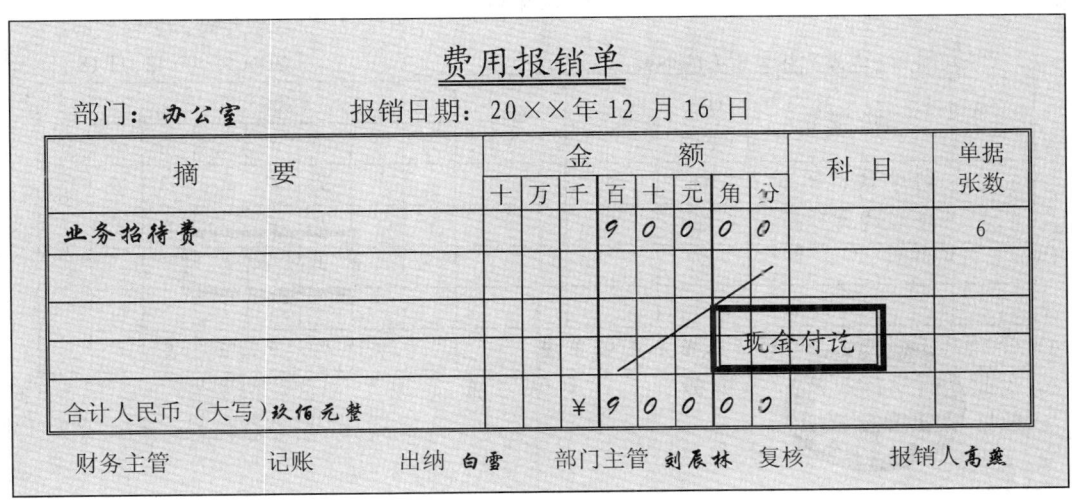

		记 账 凭 证			编号：
		年　月　日			附件　　张
摘　要	一级科目	二级或明细科目	√	借方金额	贷方金额
合　计					
会计主管	记账	审核		出纳	制单

【实训题十六】

12月18日，收到行政管理部门交来发票一张，购买一批图书资料，金额共计493.50元，以现金付讫。（发票后面经手人、验收人和相关领导已签字）

要求：出纳员按照规定处理报销手续。

应会：出纳员进行账务处理。

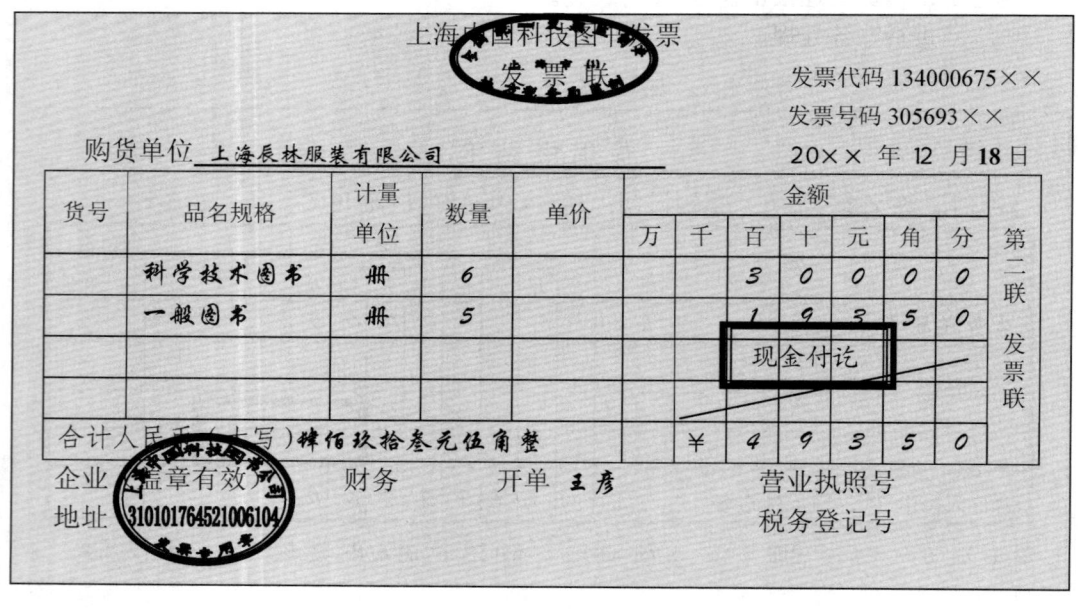

记 账 凭 证					编号：
年　　月　　日					附件　　张
摘　要	一级科目	二级或明细科目	√	借方金额	贷方金额
合　计					

会计主管　　　　记账　　　　审核　　　　出纳　　　　制单

【实训题十七】

12月18日，司机张超报销总经理用车汽油费156元，停车费30元，共计186元。以现金支付。（原始凭证为汽油费发票和停车费定额发票）

要求：出纳员按照规定处理报销业务。

应会：出纳员进行账务处理。

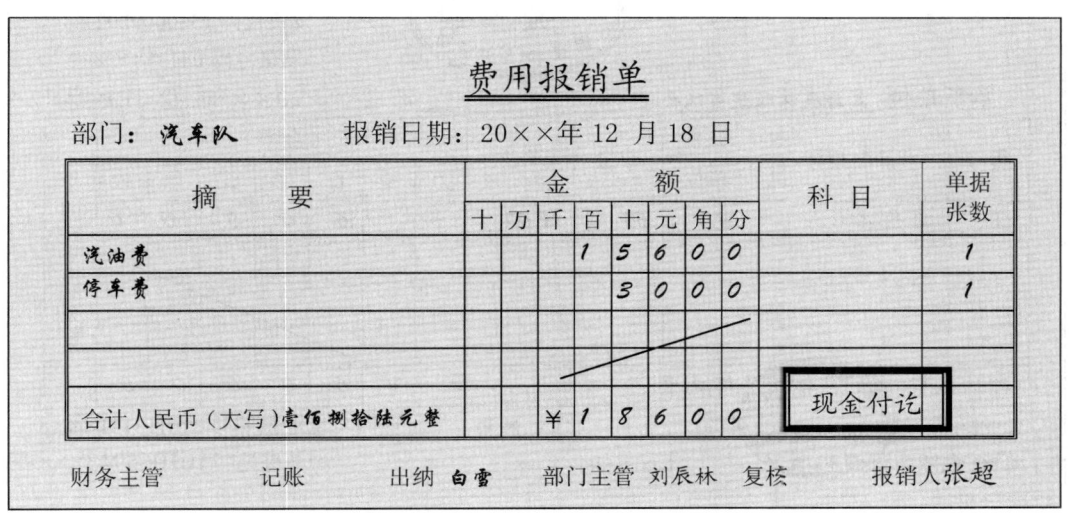

记 账 凭 证

年　月　日　　　　　　　编号：
　　　　　　　　　　　　　附件　张

摘　要	一级科目	二级或明细科目	✓	借方金额	贷方金额
合　计					

会计主管　　　　记账　　　　审核　　　　出纳　　　　制单

【实训题十八】

12 月 20 日，经理办公室拿来发票一张，系购买面巾纸，金额 600 元，用现金支付。（发票背面已有经办人、相关领导签字）

要求：出纳员按照规定办理报销业务。

应会：出纳员进行账务处理。

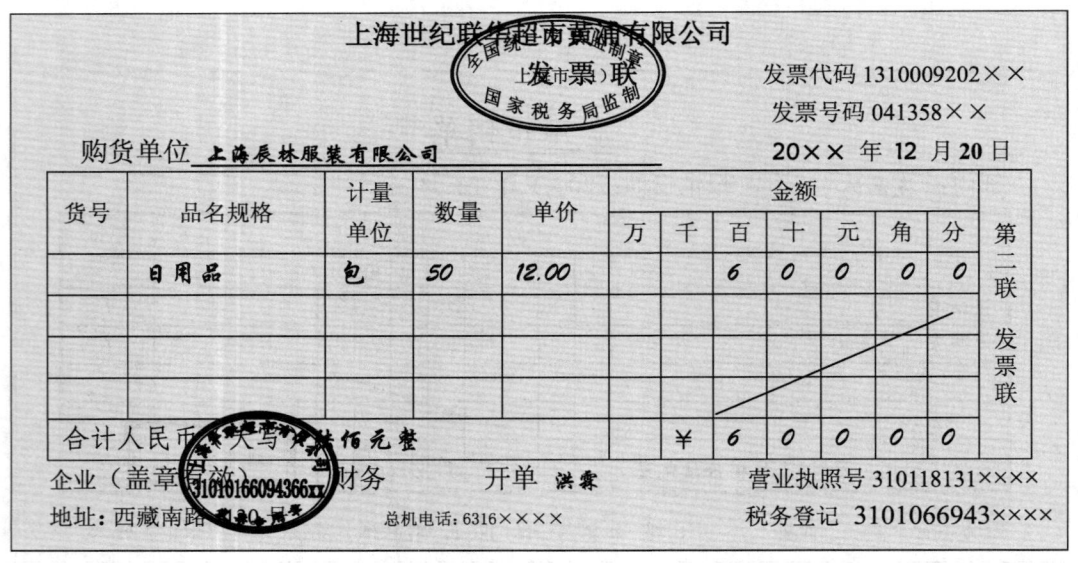

记 账 凭 证					编号：
年 月 日					附件 张
摘 要	一级科目	二级或明细科目	√	借方金额	贷方金额
合 计					
会计主管	记账	审核		出纳	制单

【实训题十九】

12月25日，经理办公室秘书王兰云要预订20××年第一季度的报纸杂志。来财务部办理借款1 000元的手续。

要求：出纳员按照规定办理暂借款业务。

应知：出纳员应该如何处理出借现金业务？（写出操作过程步骤）

应会：进行账务处理。

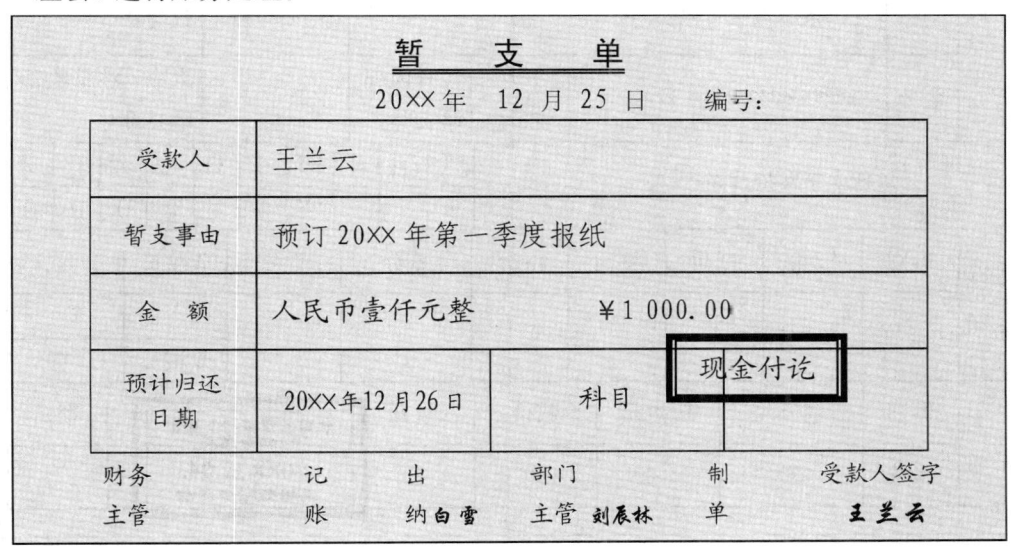

记 账 凭 证

年　月　日　　　　　　　　编号：
　　　　　　　　　　　　　　附件　张

摘　要	一级科目	二级或明细科目	√	借方金额	贷方金额
合　计					

会计主管　　　　记账　　　　审核　　　　出纳　　　　制单

【实训题二十】
根据所示原始凭证说出经济业务的类型。
1. 经济业务

中国工商银行现金缴款单（回单）　①

20××年12月04日

收款单位	全称	上海辰林服装有限公司		开户银行	工行闵川路支行	款项来源	销货款
	账号	10012354627000×××××				交款单位	上海辰林服装有限公司

人民币（大写）	伍仟壹佰叁拾元整	千	百	十	万	千	百	十	元	角	分
					¥	5	1	3	0	0	0

辅币	券别	伍角	贰角	壹角	伍分	贰分	壹分	收款员
	张数							收讫
								复核员

主币	券别	壹佰元	伍拾元	贰拾	拾元	伍元	贰元	壹元
	张数	30	20	50	13			

（中国工商银行上海市××××分理处　20××.12.04.　票据受理专用章）

2. 经济业务

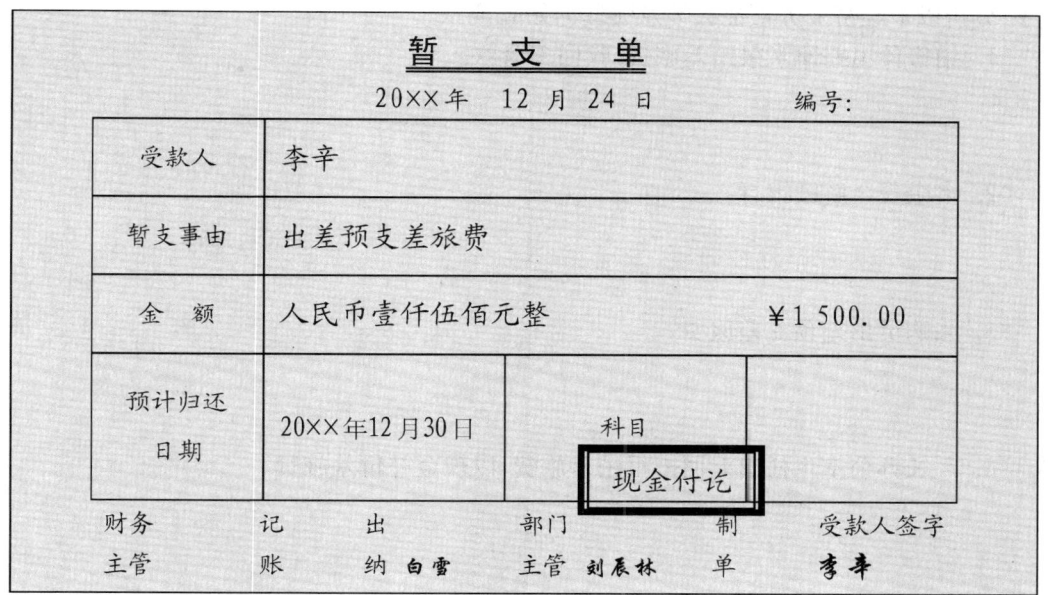

3. 经济业务

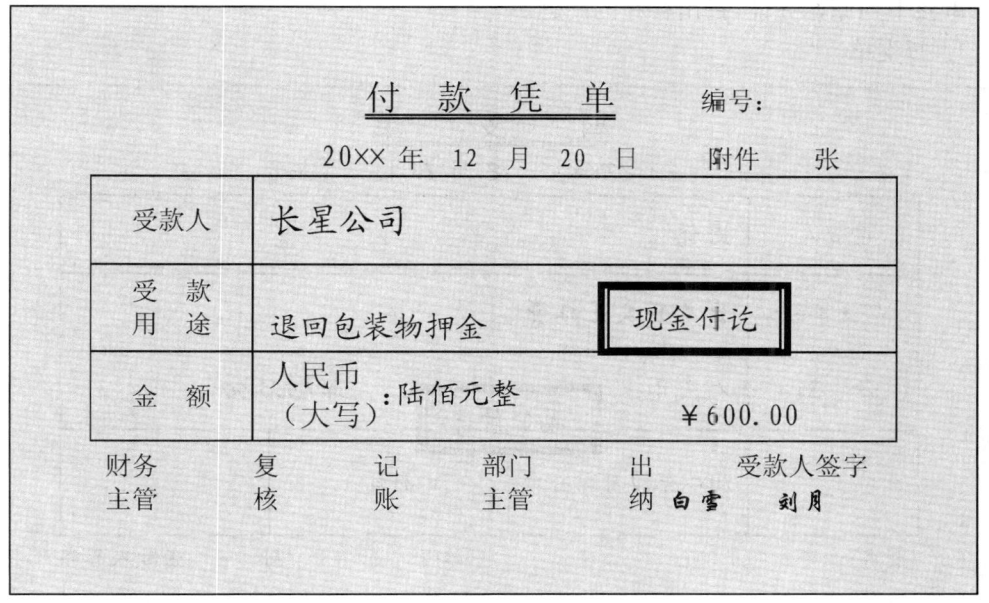

【实训题二十一】

分析以下经济业务可能会涉及哪些原始凭证。

1. 销售员出差回来报销差旅费,收回多余款。

2. 多余现金解缴银行。

3. 采购员出差预支差旅费。

4. 厂长办公室主任出差回来报销差旅费,以现金补付差旅费。

【实训题二十二】

审核下列原始凭证,指出存在的问题。

1. 暂支单

2. 费用报销单

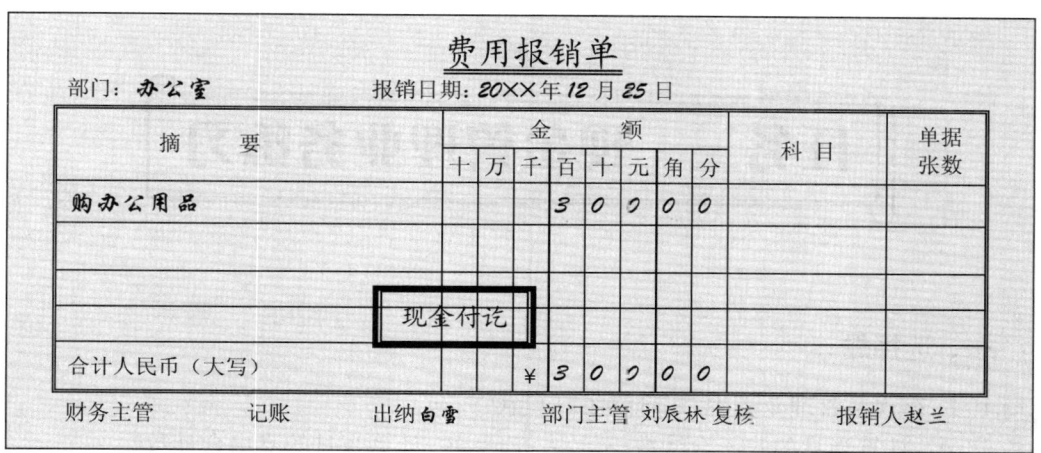

3. 发票

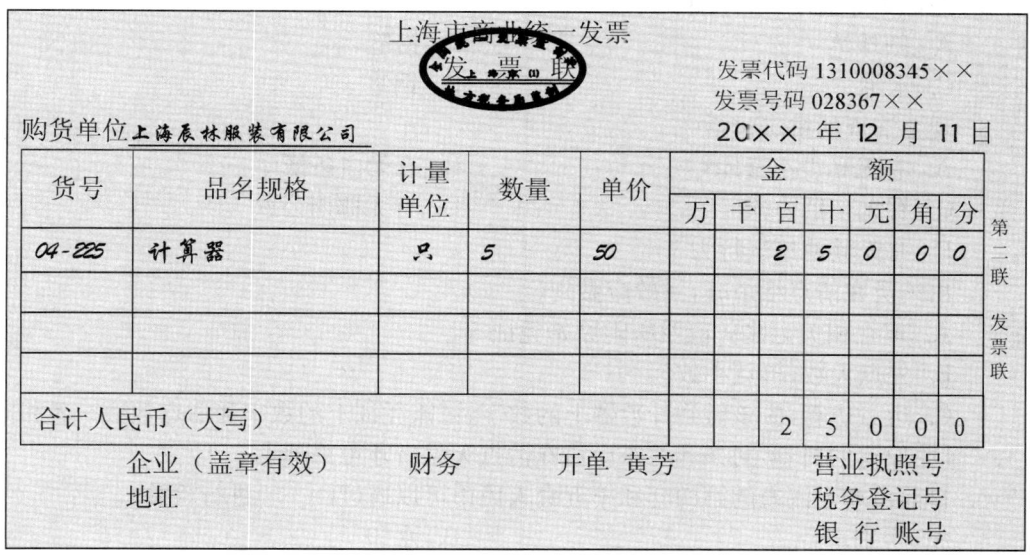

任务三　现金管理业务练习

一、选择题

1. 库存现金管理业务中,每日终了,应当（　　）。
   A. 计算当日的收入合计数　　　　B. 计算当日的支出合计数
   C. 计算当日结余数　　　　　　　D. 日清月结,账款相符
2. 登记账簿应用（　　）书写。
   A. 圆珠笔　　　　　　　　　　　B. 铅笔
   C. 水笔　　　　　　　　　　　　D. 钢笔
3. 现金清查的重点包括（　　）。
   A. 有无私设小金库　　　　　　　B. 有无白条抵库
   C. 有无私借公款　　　　　　　　D. 有无挪用公款
   E. 有无其他违法行为
4. 出纳员在清点纸币时,一般应做到（　　）。
   A. 审查相关记账凭证及所附原始凭证
   B. 先点大数,再点小数
   C. 边点边算,应该做到计数器上的数字、记账凭证上的数字和清点数额三者相同
   D. 原有的封签、封条和封纸应该在清点无误后才可丢掉
5. 目前市场上流通的第四套和第五套人民币可以通过（　　）进行检验。
   A. 辨别声音　　　　　　　　　　B. 水印
   C. 安全线　　　　　　　　　　　D. 荧光反应
   E. 盲点是否凸起

二、判断题

1. 将纸币拿在手中,迅速甩动,声音清脆的就是真钞。　　　　　　　　　　　　（　　）
2. 为保证财产的安全完整,各个单位才配有保险柜的。所以,领导的私人贵重物品

可以放进出纳保管钥匙的保险柜。　　　　　　　　　　　　　　　（　　）
  3. 月结线和年结线都是通栏单道红线。　　　　　　　　　　　　（　　）
  4. 只要出纳员的业务水平足够高,日清月结就不是必须的。　　　（　　）
  5. 点钞时,一定要手工一遍,机器一遍。　　　　　　　　　　　（　　）
  6. 库存现金日记账必须采用订本式账簿。　　　　　　　　　　　（　　）

三、问答题

  1. 发生现金长款在报批前应进行什么账务处理？报批后呢？
  2. 发生现金短款在报批前应进行什么账务处理？报批后呢？
  3. 现金清查前应做哪些准备工作？
  4. 手工点钞的基本技能有哪些？
  5. 现金存放应该注意哪些要点？

四、实训操作题

【实训题一】

  根据任务一和任务二所发生的经济业务编制的记账凭证序时登记库存现金日记账。库存现金日记账20××年12月1日的期初余额为9 000元。
  要求：出纳员按照库存现金日记账登记的规则进行操作。
  应知：库存现金日记账登记时应该注意什么问题？（写出操作要点）

  应会：出纳员序时逐笔登记发生的现金收支业务。

三栏式库存现金日记账

年		凭证号	摘要	对方科目	收入(借方)金额	付出(贷方)金额	结存金额
月	日						

三栏式库存现金日记账

年		凭证号	摘要	对方科目	收入(借方)金额	付出(贷方)金额	结存金额
月	日						

【实训题二】

12月27日,上级主管部门进行现金清查,清查结果见"库存现金盘点报告表"。

要求:出纳员根据"库存现金盘点报告表"进行业务处理。

应知:出纳员应该如何处理库存现金盘点中的长短款?(写出处理要点)

应会:出纳员进行账务处理。(编制凭证、登账)

库存现金盘点报告表

20××年12月27日　　　　　　　　　　　　　　单位:元

实存金额	账存金额	对比结果		备注
		盘盈	盘亏	
7 604.00	7 504.00	100.00		

盘点人(签章):黄翼　　　　　　　　　　　　出纳员(签章):白雪

记 账 凭 证

年　月　日　　　　　　　　　　　编号:
　　　　　　　　　　　　　　　　　附件　　张

摘　要	一级科目	二级或明细科目	√	借方金额	贷方金额
合　计					

会计主管　　　记账　　　审核　　　出纳　　　制单

【实训题三】

12月30日,财务部经理张文冬对本月27日盘盈现金100元进行账务处理。

要求:根据领导批示办理业务。

应会：出纳员按照规定进行账务处理。

库存现金盘点报告表

20××年12月27日　　　　　　　　　　　　　　　单位：元

实存金额	账存金额	对比结果		备注
		盘盈	盘亏	
7 604.00	7 504.00	100.00		无法查明原因，转作营业外收入。 黄翼 12月30日

盘点人(签章)：黄 翼　　　　　　　　　　出纳员(签章)：白 雪

记账凭证

年 月 日　　　　　　　　编号：
　　　　　　　　　　　　　附件　　张

摘　　要	一级科目	二级或明细科目	√	借方金额	贷方金额
合　　计					

会计主管　　　　记账　　　　审核　　　　出纳　　　　制单

【实训题四】

12月31日，财务部经理要求出纳员进行月末结账工作。

要求：根据月底结账的规范要求进行业务操作。

应知：出纳员进行月底结账需要注意哪些问题？（写出操作要点）

应会：出纳员对库存现金日记账进行结账操作。

任务四　支票结算业务练习

一、选择题

1. 签发空头支票或印鉴与预留银行印鉴不符的支票，银行除退票外还要按票面金额的（　　）但不低于1 000元的罚款，持票人有权要求出票人赔偿支票金额的（　　）的赔偿金。
   A. 1‰　　　　　　　　　　　　B. 2‰
   C. 3‰　　　　　　　　　　　　D. 5‰
2. 转账支票由付款人签发后，直接交给收款人，由收款人委托其开户银行代收票款。支票的这种流程称为（　　），也称为（　　）。
   A. 借记支票流程　　　　　　　　B. 贷记支票流程
   C. 逆汇　　　　　　　　　　　　D. 顺汇
3. 支票的（　　），可以由出票人授权补记。
   A. 日期　　　B. 收款人名称　　　C. 金额　　　D. 用途
4. 支票的提示付款期为自出票日起（　　）内。
   A. 5日　　　B. 10日　　　C. 1个月　　　D. 2个月
5. 开票日期2015.10.20的写法（　　）是正确的。
   A. 贰零壹伍年零壹拾月零贰拾日　　　B. 贰零壹伍年壹拾月贰拾日
   C. 贰零壹伍年零壹拾月贰拾日　　　　D. 贰零壹伍年壹拾月零贰拾日
6. 开票日期2015.12.10的写法（　　）是正确的。
   A. 贰零壹伍年零壹拾贰月零壹拾日　　B. 贰零壹伍年壹拾贰月壹拾日
   C. 贰零壹伍年零拾贰月零拾日　　　　D. 贰零壹伍年壹拾贰月零壹拾日
7. ￥35 400.03的大写金额中，正确的是（　　）。
   A. 叁万伍仟肆佰元零叁分　　　　　　B. 叁万伍仟肆佰元零叁分整
   C. 人民币叁万伍仟肆佰元零叁分　　　D. 人民币叁万伍仟肆佰元叁分
8. ￥246 410.73的大写金额中，正确的是（　　）。
   A. 人民币贰拾肆万陆仟肆佰壹拾元零柒角叁分

B. 人民币贰拾肆万陆仟肆佰壹拾元柒角叁分
C. 人民币贰拾肆万陆仟肆佰壹拾元柒角叁分整
D. 人民币贰拾肆万陆仟肆佰拾元零柒角叁分

9. 贷记凭证可分为( )。
   A. 定期凭证　间接凭证　　　　B. 不定期凭证　间接凭证
   C. 定期凭证　直接凭证　　　　D. 不定期凭证　直接凭证

10. 贷记凭证一式( )联,使用时需在第( )联加盖预留银行印鉴,送交开户银行委托付款。
    A. 一　　　　B. 二　　　　C. 三　　　　D. 四

11. 进账单一式( )联,企业收妥款项的标志是收到( )。
    A. 二　　　　　　　　　　　　B. 三
    C. 第一联(回单)　　　　　　　D. 第三联(收账通知)

12. 支票的下列项目中,( )不得更改,更改无效。
    A. 日期　　　B. 收款人名称　　　C. 金额　　　D. 用途

二、判断题

1. 支票都可以背书转让。( )
2. 出纳员倪小勇开支票时将出票日期2008.10.6写为贰零零捌年拾月陆日。( )
3. 目前支票实现了全国通用,异城之间也可使用支票进行支付结算。( )
4. 现金支票只能用于支取现金;转账支票只能用于转账。划线支票可以转账,也可以支取现金。( )
5. 用于提现的支票不仅正面的相关项目必须填写正确,加盖预留银行印鉴,还要在反面"收款人"栏内加盖本企业预留银行印鉴。( )
6. 贷记凭证的签发日期必须是付款人向开户银行提交贷记凭证的当日。( )
7. 贷记凭证只能提交给付款人开户银行办理转账,不得支取现金,不得流通转让。( )
8. 贷记凭证的业务流程与支票结算方式中的顺汇相似。( )

三、问答题

1. 试述支票的概念、分类及适用范围。
2. 根据我国《票据法》规定,签发支票必须记载的事项有哪些?
3. 试述支票的顺汇、逆汇的流程。
4. 比较"贷记凭证"与"转账支票"的异同点。
5. 尝试为贷记凭证结算方式画一张流程图。
6. 为下列借记转账支票流程图连线并作出说明。

出票人

收款人(持票人)

出票人开户行

收款人开户行

四、实训操作题

【实训题一】

20××年12月3日,因库存现金余额不足,出纳员决定去银行提现5 000元,补足备用金。

要求:办理提现业务。

应会:规范填写现金支票。

进行账务处理。

中国工商银行 现金支票存根 （ ）	中国工商银行 现金支票 （ ）Ⅸ Ⅵ 04158784
Ⅸ Ⅵ 04158784	出票日期(大写) 年 月 日　付款行名称:
附加信息	收款人:　　　　　　　　　　　出票人账号:
	人民币(大写)　　亿千百十万千百十元角分
出票日期 年 月 日	用途
收款人:	上列款项请从
金　额:	我账户内支付
用　途:	出票人签章　　　　　　复核　　　　记账
单位主管　　会计	本支票付款期限十天

附加信息：		
		（贴粘单处）
	收款人签章 年　月　日	
	身份证件名称　　　发证机关	
	号码	

记　账　凭　证

编号：
年　月　日　　　　　　　　　　　附件　　张

摘　　要	一级科目	二级或明细科目	√	借方金额	贷方金额
合　　计					

会计主管　　　　　记账　　　　　审核　　　　　出纳　　　　　制单

【实训题二】

12月7日，供应科采购员马圆圆交来"支票领用单"一份，要求财务部签发转账支票一张。

要求：出纳员按照规范要求签发转账支票。

应知：签发转账支票的注意点有哪些？（写出操作过程步骤）

应会：出纳员审核支票领用单。（指出问题）

完善"支票领用单"。
规范签发转账支票。
进行账务处理。

支票领用单
20××年12月07日

支票号	密码	收款单位	用途	支票限额	销账日期
	（略）	第一毛纺厂	购买毛纱	20 000元	
领导批示			领用人签字	马圆圆	

财务主管　　　　　　　　　　出纳　　　　　　　　　　会计

中国工商银行
转账支票存根　（　）
Ⅳ Ⅱ 04158552
附加信息

出票日期　年　月　日
收款人：
金　额：
用　途：
单位主管　　　　会计

中国工商银行　转账支票（　）Ⅳ Ⅱ 04158552

出票日期(大写)　年　月　日　　付款行名称：
收款人：　　　　　　　　　　　　　出票人账号：

人民币(大写)　　　　　　　亿千百十万千百十元角分

本支票付款期限十天

用途
上列款项请从
我账户内支付
出票人签章　　　　　　　　复核　　　记账

	记 账 凭 证			编号：	
	年 月 日			附件 张	
摘 要	一级科目	二级或明细科目	✓	借方金额	贷方金额
合 计					

会计主管　　　　　记账　　　　　审核　　　　　出纳　　　　　制单

【实训题三】

12月8日，后勤部交来修理办公设备的修理发票，金额为1 690元，修理单位为中央商场，要求签发贷记凭证以支付修理费。中央商场开户银行为交行黄浦支行，账号为：200987678665456×××××。

要求：审核修理发票后签发贷记凭证。

应知：签发贷记凭证填写的规范要求。（写出操作过程步骤）

应会：出纳员审核发票。
　　　规范签发贷记凭证。
　　　进行账务处理。

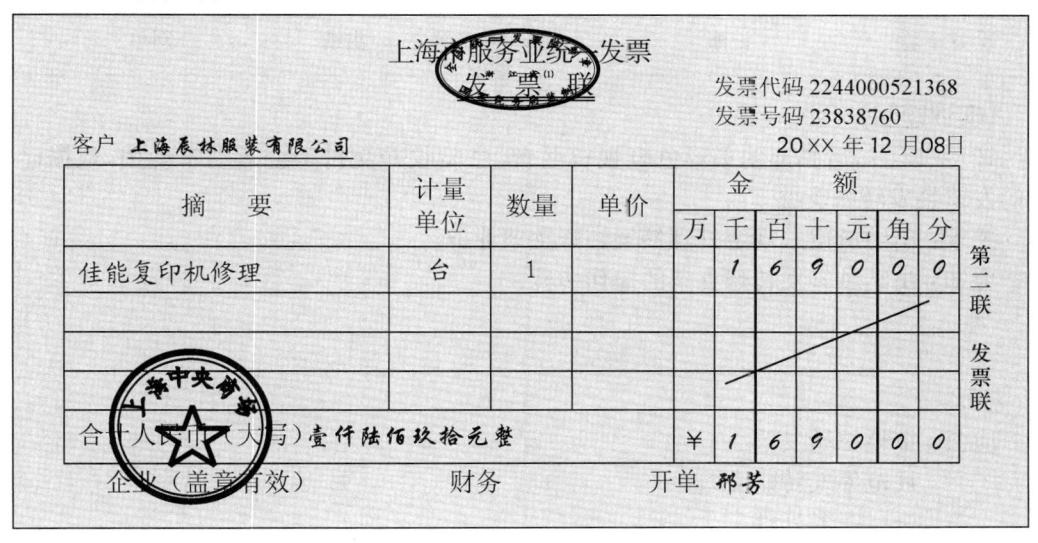

贷记凭证(回单联) AD 325446		工商银行上海市分行 贷记凭证 凭证号码 AD 325446											
签发日期: 年 月 日 1		签发日期(大写) 年 月 日 2											
付款人	金额 账号 开户银行	付款人	金额 账号 开户银行	收款人	金额 账号 开户银行								
收款人	金额 账号 开户银行	人民币 (大写)			千	百	十	万	千	百	十	元	角	分
用途: 收款人开户行 签章		备注			转账日期 年 月 日								
					复核 记账								

记 账 凭 证

编号：_____
附件 _____ 张
年 月 日

摘 要	一级科目	二级或明细科目	✓	借方金额	贷方金额
合 计					
会计主管	记账	审核	出纳	制单	

【实训题四】

12月12日，后勤部购买彩色电视机两台，已验收并交付工会活动室使用，根据已收到的发票签发转账支票。

要求：出纳员按照规定处理签发转账支票业务。

应知：出纳员签发转账支票的操作步骤。

应会：审核原始发票。

规范签发转账支票。

进行账务处理。

上海增值税专用发票

1500179847 No 0385479××

开票日期 20×× 年 12 月 12 日

购货单位	名称：上海辰林服装有限公司 纳税人识别号：31010752141xxxx 地址、电话：上海市大林路xxx号 021-64563xxx 开户行及账号：工行上海市大林路支行; 账号 1001235462700xx	密码区	自动生成

货物或应税劳务名称	规格型号	单位	数量	单价	金额	税率	税额
43吋电视机		台	2	4 000.00	8 000.00	17%	1 360.00
合计					￥8 000.00		￥1 360.00

价税合计（大写）人民币玖仟叁佰陆拾元整　　（小写）￥9 360.00

销货单位	名称：上海永乐家电有限公司 纳税人识别号：31010752187xxxx 地址、电话：上海市卢湾区大普路xxx号 开户行及账号：工行上海市大普支行 78398776447483xxxxx	备注	

收款人：　　复核：　　开票人：邢菊　　销货单位：（章）

中国工商银行 转账支票存根 （　）
IV II 04158562

附加信息
_____
_____

出票日期　年　月　日

收款人：
金　额：
用　途：

单位主管　　　会计

中国工商银行　转账支票（　）IV II 04158562

出票日期(大写)　　年　月　日　　付款行名称：

本支票付款期限十天

收款人：　　　　出票人账号：

人民币(大写)　　| 亿 | 千 | 百 | 十 | 万 | 千 | 百 | 十 | 元 | 角 | 分 |

用途
上列款项请从
我账户内支付　　复核　　记账
出票人签章

摘　要	一级科目	二级或明细科目	✓	借方金额	贷方金额
合　计					

记　账　凭　证
　　年　月　日
编号：
附件　张

会计主管　　　记账　　　审核　　　出纳　　　制单

【实训题五】

12月17日，销售部销售羊毛衫一批，交来销售员开好的增值税专用发票，以及收到的买方签发的空白转账支票一张。

要求：补记空白转账支票、填制进账单后，将支票、进账单送交开户银行。

应知：出纳员如何处理收到转账支票的业务？（写出操作过程步骤）

应会：出纳员审核发票。
　　　　　补记转账支票有关项目内容。
　　　　　规范填写进账单。
　　　　　进行账务处理。

上海增值税专用发票（记账联）

6367383928　　　No 07363538

开票日期 20×× 年 12 月 17 日

购货单位	名　　称：上海绿茵百货公司
	纳税人识别号：8907218214l××××
	地　址、电话：上海市杨浦区新祥德路×××号 021-××××××××
	开户行及账号：工行上海杨浦支行 33812354627009××××

密码区：自动生成

货物或应税劳务名称	规格型号	单位	数量	单价	金额	税率	税额
男羊毛衫		件	30	128.00	3 840.00	17%	652.80
女羊毛衫		件	20	160.00	3 200.00	17%	544.00
合　计					￥7 040.00		￥1 196.80

价税合计（大写）　人民币捌仟贰佰叁拾陆元捌角整　　（小写）￥8 236.80

销货单位	名　　称：上海辰林服装有限公司
	纳税人识别号：31010752141××××
	地　址、电话：上海市大林路 xxx 号
	开户行及账号：工行上海市大林路支行；账号 1001235462700××××

备注：（上海辰林服装有限公司发票专用章 3101075214l0070）

收款人：　　　复核：　　　开票人：张菲　　　销货单位：（章）

中国工商银行 转账支票存根 （ ） IV II 04158562

附加信息 _____

出票日期 20×× 年 12 月 16 日

收款人：
金　额：
用　途：

单位主管　　　会计

中国工商银行　转账支票（ ）IV II 04158562

本支票付款期限十天

出票日期(大写)　　年　　月　　日　　付款行名称：建设银行长宁支行

收款人：　　　　　　　　　　　　　出票人账号：733557789002×××××

人民币(大写)　　　　　　　　| 亿 | 千 | 百 | 十 | 万 | 千 | 百 | 十 | 元 | 角 | 分 |

用途：
上列款项请从
我账户内支付

（上海绿茵百货公司财务专用章　印 刘琴）

出票人签章　　　　　　　　　　复核　　　记账

工商银行进账单（收账通知）　　3

年　月　日

出票人	全称		收款人	全称	
	账号			账号	
	开户银行			开户银行	

人民币（大写）	亿	万	千	百	十	万	千	百	十	元	角	分

票据种类		票据张数	
票据号码			

复核××记账××　　　　　　　　　　　开户行签盖章

记 账 凭 证

年　月　日　　　　　　　　　编号：
　　　　　　　　　　　　　　　附件　　张

摘　要	一级科目	二级或明细科目	√	借方金额	贷方金额
合　计					

会计主管　　　　记账　　　　审核　　　　出纳　　　　制单

【实训题六】

12月17日，收到开户银行转来贷记凭证（收账通知），系汇金百货支付前欠货款。

要求：审核并确认收到的贷记凭证（收账通知）后进行账务处理。

应知：熟悉贷记凭证的联次及用途。

应会：审核贷记凭证（收账通知）。

进行账务处理。

```
贷记凭证（收账通知）    RU764899
签发日期：20××年12月17日    4

付款人   全称：汇金百货
        账号：38736474894493×××××
        开户银行：工行徐汇支行

① 此联作收款人收账通知

人民币 贰万伍仟元整

收款人   全称：上海辰林服装有限公司
        账号：10012354627000××××
        开户银行：工行上海市大林路支行

用途：货款

单位主管    会计    复核    记账
```

摘 要	一级科目	二级或明细科目	√	借方金额	贷方金额
合 计					

记 账 凭 证   编号：
年   月   日   附件   张

会计主管   记账   审核   出纳   制单

任务五　银行票据结算业务练习

一、选择题

1. 银行票据的特点是（　　）。
   A. 信用度高　　　　B. 支付功能强　　　C. 使用方便　　　D. 见票即付
2. 银行本票申请书一式（　　）联,申请人应在第（　　）联上加盖预留银行印鉴。
   A. 一　　　　　　　B. 二　　　　　　　C. 三　　　　　　D. 四
3. 银行本票的提示付款期为自出票日起（　　）。
   A. 5日　　　　　　B. 10日　　　　　　C. 1个月　　　　　D. 2个月
4. 银行汇票的提示付款期为自出票日起（　　）。
   A. 5日　　　　　　B. 10日　　　　　　C. 1个月　　　　　D. 2个月
5. 银行汇票持票人向银行提示付款时,必须同时提交（　　）,缺少任何一联,银行不予受理。
   A. 第一联卡片　　　　　　　　　　　　B. 第二联银行汇票
   C. 第三联解讫通知　　　　　　　　　　D. 第四联多余款收账通知
6. 下列银行汇票不得背书转让的有（　　）。
   A. 未填写实际结算金额　　　　　　　　B. 实际结算金额等于出票金额
   C. 实际结算金额大于出票金额　　　　　D. 实际结算金额小于出票金额

二、判断题

1. 银行本票的提示付款期限自出票日起最长不超过2个月。　　　　　　　　（　　）
2. 支票可以背书转让,而银行本票不可以背书转让。　　　　　　　　　　　（　　）
3. 付款人为个人的,银行可以为其签发现金银行本票。　　　　　　　　　　（　　）
4. 银行本票不慎遗失,可向银行挂失止付。　　　　　　　　　　　　　　　（　　）
5. 背书是指在票据背面或粘单上记载有关事项并签章的票据行为。　　　　　（　　）

6. 背书连续是指在票据转让中转让汇票的背书人与受让汇票的被背书人在汇票上的签章依次前后衔接。（　　）

7. 申请人为单位、收款人为个人的,可以申请使用填有"现金"字样的银行汇票。（　　）

8. 银行汇票的实际结算金额可以等于出票金额,也可以小于或大于出票金额。（　　）

三、问答题

1. 试述银行本票、银行汇票的概念及适用范围。
2. 根据我国《票据法》规定,签发银行本票、银行汇票必须记载的事项有哪些？
3. 试述银行本票、银行汇票的业务流程。
4. 银行本票和银行汇票各有什么特点？列出它们的异同点。
5. 为下列银行本票流程图连线并作出说明。

申请人

收款人（持票人）

申请人开户行

收款人开户行

四、实训操作题

【实训题一】

20××年12月15日,科研中心赵林交来"银行本票请领单",审核无误后,填写"银行本票申请书",向银行申请签发银行本票。

要求：按照规定向银行申请签发银行本票。

应知：审核"银行本票请领单",发现问题按照规定处理。

办理申请银行本票的手续。（写出操作过程步骤）

银行本票请领单
20××年12月15日

收款人	上海交通大学机械厂	开户银行	工行上海徐汇支行	账号	28764545447388××××
汇款用途	购买科研设备				
汇款金额	人民币(大写) 肆万伍仟元整		￥45 000.00		
单位领导：刘辰林		部门负责人：邱林明		申请人：赵林	

注：需填写但无资料的用××××表示(下同)。

应会：填写银行本票申请书。
　　　取得银行本票后进行有关账务处理。

中国工商银行上海市分行
本票申请书(存根)　①　　No：040372

申请日期　　年　月　日

收款人＿＿＿＿＿＿＿＿＿＿　　本票号码＿＿＿＿＿＿＿＿＿＿

本票金额人民币＿＿＿＿＿＿＿＿＿　　代理付款行＿＿＿＿＿＿＿＿＿

　　(大写)

备注：　　　　　　　　　　申请人名称＿＿＿＿＿＿＿＿＿＿

　　　　　　　　　　　　　申请人账号＿＿＿＿＿＿＿＿＿＿

此联申请人留存

付款期限 贰个月	中国工商银行 本票		IU64893920 2
	出票日期 贰零××年壹拾贰月壹拾伍日（大写）		
收款人：上海交通大学机械厂		申请人：上海辰林服装有限公司	
凭票即付人民币（大写）肆万伍仟元整			
转账	~~现金~~		
		出票行签章	出纳　复核　经办
备注：			

（盖章：中国工商银行 406491001999）

中国工商银行
邮电费、手续费、空白凭证收费单

单位名称：上海辰林服装有限公司　　账号：10012354627000×××××　　20××年12月15日

收　取　费　用				购　买　凭　证		
结算种类	笔　数	类　别	金　额	名　称	数　量	金　额
托收承付及委托收款	邮划笔电	手续费				
汇兑	邮划1笔电	邮费				
银行汇票	笔	电费				
支票	转现 笔	附言加费				
银行本票			1050			
合　　计			¥1050	合　计		

人民币（大写）：壹拾元伍角整

付款单位（经手人）签章	收款银行签章

记 账 凭 证					编号：
年 月 日					附件 张
摘 要	一级科目	二级或明细科目	√	借方金额	贷方金额
合 计					
会计主管	记账	审核		出纳	制单

【实训题二】

12月16日，科研中心赵林持上述银行本票至上海交通设备机械公司购买试验设备一台，取得增值税专用发票一张，已谈妥另签贷记凭证支付尚欠余款。

要求：出纳员按照规定处理签发贷记凭证业务并进行账务处理。

应知：出纳员收到发票应如何处理购设备尚欠的余款。

3778485959　　　　上海增值税专用发票　　　No 87465749

开票日期 20XX年12月16日

购货单位	名　称：	上海辰林服装有限公司	密码区	自动生成
	纳税人识别号：	3101075214l××××		
	地址、电话：	上海市大林路366号 021-64563×××		
	开户行及账号：	工行上海市大林路支行10012354627000××××		

货物或应税劳务名称	规格型号	单位	数量	单价	金额	税率	税额
设备		台	1	40 000.00	40 000.00	17%	6 800.00
合计					¥40 000.00		¥6 800.00

价税合计（大写）　人民币肆万陆仟捌佰元整　　　（小写）¥46 800.00

销货单位	名　称：	上海交通机械设备公司	备注	
	纳税人识别号：	331025441002××××		
	地址、电话：	上海市徐汇区		
	开户行及账号：	工行上海徐汇支行2876545447388××××		

收款人：　　　　复核：　　　　开票人：孙毅　　　　销货单位：（章）

应会：签发贷记凭证，补付所欠上海交通大学机械厂设备款。

所购设备验收完毕，等待安装，进行账务处理。

贷记凭证(回单联) AD325446	工商银行上海市分行 贷记凭证　凭证号码 AD 325446
签发日期：　年　月　日 1	签发日期(大写)　　年　月　日　2

（贷记凭证表格）

（记账凭证表格）

摘　要	一级科目	二级或明细科目	√	借方金额	贷方金额

会计主管　　记账　　审核　　出纳　　制单

【实训题三】

12月17日，公司有一张银行本票超过付款期限尚未使用，按规定办理退款手续。

要求：按照规定手续办理退款手续。

应知：银行本票过期未用，应办理如何退款？（写出操作过程步骤）

付款期限 贰个月	中国工商银行 本票	IU64893920 2
	出票日期(大写) 贰零××年零壹拾月壹拾贰日	

收款人: 紫薇贸易公司	申请人: 上海辰林服装有限公司

凭票即付人民币(大写)壹万贰仟元整

转账	现金		
备注:			

（出票行签章处盖章：中国工商银行 406491001999 业务专用章）

出票行签章　　出纳　复核　经办

被背书人	被背书人	（贴粘单处）
背书人签章 年 月 日	背书人签章 年 月 日	
持票人向银行提示付款签章	身份证件名称　发证机关 号码	

应会：填制进账单，连同银行本票交银行要求办理退款。
　　　进行账务处理。

工商银行进账单（回单） 1

年　月　日

出票人	全　称		收款人	全　称	
	账　号			账　号	
	开户银行			开户银行	

人民币（大写）	亿	万	千	百	十	万	千	百	十	元	角	分

票据种类		票据张数	
票据号码			

复核×× 　 记账×× 　　　　　　　　开户行签盖章

记 账 凭 证

编号：

年　月　日　　　　　　　　　　　　　　　附件　　张

摘　要	一级科目	二级或明细科目	√	借方金额	贷方金额
合　计					

会计主管　　　　记账　　　　审核　　　　出纳　　　　制单

【实训题四】

12月19日，向上海振翎百货公司销售女式衬衣，销售部交来增值税发票一张，收到上海振翎百货公司交来的银行本票一张，银行本票暂不解行，背书转让支付前欠新欣横机厂零配件款。

要求：出纳员按照规定处理销售业务、背书转让银行本票业务。

应知：如何处理发票金额与银行本票的差额？

如何进行银行本票的背书转让？

应会：出纳员对以上业务进行账务处理。

上海增值税专用发票

3100072251　　　　　　　　　　　　　　　　　　　　No 00824412

开票日期：2008 年 12 月 19 日

购货单位	名　称	上海振翎百货公司	密码区				
	纳税人识别号	213370146972××××					
	地址、电话	上海市振翎浜路×××号 021-62552××					
	开户行及账号	工行上海闵行支行 134006165301 0××××					

货物或应税劳务名称	规格型号	单位	数量	单价	金额	税率	税额
全棉女式衬衫		件	200	100.00	20 000.00	17%	3 400.00
合　计					¥20 000.00		¥3 400.00

价税合计（大写）　贰万叁仟肆佰元整	（小写）¥23 400.00

销货单位	名　称	上海辰林服装有限公司	备注
	纳税人识别号	31010752141××××	
	地址、电话	上海市户湾区大兴路 366 号 021-64563×××	
	开户行及账号	工行上海市大林路支行 1001235462700 0××××	

收款人：　　　　复核：　　　　开票人：白雪　　　　销货单位：（章）

中国工商银行 本票

付款期限　贰个月　　　　　　　　　　　　　　　　IU64893920　　2

出票日期　贰零××年壹拾贰月壹拾玖日
（大写）

收款人：上海辰林服装有限公司　　申请人：上海振翎百货公司

凭票即付人民币（大写）　贰万叁仟元整

转账	现金		
备注		出票行签章	出纳　复核　经办

被背书人		被背书人		（贴粘单处）
	背书人签章 年　月　日		背书人签章 年　月　日	
持票人向银行 提示付款签章		身份证件名称　　　发证机关 号码		

记 账 凭 证

年　月　日　　　　　　　　　　　编号：
　　　　　　　　　　　　　　　　　附件　　张

摘　要	一级科目	二级或明细科目	√	借方金额	贷方金额
合　计					

会计主管　　　　记账　　　　审核　　　　出纳　　　　制单

记 账 凭 证

年　月　日　　　　　　　　　　　编号：
　　　　　　　　　　　　　　　　　附件　　张

摘　要	一级科目	二级或明细科目	√	借方金额	贷方金额
合　计					

会计主管　　　　记账　　　　审核　　　　出纳　　　　制单

【实训题五】

12月20日,供应科采购员杨阳交来购买羊毛纱合同一份(有关领导已签字批准),以及"银行汇票请领单"一张,审核无误后填写"银行汇票申请书",向银行申请签发银行汇票。

要求:按照规定办理银行汇票申请业务。

应知:审核"银行本票请领单",并办理银行汇票申请手续。

取得银行汇票后进行有关账务处理。

应会:补充"银行汇票请领单"不完善部分,并填写"银行汇票申请书"。

取得银行汇票后进行有关账务处理。

银行汇票请领单
20××年12月20日

收款人	杨阳	开户银行		账号	
汇款用途	购买羊毛纱				
汇款金额	人民币(大写)肆万元整		¥40 000.00		
单位领导:刘辰林		部门负责人:萨沙		申请人:杨阳	

中国工商银行上海市分行汇票申请书(存根)　HU764889

申请日期　年　月　日

申请人		收款人	
账 号		账 号	
用 途		代理付款行	
汇票金额	人民币(大写)	千百十万千百十元角分	

上列款项从我账户内支付

申请人盖章　　复核　　记账

中国工商银行
邮电费、手续费、空白凭证收费单

单位名称：上海辰林服装有限公司　账号：10012354627000××××　20××年12月20日

收　取　费　用					购　买　凭　证		
结算种类	笔　数	类　别	金　额		名　称	数量	金　额
托收承付及委托收款	邮划 笔 电	手续费					
汇兑	邮划 1 笔 电	邮费					
银行汇票	笔	电费	1 0	5 0			
支票	转 笔 现	附言加费					
银行本票							
合　　计			￥1 0	5 0	合　计		
人民币(大写)：壹拾元伍角整							

付款单位（经手人）签章　　　　收款银行签章

记　账　凭　证

年　月　日　　　　　　　　　　编号：
　　　　　　　　　　　　　　　附件　　张

摘　要	一级科目	二级或明细科目	√	借方金额	贷方金额
合　计					

会计主管　　　记账　　　审核　　　出纳　　　制单

【实训题六】

12月28日，采购员杨阳持上述银行汇票至新疆克里木农场购买一级羊毛纱1.5吨，取得增值税专用发票(略)上注明：货款为30 000元，增值税额为5 100元，价税合计为35 100元。收到银行转来的多余款收账通知，4 900元的多余款已转入存款账户。

要求：按照规定处理发票金额与银行汇票金额的差额（多余款）的业务。
应会：对银行转来的多余款收账通知进行账务处理。

付款期限 壹个月	中国工商银行

银行汇票（多余款收账通知）　4　汇票号码

出票日期　贰零××年壹拾贰月零贰拾日
（大写）　代现付款行：　　　行号：

收款人：<u>杨阳</u>　　　　账号

出票金额人民币（大写）<u>肆万元整</u>

实际结算金额人民币（大写）<u>叁万伍仟壹佰元整</u>

千	百	十	万	千	百	十	元	角	分
		¥	3	5	1	0	0	0	0

申请人　<u>上海辰林服装有限公司</u>　账号　<u>10012354627000××××</u>

出票行　<u>工行大林路支行</u>　行号_____　密押：

备注

代理付款行盖章

复核　　　经办

多余金额

千	百	十	万	千	百	十	元	角	分
				¥	4	9	0	0	0

复核　记账

记账凭证

编号：
年　月　日　　　附件　　张

摘要	一级科目	二级或明细科目	√	借方金额	贷方金额
合计					

会计主管　　　记账　　　审核　　　出纳　　　制单

【实训题七】

12月28日,公司有一张金额为50 000元的银行汇票因遗失了解讫通知不能使用,填制进账单,连同银行汇票交开户银行要求办理退款,银行同意受理。

要求:按照规定处理未使用银行汇票。

应会:出纳员办理银行汇票退票手续。

进行账务处理。

	中国工商银行		
付款期限 壹个月	银行汇票	2	汇票号码

出票日期 贰零××年零捌月零壹日
（大写） 代理付款行： 行号：

收款人：	账号
出票金额人民币(大写) **伍万元整**	
实际结算金额人民币 （大写）	千百十万千百十元角分

申请人　**上海辰林服装有限公司**

出票行　**工行上海五大林路支行**　行号_____

备注_____

凭票付款

出票行签章

（印章：306491001598）

密押：

多余金额　千百十万千百十元角分

复核　记账

被背书人	被背书人	（贴粘单处）
背书人签章 年　月　日	背书人签章 年　月　日	
持票人向银行 提示付款签章	身份证件名称 号码　　　发证机关	

工商银行进账单（回单） 1

年 月 日

出票人	全 称		收款人	全 称	
	账 号			账 号	
	开户银行			开户银行	

人民币（大写）		亿	万	千	百	十	万	千	百	十	元	角	分

票据种类		票据张数		
票据号码				

复核×× 记账××　　　　　　　　开户行签盖章

记 账 凭 证

年 月 日　　　　编号：
　　　　　　　　　　　附件　张

摘 要	一级科目	二级或明细科目	√	借方金额	贷方金额
合 计					

会计主管　　　　记账　　　　审核　　　　出纳　　　　制单

【实训题八】

12月29日，向南京市百货大楼销售男女羊毛衬衣一批，开出的增值税发票（略）上注明：货款为70 500元，增值税税额为11 985元，价税合计为82 485元，代垫运费2 100元，收到南京市百货大楼交来的银行汇票及解讫通知，银行汇票的出票金额为85 000元。

要求：出纳员按照规定处理销售后收到银行汇票业务。

应会：对收到的银行汇票补记。
　　　　出纳员办理银行汇票收账业务。
　　　　进行账务处理。

货物运输业增值税专用发票（抵扣联）

3100052XXX　　　　　　　　　　　　　　　　No 00843XXX
开票日期：20××年12月16日

承运人及纳税人识别码	上海红光运输有限公司 5490011524 xxxxx	密码区	（略）
实际受票方及纳税人识别码	江苏省南京百货大楼 99870469723 xxxxx		
收货人及纳税人识别码	江苏省南京百货大楼 99870469723 xxxxx	发货人及纳税人识别码	上海辰琳服装有限公司 3101075214XXXX
起运地、经由、到达地		上海黄浦区—江苏南京市	

费用项目及金额	费用项目 运费	金额 1 892.00	费用项目	金额	运输货物信息	羊毛衬衫
合计金额	¥1 892.00	税率	11%	税额	¥208.00	机器编号 3233
价税合计（大写）	人民币贰仟壹佰元整		（小写）¥2 100.00			

车种车号		车船吨位		备注	（上海红光运输有限公司 5490011524 发票专用章）
主管税务机关及代码	上海市税务局黄浦区税务所 23101 0XXXX				

收款人：***　　复核：***　　开票人：王琦　　承运人：（章）

第一联：记账联　销货方记账凭证

中国农业银行 银行汇票

付款期限 壹个月	2 汇票号码

出票日期 贰零××年壹拾贰月贰拾壹日
（大写）　　　代理付款行：　　　行号：

收款人：	账号
出票金额人民币（大写）捌万伍仟元整	
实际结算金额人民币（大写）	千百十万千百十元角分

申请人：　南京百货大楼　　　　账号 6687634262098665124
出票行：　农行新街口支行　行号　　　　　

密押：	多余金额 千百十万千百十元角分	复核　记账

备注：
凭票付款
出票行签章

工商银行进账单(回单) 1

年 月 日

出票人	全称		收款人	全称	
	账号			账号	
	开户银行			开户银行	

人民币(大写)

亿	万	千	百	十	万	千	百	十	元	角	分

票据种类　　　票据张数

票据号码

复核×× 记账×× 　　　开户行签盖章

记账凭证

年 月 日　　　　　　　　　　　编号：
　　　　　　　　　　　　　　　　附件　张

摘要	一级科目	二级或明细科目	√	借方金额	贷方金额
合计					

会计主管　　　　记账　　　　审核　　　　出纳　　　　制单

任务六　商业票据结算业务练习

一、选择题

1. 商业汇票分为(　　)。
   A. 银行承兑汇票　　　　　　　　B. 企业承兑汇票
   C. 个人承兑汇票　　　　　　　　D. 商业承兑汇票
2. 收款人收到商业汇票时,应借记(　　)账户。
   A. "银行存款"　　　　　　　　　B. "应收账款"
   C. "应收票据"　　　　　　　　　D. "其他应收款"
3. 付款人以商业汇票用作支付时,应贷记(　　)账户。
   A. "银行存款"　　　　　　　　　B. "应付账款"
   C. "其他应付款"　　　　　　　　D. "应付票据"
4. 商业汇票的付款期限最长不超过(　　)个月。
   A. 1　　　　　B. 2　　　　　C. 3　　　　　D. 6
5. 银行承兑汇票的承兑手续费率为(　　)。
   A. 1‰　　　　　　　　　　　　B. 5‰
   C. 1%　　　　　　　　　　　　D. 5%
6. 委托银行收取商业承兑汇票款时,应采用(　　)结算方式。
   A. 委托收款　　B. 托收承付　　C. 汇兑　　　　D. 信用证

二、判断题

1. 出纳员应于商业汇票到期日,填制进账单,连同汇票交开户银行,办理进账手续。
   (　　)
2. 如到期日之前出票人不能足额交付票款,承兑银行对不足部分的票款转作出票人临时贷款,并按有关规定计收利息。(　　)
3. 出票人使用商业汇票时,应于汇票到期日前,将应付款足额交付承兑银行。(　　)
4. 为了及时取得商业汇票款,持票人应提前一个邮程办理托收手续。(　　)

5. 商业汇票与银行汇票的信誉度差不多。　　　　　　　　　　　（　　）
6. 商业汇票是国内结算方式中唯一的远期结算方式。　　　　　（　　）

三、问答题

1. 试述商业承兑汇票、银行承兑汇票的概念。
2. 根据我国《票据法》规定，签发商业汇票必须记载的事项有哪些？
3. 试述商业承兑汇票、银行承兑汇票的业务流程。
4. 商业承兑汇票、银行承兑汇票各有什么特点？列出它们的异同点。
5. 为下列商业承兑汇票流程图连线并作出说明。

承兑人（付款人、出票人）

收款人（持票人）

承兑人开户行

收款人开户行

四、实训操作题

【实训题一】

20××年12月15日，供应部采购全棉布料一批，交来取得的增值税专用发票一张及采购合同副本一份（略）。依据采购合同约定需用商业承兑汇票（3月期）支付。货未收到。

要求：按照规定签发3月期商业承兑汇票一张。

应知：出纳员办理签发商业汇票并承兑的业务。（写出签发商业汇票并承兑的过程步骤）

应会：出纳员签发并承兑商业承兑汇票一张。
　　　进行账务处理。

上海增值税专用发票

6100452278　　　No 09724678

开票日期 20××年12月14日

购货单位	名　　称：上海辰林服装有限公司		密码区	自动生成	
	纳税人识别号：31010752141xxxx				
	地址、电话：上海市卢湾区大林路xxx号 021-64563				
	开户行及账号：工行上海市大林支行1001235462700xxxx				

货物或应税劳务名称	规格型号	单位	数量	单价	金额	税率	税额
全棉布料		米	2500	10.00	25 000.00	17%	4 250.00
合　计					￥25 000.00		￥4 250.00

价税合计（大写）	人民币贰万玖仟贰佰伍拾元整	（小写）￥29 250.00

销货单位	名　　称：华西贸易公司	备注	
	纳税人识别号：23084914883xxxx		
	地址、电话：上海市浦东新区华新路xx号		
	开户行及账号：中行浦东支行1024747448484xxxx		

收款人：　　　复核：　　　开票人：徐平　　　销货单位：（章）

商业承兑汇票（存根）　　3

出票日期（大写）　　　年　月　日　　　汇票号码：

付款人	全　称		收款人	全　称	
	账　号			账　号	
	开户银行			开户银行	

出票金额	人民币（大写）	亿 千 百 十 万 千 百 十 元 角 分

汇票到期日（大写）		付款人开户行	行号	
交易合同号码			地址	

备注：

注：需填写但无资料的部分用××××表示（下同）。

记账凭证

编号：____
年　月　日　　　附件　　张

摘　要	一级科目	二级或明细科目	√	借方金额	贷方金额
合　计					

会计主管　　　记账　　　审核　　　出纳　　　制单

【实训题二】

12月17日，收到银行转来托收承付结算方式付款通知书，前开具的3月期商业承兑汇票（略）到期须付款。

托收凭证（付款通知）　5

委托日期 20××年12月15日　　付款期限 20××年12月17日

业务类型	委托收款（□邮划、□电划）		托收承付（□邮划、□电划）		
付款人	全称	上海辰林服装有限公司	收款人	全称	江苏省扬州库德服饰有限公司
	账号	10012354627000××××××		账号	26272728839910××××××
	地址	上海市	开户行	工行上海市大林支行	地址	江苏省扬州市	开户行	农行扬州五亭桥支行

金额　人民币（大写）　柒万陆仟玖佰元整　　￥７６９０００

款项内容	货款	托收凭据名称	发票、运单	附寄单证张数	三张
商品发运情况	已发运		合同名称号码	778956	
备注			付款单位注意事项（略）		

付款人开户银行收到日期　　付款人开户银行签章
20××年12月17日　　年　月　日
复核　记账

此联付款人开户银行给付款人按期付款的通知

要求：按照规定办理付款业务。

应知：出纳员收到付款通知后如何处理？（写出处理过程步骤）

应会：出纳员办理付款手续。
　　　进行账务处理。

记 账 凭 证					编号：
		年　月　日			附件　　张
摘　要	一级科目	二级或明细科目	✓	借方金额	贷方金额
合　计					
会计主管	记账	审核		出纳	制单

【实训题三】

12月18日，销售部销售商品一批，交来开出的增值税专用发票一张、对方开出的1月期商业承兑汇票一张及销售合同副本一份（略）。按合同规定，采用1月期的商业承兑汇票支付。

要求：按照规定处理用商业承兑汇票支付的业务。

应知：出纳员处理收到的商业承兑汇票业务。（写出处理过程步骤）

应会：出纳员按照规定处理收到的商业承兑汇票业务。
　　　进行账务处理。

上海增值税专用发票（记账联） No 75893930

开票日期 20×× 年 12 月 18 日

购货单位	名　称：上海绿林百货有限公司 纳税人识别号：1073822822 地址、电话：上海市南汇区双汇路×××号 021-53261××× 开户行及账号：工行上海市双汇支行13042354627005××××	密码区	自动生成

货物或应税劳务名称	规格型号	单位	数量	单价	金　额	税率	税　额
女式衬衣		件	100	47.20	4 720.00	17%	802.40
儿童衬衣		件	60	42.00	2 520.00	17%	428.40
合　计					￥7 240.00		￥1 230.80

价税合计（大写）	人民币捌仟肆佰柒拾元捌角整	（小写） ￥8 470.80

销货单位	名　称：上海辰林服装有限公司 纳税人识别号：31010752141×××× 地址、电话：上海市卢湾区大林×××号 021-64563××× 开户行及账号：工商上海市大林支行10012354627000××××	备注	（发票专用章）

收款人：　　复核：　　开票人：朱珠　　销货单位：（章）

商业承兑汇票　2　HA63789399

出票日期贰零××年壹拾贰月壹拾陆日（大写）

付款人	全　称	上海绿林百货有限公司	收款人	全　称	上海辰林服装有限公司
	账　号	13042354627005xxxxx		账　号	10012354627000xxxxx
	开户银行	工行上海市双汇支行		开户银行	工商上海市大林支行

出票金额	人民币（大写）　捌仟肆佰柒拾元捌角整	亿	千	百	十	万	千	百	十	元	角	分
						￥	8	4	7	0	8	0

汇票到期日	贰零××年零壹月壹拾陆日	付款人	行号	xxxxxxxxx
交易合同号码	xxxxxxxx	开户行	地址	上海市黄石路30号

本汇票已经承兑，到期无条件承付票款　　　本汇票请予承兑并于到期日付款

承兑日期 20××年12月16日　　　　　　　　　　　出票人签章

	记账凭证			编号：	
	年　月　日			附件　　　张	
摘　要	一级科目	二级或明细科目	✓	借方金额	贷方金额
合　　计					
会计主管	记账	审核		出纳	制单

【实训题四】

12月20日，财务部张经理将一张即将到期的30天期的商业承兑汇票交出纳员，提前一个邮程到开户银行办理托收。

商业承兑汇票　　2　　HA637893401

出票日期贰零××年壹拾壹月贰拾伍日
（大写）

付款人	全　称	苏州南门百货商场	收款人	全　称	上海辰林服装有限公司
	账　号	210859933930xxxxx		账　号	10012354527000xxxxx
	开户银行	工行苏州南门支行		开户银行	工商上海市大林支行

出票金额	人民币（大写） 柒万捌仟元整	亿 千 百 十 万 千 百 十 元 角 分 　　　　　¥ 7 8 0 0 0 0

汇票到期日	贰零××年壹拾贰月贰拾伍日	付款人	行号	××××××
交易合同号码	××××××	开户行	地址	上海市黄石路30号

本汇票……，到期无条件承付票款

　　　　　　　出票日期 20××年11月25日

本汇票请予以承兑于到期日付款

要求：出纳员按照规定办理到期商业承兑汇票的收款业务。

应知：商业承兑汇票到期后应该如何处理？（写出处理过程步骤）

如期收到款项后如何处理？

应会：出纳员处理到期商业承兑汇票的业务。

如期收款后进行账务处理。

托 收 凭 证 (受理回单) 1				
委托日期　　年　月　日				
业务类型	委托收款(□邮划、□电划)托收承付(□邮划、□电划)			
付款人	全称		收款人	全称
	账号			账号
	地址	开户行		地址　　　开户行
金额	人民币（大写）			亿千百十万千百十元角分
款项内容		托收凭据名称	附寄单证张数	
商品发运情况		合同名称号码		
备注：		款项收妥日期	收款人开户行签章	
	复核　记账	年　月　日	年　月　日	

此联付款人开户银行给付款人按期付款的通知

	记 账 凭 证			编号：	
	年　月　日			附件　　张	
摘　　要	一级科目	二级或明细科目	√	借方金额	贷方金额
合　　计					
会计主管　　　　记账　　　　审核　　　　出纳　　　　制单					

【实训题五】

如果12月25日，收到开户银行转来上笔业务"付款人未付票款通知书"及退回的商业承兑汇票。

要求：按照规定处理未收到款项业务。

应会：出纳员进行账务处理。

	记 账 凭 证			编号：	
	年　月　日			附件　　张	
摘　　要	一级科目	二级或明细科目	√	借方金额	贷方金额
合　　计					
会计主管　　　　记账　　　　审核　　　　出纳　　　　制单					

【实训题六】
　　12月20日,从上海漕隆精密仪器公司购入设备一套,货到待安装,采购部交来增值税专用发票一张及采购合同副本一份(略)。合同约定采用3月期银行承兑汇票结算款项。

5100452301	上海增值税专用发票	№ 07924431
		开票日期 20××年12月19日

购货单位	名称：	上海辰林服装有限公司	密码区	自动生成
	纳税人识别号：	3101075214I××××		
	地址、电话：	上海市卢湾区大林×××号 021-64563×××		
	开户行及账号：	工行上海市大林路支行1001235462700×××××		

货物或应税劳务名称	规格型号	单位	数量	单价	金额	税率	税额
设备		套	1	30 000.00	30 000.00	17%	5 100.00
合计					¥30 000.00		¥5 100.00

价税合计(大写)	人民币叁万伍仟壹佰元整	(小写) ¥35 100.00

销货单位	名称：	上海漕隆精密仪器公司	备注	
	纳税人识别号：	11045914863××××		
	地址、电话：	上海市漕宝路××号		
	开户行及账号：	中行漕宝路支行1014664788192×××××		

收款人：　　　复核：　　　开票人：徐平　　　销货单位：(章)

　　要求：按照规定办理签发银行汇票并请银行承兑业务。
　　应知：出纳员办理签发银行汇票并请银行承兑业务。(写出办理业务过程步骤)

　　应会：出纳员签发银行汇票并与银行签订"银行承兑协议",缴纳手续费。
　　　　　请代替银行签协议、进行承兑,开出手续费发票。
　　　　　出纳员进行账务处理。

银行承兑协议

编号：748493

银行承兑汇票的内容：

出票人全称_____ 收款人全称_____

开 户 银 行_____ 开 户 银 行_____

账　　　号_____ 账　　　号_____

汇票号码_____ 汇票金额（大写）_____

签 发 日 期_____年____月____日　到 期 日 期_____年____月____日

以上汇票经银行承兑，出票人愿遵守《支付结算办法》的规定及以下条款：

一、出票人于汇票到期日前，将应付款足额交付承兑银行。

二、承兑手续费按票面金额万分之五计算，在银行承兑时一次付清。

三、出票人与持票人如发生任何纠纷，均由收付双方自行处理，票款于到期日前仍按第一条办理不误。

四、承兑汇票到期日承兑银行凭票无条件支付票款。如到期日之前出票人不能足额交付票款，承兑银行对不足部分的票款转作出票人逾期贷款，并按有关规定计收罚息。

五、承兑汇票款付清后，本协议自动失效。

承兑银行（签章）　　　　　　　　　　　　　出票人（签章）

订立承兑协议日期　　　年　　月　　日

银行承兑汇票　　3　　GT36488499

出票日期（大写）　　年　月　日

出票人全称		收款人	全　称	
出票人账号			账　号	
付款行全称			开户银行	
出票金额	人民币（大写）			亿千百十万千百十元角分
汇票到期日（大写）	年　月　日		付款人开户行	行号
				地址
承兑协议编号				
本汇票请你行承兑，到期无条件付款。　出票人签章	本汇票已经承兑，到期日由本行付款。承兑行签章　承兑日期　年月日		复核　　记账	
	备注：			

中国工商银行
银行承兑汇票承兑手续费收费单

单位名称：　　　　　　　　账号：　　　　　　　　年　月　日

结算种类	承兑金额										费率	金额									
	千	百	十	万	千	百	十	元	角	分		千	百	十	万	千	百	十	元	角	分
银行承兑汇票											0.5‰										

人民币（大写）：

付款单位（经手人）签章	收款银行签章

记 账 凭 证
年　月　日　　　　　编号：
　　　　　　　　　　附件　　张

摘　要	一级科目	二级或明细科目	√	借方金额	贷方金额
合　计					

会计主管　　　记账　　　审核　　　出纳　　　制单

记 账 凭 证
年　月　日　　　　　编号：
　　　　　　　　　　附件　　张

摘　要	一级科目	二级或明细科目	√	借方金额	贷方金额
合　计					

会计主管　　　记账　　　审核　　　出纳　　　制单

任务六　商业票据结算业务练习

【实训题七】

12月21日，一张银行承兑汇票到期，出纳员收到开户银行付款通知，财务部张经理要求出纳员办理付款手续。

托收凭证（付款通知）　5

委托日期 20××年12月21日　　　付款期限 20××年12月30日

业务类型	委托收款（□邮划、□电划）　托收承付（□邮划、□电划）						
付款人	全称	上海辰林服装有限公司		收款人	全称	江苏省无锡晨光服饰有限公司	
	账号	1001235462700××××			账号	3001506210031××××××	
	地址	上海市	开户行 工行上海市大林支行		地址 江苏省无锡市	开户行	农行无锡雪山支行
金额	人民币：（大写）肆万陆仟元整			亿千百十万千百十元角分　¥ 4 6 0 0 0 0			
款项内容	货款		托收凭据名称 发票、运单		附寄单证张数	三张	
商品发运情况	已发运			合同名称号码 ××××××××			
备注： 付款人开户银行收到日期 20××年12月24日 复核　记账			付款人开户银行签章 年　月　日	付款单位注意事项（略）			

此联付款人开户银行给付款人按期付款的通知

要求：出纳员按照规定办理付款手续。

应会：出纳员办理付款手续并进行账务处理。

记账凭证

编号：

年　月　日　　　附件　张

摘　要	一级科目	二级或明细科目	√	借方金额	贷方金额
合　计					

会计主管　　　　　记账　　　　　审核　　　　　出纳　　　　　制单

任务七　汇兑结算业务练习

一、选择题

1. 汇兑业务根据凭证传递方式不同分为(　　)。
   A. 逆汇　　　　　　　　　　B. 信汇
   C. 顺汇　　　　　　　　　　D. 电汇
2. 汇兑方式主要适用于(　　)。
   A. 同城单位款项的结算　　　B. 个体经济户款项的结算
   C. 个人款项的结算　　　　　D. 异地单位款项的结算
3. 下列事项中,不是签发汇兑凭证时必须记载的是(　　)。
   A. 无条件支付的委托　　　　B. 确定的金额
   C. 确定付款的日期　　　　　D. 委托日期
4. 汇款企业出纳员办理电汇时应填写电汇凭证(　　)。
   A. 一式三联　　　　　　　　B. 一式四联
   C. 一式五联　　　　　　　　D. 一式六联
5. 汇兑结算的起点金额是(　　)。
   A. 1万元　　　　　　　　　　B. 10万元
   C. 没有限制　　　　　　　　D. 以上都不对

二、判断题

1. 汇兑是付款人委托银行将款项结算给收款人的结算方式。(　　)
2. 汇款人对汇出行已经汇出的款项可以申请撤销汇款。(　　)
3. 付款单位汇出款项后,出纳员根据汇款凭证回单,借记"银行存款"账户,贷记有关账户。(　　)
4. 由于电汇的手续简便,速度快,所以现在企业汇款一般都用电汇方式。(　　)
5. 根据结算规定,电汇可附带与汇款有关的少量单证。(　　)

三、问答题

1. 根据我国《票据法》规定,签发汇兑凭证必须记载的事项有哪些?如有欠缺会产生什么后果?

2. 汇兑结算方式中收款人如何领取款项?

3. 汇款人的退汇和撤销汇款有什么不同?分别应如何操作?

4. 电汇、信汇两种方式的结算程序有何不同?简述汇款企业出纳员办理不同汇款方式的操作要求。

四、实训操作题

【实训题一】

20××年12月10日,采购供应部的采购员陈虹宾交来采购材料合同附货物订购单一份,根据合同要求,先预付50%货款共计15 000元,一周内电汇到对方公司即可。其余货款等货到验收合格后一次电汇付清。

对方公司名称:浙江省宏兴纺织品有限公司;地点:浙江省宁波市;对方开户银行:中国建设银行宁波市中南分理处;账号:3410025023454×××××。

要求:出纳员根据合同要求两天内办理预付款电汇手续。

应知:出纳员接到合同后应该如何操作?(写出操作步骤)

应会:出纳员操作过程中需要填制电汇凭证。

取得银行出具的手续费收费单。(代填)

进行账务处理。

中国工商银行电汇凭证(回单)			1	
□普通　□加急　委托日期　年　月　日				
汇款人	全　称		收款人	全　称	
	账　号			账　号	
	汇出地点	省　　市/县		汇入地点	省　　市/县
	汇出行名称			汇入行名称	
金额	人民币(大写)			亿千百十万千百十元角分	
			支付密码		
			附加信息及用途		
汇出行签章			复核　　记账		

中国工商银行
邮电费、手续费、空白凭证收费单

单位名称：　　　　　账号：　　　　　　　　　　　　　　　年　月　日

收　取　费　用				购　买　凭　证		
结算种类	笔　数	类　别	金　额	名　称	数　量	金　额
托收承付及委托收款	邮划笔电	手续费				
汇　兑	邮划笔电	邮　费				
银行汇票	笔	电　费				
支　票	转现笔	附言加费				
				合　计		

人民币（大写）：

付款单位（经手人）签章	收款银行签章

记 账 凭 证

　　　　　　　　　年　月　日　　　　　　　　　编号：
　　　　　　　　　　　　　　　　　　　　　　　附件　张

摘　要	一级科目	二级或明细科目	√	借方金额	贷方金额
合　计					

会计主管　　　　记账　　　　审核　　　　出纳　　　　制单

【实训题二】
　　12月15日，财务部收到开户银行转来的电汇收账通知，是江苏省常州市红光商贸公司归还前欠货款 32 500 元。

```
┌─────────────────────────────────────────────────────────────────────┐
│        中国工商银行 资金汇划（贷方）补充证明凭证    （回单）   沪A×××××  │
│   行名：中国工商银行上海市大林路支行          收报日期：20××.12.15      │
│   业务种类：汇兑                                                     │
│   收款人账号：10012354627000×××××   付款人账号：14205044127101×××××   │
│   收款人户名：上海辰林服装有限公司    付款人户名：江苏省宿州市红光商贸公司 │
│   大写金额：叁万贰仟伍佰元整          小写金额：￥32 500.00             │
│   发报流水号：06210××××              收报流水号：002456××××             │
│   发报行行号：24027×××                收报行行号：50124×××               │
│   发报行行名：中国工商银行杭州解放路支行                                 │
│   打印日期：20××.12.15               发报日期：20××.12.15                │
│   用途：货款                         付款类别：非延时付款                │
│   客户附言：                                                         │
│   银行附言：上列款项已收妥                                           │
│   收电：王×          记账：              复核：                       │
└─────────────────────────────────────────────────────────────────────┘
```

要求：出纳员根据电划凭证进行账务处理。

应知：出纳员接到电划凭证后应该如何操作？（写出操作步骤）

应会：出纳员进行账务处理。

		记 账 凭 证			编号：	
		年　月　日			附件　　张	
摘　要	一级科目	二级或明细科目	√	借方金额	贷方金额	
合　计						
会计主管　　　　　记账　　　　　审核　　　　　出纳　　　　　制单						

【实训题三】

12月15日，销售部张天华收到赴西安参加全国服装行业协会召开销售年会通知，通知上规定会务费为2 000元/人，需电汇到会议承办单位西安中国青年旅行社。该旅行社开户银行为:中国工商银行西安城西支行,账号为0810006442250×××××。其他住宿费用、来回路费自理。会议通知上领导签字批准销售部出席两位,由张天华和销售员李智超参加。张天华拿着会议通知到财务部请出纳员办理汇款、借款手续。

　　要求:出纳员根据会议通知办理汇款、借款业务手续。

　　应知:出纳员接到该会议通知后应该如何操作?(写出操作步骤)

　　应会:办理借款手续。
　　　　出纳员操作过程中需要填制的电汇凭证。
　　　　取得银行出具的手续费收费单。(代填)
　　　　进行账务处理。

暂 支 单

20XX 年 12 月 15 日

借款部门	销售部		
借款用途	出差开会预支差旅费		
借款金额	人民币(大写)肆仟元整		￥4000.00
单位负责人签名	刘辰林	借款人签名	张天华
审核意见	同意		
财务主管:张文冬		会计:	出纳:白雪

中国工商银行电汇凭证(回单)　1

☐普通　☐加急　委托日期　年　月　日

汇款人	全 称		收款人	全 称	
	账 号			账 号	
	汇出地点	省　　市/县		汇入地点	省　　市/县
汇出行名称			汇入行名称		
金额	人民币(大写)				亿千百十万千百十元角分
			支付密码		
			附加信息及用途		
汇出行签章			复核　　记账		

中国工商银行
邮电费、手续费、空白凭证收费单

单位名称: 账号: 年 月 日

收 取 费 用				购 买 凭 证		
结算种类	笔 数	类 别	金 额	名 称	数 量	金 额
托收承付及委托收款	邮划电 笔	手续费				
汇 兑	邮划电 笔	邮 费				
银行汇票	笔	电 费				
支 票	转现 笔	附言加费				
				合 计		

人民币(大写):

付款单位(经手人)签章   收款银行签章

记 账 凭 证

编号: 年 月 日   附件 张

摘 要	一级科目	二级或明细科目	√	借方金额	贷方金额
合 计					

会计主管   记账   审核   出纳   制单

记　账　凭　证					编号：
年　　月　　日					附件　　张
摘　　要	一级科目	二级或明细科目	√	借方金额	贷方金额
合　计					
会计主管	记账	审核		出纳	制单

【实训题四】

12月20日，采购供应部的采购员陈虹宾交来仓库收料单一份，以及浙江宏兴纺织品有限公司开来的增值税发票一张，要求财务部根据发票以及收料单，用电汇补齐剩余货款。（前已预付货款15 000元）

要求：出纳员根据有关凭证办理汇款手续并进行账务处理。

应知：出纳员接到仓库收料单和增值税发票后应该如何操作？（写出操作步骤）

收　料　单

20××年12月19日　　　　　收字第　　号

供应者：浙江宏兴纺织品有限公司　　发票号：30214506　　收到日期：20××年12月19日

编号	材料名称	规格	送验数量	实收数量	单位	单价	金　额									
							千	百	十	万	千	百	十	元	角	分
	全毛西装料		20	20	匹	1 500.00				3	0	0	0	0	0	0
备注				验收人：陈涛		合计	¥			3	0	0	0	0	0	0
会计		出纳		复核		记账				制单　朱小伟						

任务七 汇兑结算业务练习

浙江增值税专用发票

5100142638				No 30214506		
				开票日期 20××年12月17日		

购货单位	名　　称：	上海辰林服装有限公司	密码区	（略）
	纳税人识别号：	3101075214l×××		
	地址、电话：	上海市大林路366号 021-64563×××		
	开户行及账号：	工行上海市大林路支行10012354627000××××		

货物或应税劳务名称	规格型号	单位	数量	单价	金额	税率	税额
全毛西装料		匹	20	1 500.00	30 000.00	17%	5 100.00
合　计					￥30 000.00		￥5 100.00
价税合计（大写）	叁万伍仟壹佰元整				（小写）￥ 35 100.00		

销货单位	名　　称：	浙江宏兴纺织品有限公司	备注	(印章)
	纳税人识别号：	3101073245l×××		
	地址、电话：	浙江省宁波市中南路20号 0517-32541×××		
	开户行及账号：	建行宁波市中南支行3410025023454××××		

收款人：　　　复核：　　　开票人：王振华　　　销货单位：（章）

应会：根据原合同、预付款电汇回单以及收料单、增值税发票等有关凭证，办理电汇剩余货款手续。
　　　取得银行出具的手续费收费单。（代填）
　　　进行账务处理。

中国工商银行电汇凭证（回单）　1

□普通　□加急	委托日期　年　月　日		
汇款人	全　称	收款人	全　称
	账　号		账　号
	汇出地点　省　市/县		汇入地点　省　市/县
汇出行名称		汇入行名称	
金额	人民币（大写）		亿千百十万千百十元角分
		支付密码	
		附加信息及用途	
	汇出行签章		复核　　　记账

中国工商银行
邮电费、手续费、空白凭证收费单

单位名称：　　　　　账号：　　　　　　　　　　　　　年　月　日

收　取　费　用					购　买　凭　证			
结算种类	笔　数	类　别	金　额		名　称	数　量	金　额	
托收承付及委托收款	邮划电 笔	手续费						
汇　兑	邮划电 笔	邮　费						
银行汇票	笔	电　费						
支　票	转现 笔	附言加费						
					合　计			

人民币（大写）：

付款单位
（经手人）签章　　　　　　　　　　　　收款银行签章

记　账　凭　证

编号：
年　月　日　　　　　　　　　　　　　　　　附件　　张

摘　要	一级科目	二级或明细科目	√	借方金额	贷方金额
合　计					

会计主管　　　　　记账　　　　　审核　　　　　出纳　　　　　制单

【实训题五】
12月22日,财务部收到开户银行转来的电汇收账通知,是浙江省温州市福凯商贸集团预付货款45 000元。

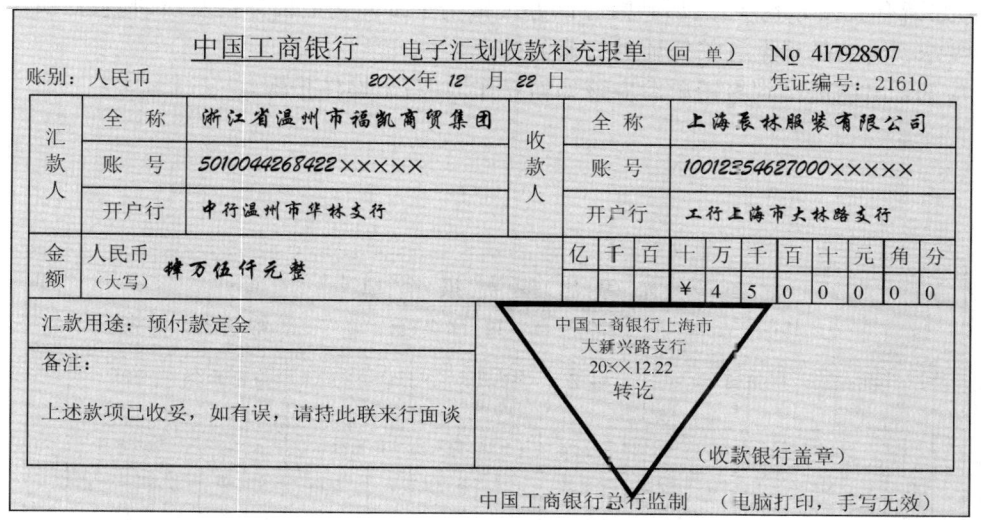

要求:出纳员根据有关银行电汇收款凭证进行账务处理。

应知:出纳员接到银行电汇收款回单后应该如何操作?(写出操作步骤)

应会:根据有关凭证进行账务处理。

记 账 凭 证					编号:
年 月 日					附件 张
摘　　要	一级科目	二级或明细科目	√	借方金额	贷方金额
合　计					
会计主管	记账	审核		出纳	制单

【实训题六】

12月23日,销售部张天华与销售员李智超从西安开会回来,到财务部报销差旅费,先根据出差各项费用单据填写"差旅费报销单",将住宿发票、火车票、汽车票等票据粘贴在后,并请有关领导签字,然后到财务部办理报销手续并交上会务费发票、剩余款项。

要求:出纳员根据有关凭证进行账务处理。

应知:出纳员接到报销单后应该如何操作?(写出操作步骤)

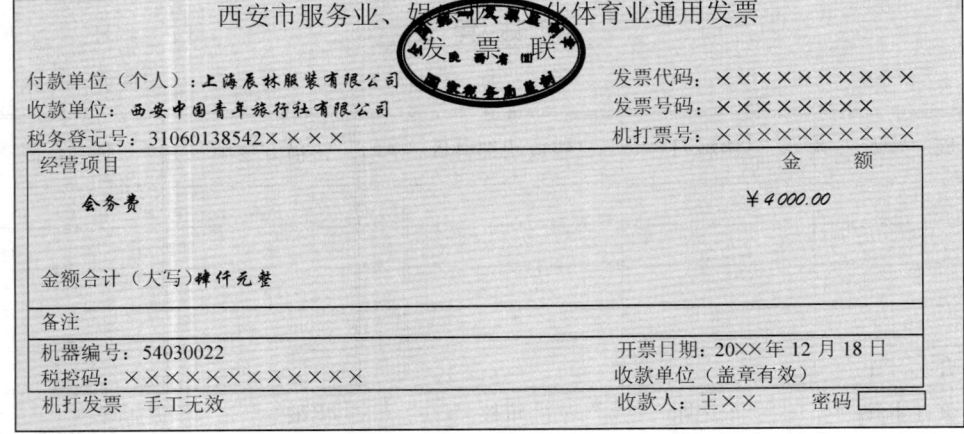

应会：出纳员根据张经理预借单、会务费电汇单、报销单及会务费发票进行账务处理。

记 账 凭 证

年　月　日　　　　　　　　　　　　编号：
　　　　　　　　　　　　　　　　　　附件　　张

摘　　要	一级科目	二级或明细科目	√	借方金额	贷方金额
合　　计					

会计主管　　　　记账　　　　审核　　　　出纳　　　　制单

记 账 凭 证

年　月　日　　　　　　　　　　　　编号：
　　　　　　　　　　　　　　　　　　附件　　张

摘　　要	一级科目	二级或明细科目	√	借方金额	贷方金额
合　　计					

会计主管　　　　记账　　　　审核　　　　出纳　　　　制单

收　据

No：0030452

年　月　日

交款单位：＿＿＿＿＿＿＿＿　　　收款方式＿＿＿＿＿＿

人民币（大写）＿＿＿＿＿＿＿＿＿＿＿＿　￥＿＿＿＿＿＿

收款事由：＿＿＿＿＿＿＿＿＿＿＿＿＿＿＿＿

财务主管：　　　记账：　　　出纳：　　　审核：　　　经办：

第二联　记账联

任务八 委托收款结算业务练习

一、选择题

1. 委托收款结算方式可以用于（　　）。
   A. 同城结算　　　　　　　　　B. 异地结算
   C. 单位款项结算　　　　　　　D. 个人款项结算
2. 出纳员在签发托收凭证时必须记载的事项有（　　）。
   A. 表明"委托收款"的字样　　　B. 确定的金额
   C. 委托收款凭据名称及附寄单据张数　　D. 付款人签章
3. 托收结算方式中付款人收到银行转来的托收凭证后，应于（　　）日内通知银行付款，否则视为同意付款。
   A. 1　　　　　　　　　　　　B. 3
   C. 5　　　　　　　　　　　　D. 10
4. 委托收款凭证中哪一联由银行加盖业务公章后交给收款企业出纳员（　　）。
   A. 第一联回单　　　　　　　　B. 第二联贷方凭证
   C. 第三联借方凭证　　　　　　D. 第四联发电依据
   E. 第五联付款通知
5. 委托收款凭证中哪一联由银行加盖业务公章后交给付款企业出纳员（　　）。
   A. 第一联回单　　　　　　　　B. 第二联贷方凭证
   C. 第三联借方凭证　　　　　　D. 第四联发电依据
   E. 第五联付款通知

二、判断题

1. 委托收款是付款人委托银行向收款人收取款项的结算方式。（　　）
2. 委托收款凭证由收款银行签发。（　　）
3. 付款人在接到托收通知的次日起10日内未通知银行付款的，银行将于接到通知的次日起第11日上午开始营业时，将款项划给收款人。（　　）

4. 付款人对收款人委托收取的款项拒绝付款的,可以办理拒绝付款。（   ）
5. 委托收款根据结算款项的划回方式不同,分为邮寄和电划两种。（   ）
6. 付款企业出纳员根据付款通知,借记相关账户,贷记"银行存款"账户。（   ）

三、问答题

1. 根据我国《票据法》规定,签发委托收款凭证必须记载的事项有哪些？如有欠缺会产生什么后果？
2. 付款人无款支付时应该怎么办？付款人拒绝付款时应该怎么办？
3. 简述收款企业出纳员办理委托收款方式的操作要求。
4. 分别简述委托收款方式中单位的出纳员如何处理收、付款账务。
5. 同城范围内收款人用托收方式收取公用事业费有什么特殊要求？

四、实训操作题

【实训题一】

20××年12月15日,销售部销售员交来一套销售产品的文件和凭证,销售一批产品到福建省福州市欣欣百货商场,销货合同规定货发出后用托收方式支付货款。

销售员交来销售文件和凭证有:产品出仓单、环球运输公司运费发票（款未付、要求用支票结算）、增值税发票和销售合同副本各一份。

要求:出纳员根据合同要求办理托收手续。

应知:出纳员接到这些文件和凭证后应该如何操作？（写出操作步骤）

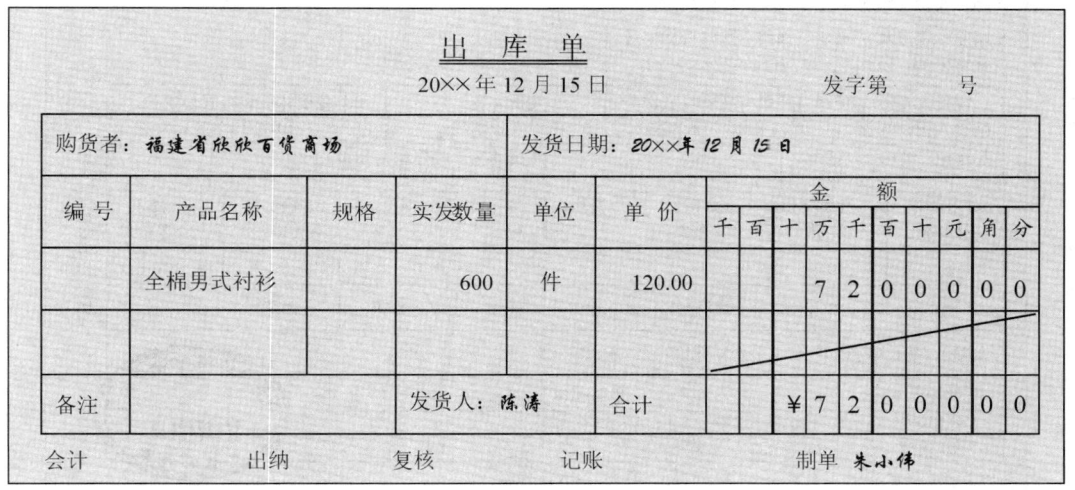

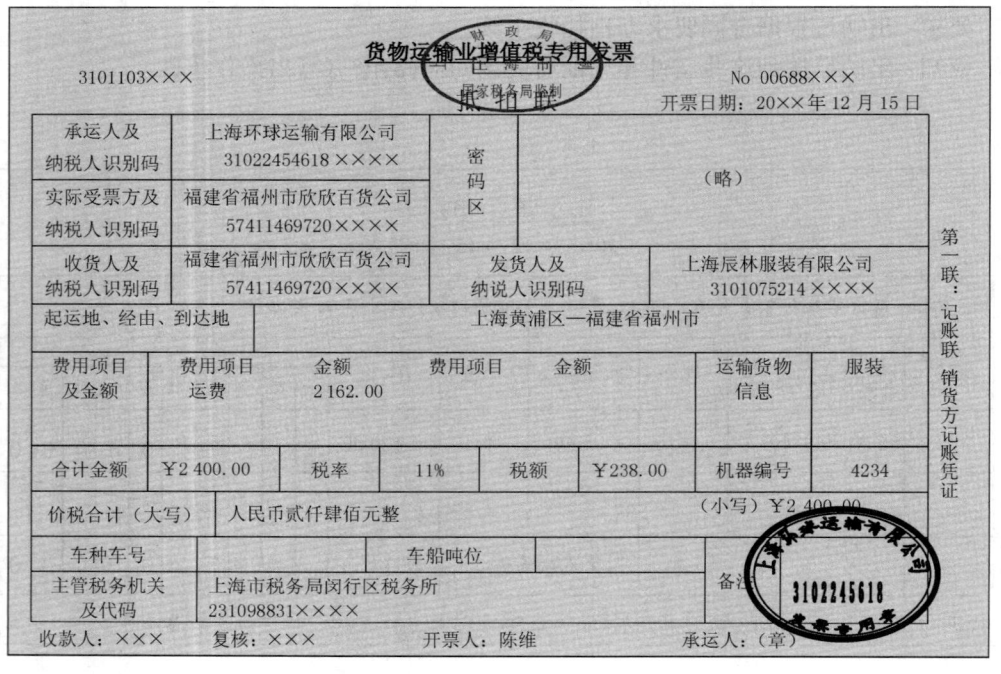

应会：出纳员操作过程中需要开出支票一张支付运费。

填制托收凭证一份。

取得银行出具的手续费收费单。（代填）

进行账务处理。

中国工商银行			中国工商银行　转账支票（　）IX II 04158661
转账支票存根　（　）			出票日期（大写）　年　月　日　付款行名称：
IX II 04158661			收款人：　　　　　　　　　　出票人账号：
附加信息 _____	本支票付款期限十天		人民币（大写）　　　　　亿千百十万千百十元角分
出票日期　年　月　日			用途
收款人：			上列款项请从
金　额：			我账户内支付
用　途：			出票人签章　　　　　　　　　复核　　　记账
单位主管　　会计			

		委托收款凭证(回单)　　1　　委托号码					
		委托日期　年　月　日					
付款人	全　称		收款人	全　称			
	账号或地址			账　号			
	开户银行			开户银行			
委托金额	人民币（大写）				千百十万千百十元角分		
款项内容		委托收款凭据名称			附寄单据张数		
备注： 电　划			款项收妥日期　年　月　日		收款人开户银行盖章　　月　日		
单位主管　　　　　会计　　　　　复核　　　　　记账							

中国工商银行
邮电费、手续费、空白凭证收费单

单位名称：　　　　　账号：　　　　　　　　　　　年　月　日

收　取　费　用				购　买　凭　证		
结算种类	笔　数	类　别	金　额	名　称	数　量	金　额
托收承付及委托收款	邮划电 笔	手续费				
汇　兑	邮划电 笔	邮　费				
银行汇票	笔	电　费				
支　票	转现 笔	附言加费				
				合　计		

人民币(大写)：

付款单位(经手人)签章	收款银行签章

记　账　凭　证
年　月　日　　　　　　　　　　　　　　　　编号：
　　　　　　　　　　　　　　　　　　　　　　附件　张

摘　要	一级科目	二级或明细科目	√	借方金额	贷方金额
合　计					

会计主管　　　　记账　　　　审核　　　　出纳　　　　制单

<table>
<tr><td colspan="6" align="center">记 账 凭 证</td></tr>
<tr><td colspan="6" align="center">年　　月　　日</td></tr>
<tr><td colspan="6">编号：
附件　　张</td></tr>
<tr><td>摘　要</td><td>一级科目</td><td>二级或明细科目</td><td>√</td><td>借方金额</td><td>贷方金额</td></tr>
<tr><td></td><td></td><td></td><td></td><td></td><td></td></tr>
<tr><td></td><td></td><td></td><td></td><td></td><td></td></tr>
<tr><td></td><td></td><td></td><td></td><td></td><td></td></tr>
<tr><td></td><td></td><td></td><td></td><td></td><td></td></tr>
<tr><td>合　　计</td><td></td><td></td><td></td><td></td><td></td></tr>
<tr><td>会计主管</td><td>记账</td><td>审核</td><td colspan="2">出纳</td><td>制单</td></tr>
</table>

【实训题二】

12月17日，财务部收到开户银行转来的托收凭证第五联付款通知以及增值税专用发票一张，该款项是公司前几天采购真丝衣料应付的货款，货已入库。

2500023510	江苏增值税专用发票					No 00254330		
						开票日期：20××年12月15日		
购货单位	名　称：上海辰林服装有限公司 纳税人识别号：3101075214１×××× 地址、电话：上海市大林路366号 021-64563××× 开户行及账号：工行上海市大林路支行10012354627000××××					密码区	(略)	
货物或应税劳务名称	规格型号	单位	数量	单价	金　额		税率	税　额
真丝衣料		米	1 500.00	45.00	67 500.00		17%	11 475.00
合　　计					¥67 500.00			¥11 475.00
价税合计（大写）	柒万捌仟玖佰柒拾伍元整					(小写) ¥78 975.00		
销货单位	名　称：江苏省苏州市真林丝绸公司 纳税人识别号：22100747541××× 地址、电话：苏州市城南路520号 0512-42336××× 开户行及账号：建行苏州市城南支行2101506002389××××					备注		
收款人：		复核：		开票人：汪东林		销货单位：(章)		

委托收款凭证（付款通知） 5

委托号码

委托日期 20××年12月16日　　　付款期限 20××年12月20日

付款人	全称	上海辰林服装有限公司	收款人	全称	江苏省苏州市真林丝绸公司
	账号或地址	1001234627000××××		账号	210150600 2389××××
	开户银行	工行上海市大林路支行		开户银行	建行苏州市城南支行

委收金额	人民币（大写）	柒万捌仟玖佰柒拾伍元整	千	百	十	万	千	百	拾	元	角	分
					¥	7	8	9	7	5	0	0

款项内容	货款	委托收款凭据名称	增值税专用发票	附寄单据张数	1张

备注：电划

款项收妥日期　　年　月　日　　收款人开户银行盖章　　月　日

单位主管　　会计　　复核　　记账　　付款人开户银行收到日期　　年　月　日

收料单

20××年12月17日　　　收字第　　号

供应者：苏州市真林丝绸公司　　发票号：00254330　　收到日期：20××年12月17日

编号	材料名称	规格	送验数量	实收数量	单位	单价	金额 千 百 十 万 千 百 十 元 角 分
	真丝衣料		1 500	1 500	米	45.00	6 7 5 0 0 0 0
备注				验收人：陈涛		合计	¥ 6 7 5 0 0 0 0

会计　　出纳 白雪　　复核　　记账　　制单 朱小伟

要求：出纳员根据业务要求办理付款手续。

应知：出纳员接到这些文件和凭证后应该如何操作？（写出操作步骤）

应会：出纳员进行账务处理。

记账凭证

摘 要	一级科目	二级或明细科目	✓	借方金额	贷方金额
合 计					

编号：
年 月 日   附件   张

会计主管   记账   审核   出纳   制单

【实训题三】

12月20日，财务部收到开户银行转来的收账通知，收到福建省福州市欣欣百货商场汇来的托收款项。（注意：请根据[实训题一]中计算的托收款金额数填写该收账通知的金额数）

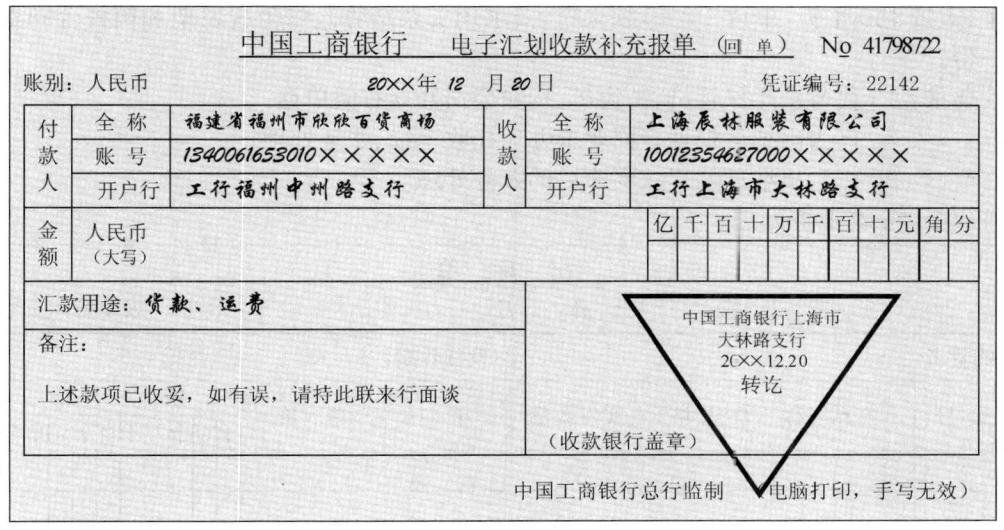

要求：出纳员根据业务要求办理收款手续。

应知：出纳员接到这些文件和凭证后应该如何操作。（写出操作步骤）

应会：进行账务处理。

记账凭证					编号：
年 月 日					附件　　张
摘　要	一级科目	二级或明细科目	√	借方金额	贷方金额
合　计					
会计主管　　　　记账　　　　审核　　　　出纳　　　　制单					

【实训题四】

12月25日，销售部销售员交来一套销售产品的文件和凭证，销售一批产品到安徽省合肥市百盛商贸公司，销货合同规定货发出后用托收方式支付货款。

合同销售产品：男式西装100套，每套单价420元

购货单位地址：合肥市红河路200号 0551-52264×××

开户行及账号：中行红河路分支行 22100436745001-××××

销售员交来销售文件和凭证有：产品出仓单、环球运输公司运费发票（运输里程700公里，重量150千克，单价10元，款未付，要求用支票结算）、增值税发票和销售合同副本各一份。

要求：1. 代替仓库保管员、销售员、运输公司开立有关单据。

2. 作为出纳员根据合同要求办理托收手续、账务处理。

3. 作为出纳员等货款到账后的账务处理。

应会：全套业务处理。

出　库　单							
年　月　日							发字第　号
购货者：				发货日期：			
编号	产品名称	规格	实发数量	单位	单价	金　　　额	
						千百十万千百十元角分	
备注			发货人：		合　计		
会计　　　　出纳　　　　复核　　　　记账　　　　制单							

任务八 委托收款结算业务练习

上海增值税专用发票 No 00824412

3100072251　　　　　　　　　　　　　　　开票日期　年　月　日

购货单位	名　　称： 纳税人识别号： 地址、电话： 开户行及账号：					密码区		
货物或应税劳务名称	规格型号	单位	数量	单价	金额		税率	税额
							17%	
合　计								
价税合计(大写)					(小写)¥			
销货单位	名　　称： 纳税人识别号： 地址、电话： 开户行及账号：					备注		

收款人：　　　　复核：　　　　开票人：　　　　销货单位：(章)

货物运输业增值税专用发票 No 00581×××

3101103×××　　　　　　　　　　　　　　　开票日期：

承运人及 纳税人识别码			密码区	(略)	
实际受票方及 纳税人识别码					
收货人及 纳税人识别码			发货人及 纳税人识别码		
起运地、经由、到达地					
费用项目 及金额	费用项目 运费	金额	费用项目	金额	运输货物 信息
合计金额	¥	税率 11%	税额	¥	机器编号 4236
价税合计(大写)	人民币			(小写)¥	
车种车号		车船吨位			备注
主管税务机关及代码	上海市税务局闵行区税务所 231098831××××				

收款人：×××　　复核：×××　　开票人：陈维　　承运人：(章)

第一联：记账联　销货方记账凭证

中国工商银行转账支票

中国工商银行 转账支票存根（ ）		
IX II 04158667		
附加信息		
_____		
_____		
出票日期　年　月　日		
收款人：		
金　额：		
用　途：		
单位主管　　　会计		

中国工商银行　转账支票（　）IX II 04158667

本支票付款期限十天

出票日期(大写)　年　月　日　　付款行名称：
收款人：　　　　　　　　　　　出票人账号：

人民币(大写)　　　　　亿千百十万千百十元角分

用途：
上列款项请从
我账户内支付
出票人签章　　　　　　　　　复核　　记账

委托收款凭证（回单）　1　委托号码

委托日期　年　月　日

付款人	全　称		收款人	全　称	
	账号或地址			账　号	
	开户银行			开户银行	

委托金额	人民币（大写）		千百十万千百十元角分

款项内容		委托收款凭据名称		附寄单据张数	

备注：
电划

款项收妥日期　年　月　日　　收款人开户银行盖章　月　日

单位主管　　　会计　　　复核　　　记账

中国工商银行
邮电费、手续费、空白凭证收费单

单位名称： 账号： 年 月 日

收 取 费 用				购 买 凭 证		
结算种类	笔数	类别	金额	名 称	数量	金额
托收承付及委托收款	邮划笔电	手续费				
汇 兑	邮划笔电	邮费				
银行汇票	笔	电费				
支 票	转现笔	附言加费				
				合 计		

人民币(大写)：

付款单位
(经手人)签章　　　　　　　　　　收款银行签章

记 账 凭 证

编号：

年 月 日　　　　　　　附件　　张

摘 要	一级科目	二级或明细科目	✓	借方金额	贷方金额
合 计					

会计主管　　　　记账　　　　审核　　　　出纳　　　　制单

记 账 凭 证

编号：　　　　　　
年　月　日　　　附件　张

摘　要	一级科目	二级或明细科目	√	借方金额	贷方金额
合　计					

会计主管　　　　　记账　　　　　审核　　　　　出纳　　　　　制单

中国工商银行电子汇划收款补充报单（回单）　　No 41798722

账别：人民币　　　　　　　年　月　日　　　凭证编码：

付款人	全　称		收款人	全　称	
	账　号			账　号	
	开户行			开户行	

金额	人民币（大写）	亿	千	百	十	万	千	百	十	元	角	分

汇款用途：

备注：

上述款项已收妥，如有误，请持此联来行面谈　　　　（收款银行盖章）

中国工商银行总行监制（电脑打印，手写无效）

记 账 凭 证

编号：　　　　　　
年　月　日　　　附件　张

摘　要	一级科目	二级或明细科目	√	借方金额	贷方金额
合　计					

会计主管　　　　　记账　　　　　审核　　　　　出纳　　　　　制单

任务九　托收承付结算业务练习

一、选择题

1. 办理托收承付结算的款项是由于(　　)。
   A. 商品交易　　　　　　　　　B. 代销
   C. 寄销　　　　　　　　　　　D. 因商品交易而产生的劳务供应
2. 托收承付可以用于(　　)。
   A. 同城结算　　　　　　　　　B. 国际结算
   C. 异地结算　　　　　　　　　D. 以上都可以
3. 办理托收承付结算时必须持有(　　)。
   A. 装箱单据　　　　　　　　　B. 购销合同
   C. 运输部门签发的运输单据　　D. 以上都需要
4. 使用托收承付结算方式的收、付款单位必须是(　　)。
   A. 国有企业
   B. 供销合作社
   C. 个体经营者
   D. 经营管理较好并经开户银行审查同意的城乡集体所有制工业企业
5. 托收承付的每笔起点金额是(　　)元。
   A. 5 000　　　　　　　　　　B. 10 000
   C. 20 000　　　　　　　　　 D. 50 000
6. 托收承付结算中付款人验单付款的承付期为(　　)天。
   A. 1　　　　　　　　　　　　B. 3
   C. 5　　　　　　　　　　　　D. 10
7. 托收承付结算中付款人验货付款的承付期为(　　)天。
   A. 1　　　　　　　　　　　　B. 3
   C. 5　　　　　　　　　　　　D. 10

二、判断题

1. 托收承付是根据购销业务由收款人委托银行向付款人收取款项,由付款人向银行付款的结算方式。（ ）
2. 托收承付仅用于异地结算。（ ）
3. 托收承付的双方如各累计有3次收不回货款或拒付货款的,银行将不予办理该项结算业务。（ ）
4. 新华书店系统托收承付每笔的金额起点为1 000元。（ ）
5. 托收承付结算中付款人在承付期内未向银行表示付款,银行将视作拒绝承付。（ ）
6. 托收承付结算中付款人承付货款有验单付款和验货付款两种,由收付双方在合同中明确规定。（ ）
7. 托收承付结算中收款企业出纳员收到款项时,根据银行的收账通知或电划贷方补充报单,借记"银行存款"账户,贷记"应收账款"账户。（ ）

三、问答题

1. 简述托收承付结算方式适用的范围。
2. 根据我国《票据法》规定,出纳员签发托收承付凭证时必须记载的事项有哪些？如有欠缺会产生什么后果？
3. 托收承付结算中付款人在承付期内,因为哪些情况可向银行提出全部或部分拒绝付款？
4. 简述托收承付结算方式中双方出纳员办理托收承付业务的操作要求。
5. 请比较托收承付与委托收款两种结算方式的区别。

四、实训操作题

【实训题一】

20××年12月19日,销售部销售员交来产品出库单一张,托运发票一份,增值税专用发票一张,销售合同副本一份。合同表明,公司12月18日销售一批产品到山东省青岛市崂山服装公司,货物已发运(运费未付),合同规定货发运后货款用托收承付结算货款。

要求：出纳员根据合同要求办理托收手续。

应知：出纳员接到这些文件和凭证后应该如何操作？（写出操作步骤）

出 库 单

20××年12月18日　　　　　　　　发字第　　号

购货者：	山东省青岛崂山服装公司			发货日期：20××年12月18日									
编号	产品名称	规格	实发数量	单位	单价	千	百	十	万	千	百	十	元	角	分
	全毛女式风衣		300	件	360.00			1	0	8	0	0	0	0	0
备注				发货人：陈涛	合计	¥		1	0	8	0	0	0	0	0

会计　　　　出纳　　　　复核　　　　记账　　　　制单 朱小伟

3100072288　　　　　上海增值税专用发票　　No 00824462

开票日期：20××年12月18日

购货单位	名　　称：山东省青岛市崂山服装公司 纳税人识别号：24511469027××× 地址、电话：青岛市环岛东路68号 0532-82354××× 开户行及账号：工行青岛海滨区支行 2102005423010××××	密码区	（略）

货物或应税劳务名称	规格型号	单位	数量	单价	金　额	税率	税　额
全毛女式风衣		件	300	360.00	108 000.00	17%	18 360.00
合　计					¥108 000.00		¥18 360.00
价税合计（大写）	壹拾贰万陆仟叁佰陆拾元整					（小写） ¥126 360.00

销货单位	名　　称：上海辰林服装有限公司 纳税人识别号：31010752141××× 地址、电话：上海市卢湾区大兴路366号 021-64563××× 开户行及账号：工行上海市大林路支行 1001234627000××××	备注	

收款人：　　　　复核：　　　　开票人：　　　　销货单位：（章）

3101103×××		货物运输业增值税专用发票			No 00688×××	
					开票日期：20××年12月18日	
承运人及 纳税人识别码	上海环球运输有限公司 31022454618××××		密 码 区	（略）		
实际受票方及 纳税人识别码	山东省青岛市崂山服装公司 245114690270××××					
收货人及 纳税人识别码	山东省青岛市崂山服装公司 245114690270××××		发货人及 纳税人识别码	上海辰林服装有限公司 3101075214××××		
起运地、经由、到达地		上海黄浦区—山东省青岛市				
费用项目 及金额	费用项目 运费	金额 2 928.00	费用项目	金额	运输货物 信息	服装
合计金额	¥2 928.00	税率	11%	税额	¥322.00	机器编号	4234
价税合计（大写）		人民币叁仟贰佰伍拾元整		（小写）¥3 250.00		
车种车号			车船吨位		备注	
主管税务机关及代码		上海市税务局闵行区税务所 231098831××××				
收款人：***		复核：***		开票人：陈维	承运人：	

第一联：记账联 销货方记账凭证

应会：出纳员操作过程中需要开出支票一张支付运费。

填制托收承付凭证一份。

取得银行出具的手续费收费单。（代填）

进行账务处理。

托收承付凭证（回单） 1 委托号码

			委托日期		年 月 日											
付款人	全 称			收款人	全 称											
	账号或地址				账 号											
	开户银行				开户银行											
托收金额	人民币 （大写）						千	百	十	万	千	百	十	元	角	分
	附 件			商品发运情况			合同名称号码									
附寄单证 张数或册数																
备注：	电 划			款项收妥日期 年 月 日			收款人开户银行盖章 月 日									
单位主管		会计		复核			记账									

中国工商银行
邮电费、手续费、空白凭证收费单

单位名称： 账号： 年 月 日

收 取 费 用				购 买 凭 证		
结算种类	笔 数	类 别	金 额	名 称	数 量	金 额
托收承付及委托收款	邮划笔电	手续费				
汇 兑	邮划笔电	邮 费				
银行汇票	笔	电 费				
支 票	转现笔	附言加费				
			合 计			

人民币(大写)：

付款单位
(经手人)签章　　　　　　　　　　收款银行签章

中国工商银行
转账支票存根 (　　)
Ⅸ Ⅱ 04158677
附加信息
_____
_____
出票日期　年 月 日
收款人：
金　额：
用　途：
单位主管　　　会计

本支票付款期限十天

中国工商银行　转账支票 (　　) Ⅸ Ⅱ 04158677

出票日期(大写)　年 月 日　　付款行名称：
收款人：　　　　　　　　　　出票人账号：

人民币(大写)	亿	千	百	十	万	千	百	十	元	角	分

用途
上列款项请从
我账户内支付
出票人签章　　　　　　　　复核　　　记账

记 账 凭 证

编号：
年　月　日　　　　　　　　　　　　附件　张

摘　要	一级科目	二级或明细科目	√	借方金额	贷方金额
合　计					

会计主管　　　记账　　　审核　　　出纳　　　制单

记 账 凭 证

编号：
年　月　日　　　　　　　　　　　　附件　张

摘　要	一级科目	二级或明细科目	√	借方金额	贷方金额
合　计					

会计主管　　　记账　　　审核　　　出纳　　　制单

【实训题二】

12月23日，财务部收到开户银行转来的托收承付第五联付款通知以及增值税专用发票一张，运输费单据一张。该款项是公司12月17日采购化纤面料应付的货款，货已入库。经联系，采购部送来采购合同副本一份，仓库送来货物收料单一份。

收 料 单

20××年12月23日　　　　收字第　　号

供应者: 浙江省宏兴纺织品有限公司	发票号: 10822872	收到日期: 20××年12月23日				
编号	材料名称	规格	送验数量	实收数量	单位	单价	金额（千百十万千百十元角分）

编号	材料名称	规格	送验数量	实收数量	单位	单价	千	百	十	万	千	百	十	元	角	分
	化纤面料		80	80	匹	1 000.00				8	0	0	0	0	0	0
备注			验收人: 陈涛		合计	¥				8	0	0	0	0	0	0

会计　　　　出纳　　　　复核　　　　记账　　　　制单 朱小伟

2130072756　　　　浙江增值税专用发票　　　　No 10822872

（浙江省　发票专用章）

开票日期: 20××年12月19日

购货单位	名　　　称: 上海辰林服装有限公司	密码区
	纳税人识别号: 31010752141××××	
	地址、电话: 上海市户湾区大林路366号 021-64563×××	
	开户行及账号: 工行上海市大林支行 10012354627000×××××	

货物或应税劳务名称	规格型号	单位	数量	单价	金额	税率	税额
化纤面料		匹	80	1 000.00	80 000.00	17%	13 600.00
合　计					¥80 000.00		¥13 600.00

价税合计（大写）　玖万叁仟陆佰元整　　（小写）¥93 600.00

销货单位	名　　　称: 浙江省宏兴纺织品有限公司	备注
	纳税人识别号: 44010658735×××	
	地址、电话: 浙江省宁波市镇海路68号 0547-53742×××	
	开户行及账号: 建行宁波市中南分理处 3410025023454×××××	

收款人:　　　　复核:　　　　开票人:　　　　销货单位:（章）

货物运输业增值税专用发票

5101109×××　　　　　　　　　　　　　　　No 00883×××
开票日期：20××年12月19日

承运人及纳税人识别码	浙江宁波欣欣运输公司 24530017864××××	密码区	（略）	
实际受票方及纳税人识别码	上海辰林服装有限公司 31010752141××××			
收货人及纳税人识别码	上海辰林服装有限公司 31010752141××××	发货人及纳说人识别码	浙江省宏兴纺织品有限公司 44010658735××××	
起运地、经由、到达地	浙江省宁波市——上海市黄浦区			
费用项目及金额	费用项目 运费　金额 2 162.00	费用项目　金额	运输货物信息	化纤面料
合计金额	￥2 162.00　税率 11%	税额 ￥238.00	机器编号	7234
价税合计（大写）	人民币贰仟肆佰元整　（小写）￥2 400.00			
车种车号		车船吨位		
主管税务机关及代码	上海市税务局闵行区税务所 231098831××××		备注	5102255617
收款人：***　复核：***　开票人：陈维　　承运人：（章）				

第一联：记账联　销货方记账凭证

托 收 承 付 凭证（回单）　　5　委托号码

委托日期　20××年12月19日

承付期限
到期　20××年12月28日

付款人	全称	上海辰林服装有限公司	收款人	全称	浙江省宏兴纺织品有限公司
	账号或地址	10012354627000×××××		账号	3410025023454×××××
	开户银行	工行上海市大林路支行		开户银行	建行宁波市中南分理处

行号

托收金额（大写）　人民币玖万陆仟元整　　￥960000 00

附件	商品发运情况	合同名称号码
附寄单证张数或册数　发票、运输发票 2张	已发运	购货合同 CL071×××

备注：电划

付款人注意：
1. 根据支付结算办法规定，上列托收款项，如果超过承付期限并未作拒付时，即视同全部承付。如系全额支付即以此联代付款通知；如遇延期或部分支付时，再由银行另送延付或部分支付的付款通知。
2. 如需提前承付或多承付时，应另写书面通知送银行办理。
3. 如系全部或部分拒付，应在承付期限内另填拒绝承付理由书送银行办理。

单位主管　　会计　　复核　　记账

要求：出纳员根据合同要求办理托收手续。

应知：出纳员接到这些文件和凭证后应该如何操作？（写出操作步骤）

应会：出纳员进行账务处理。

记 账 凭 证						编号：
年 月 日						附件 张
摘 要	一级科目	二级或明细科目	✓	借方金额	贷方金额	
合 计						
会计主管		记账	审核	出纳	制单	

【实训题三】

12月25日，银行转来青岛崂山服装公司购货款项的收账通知。

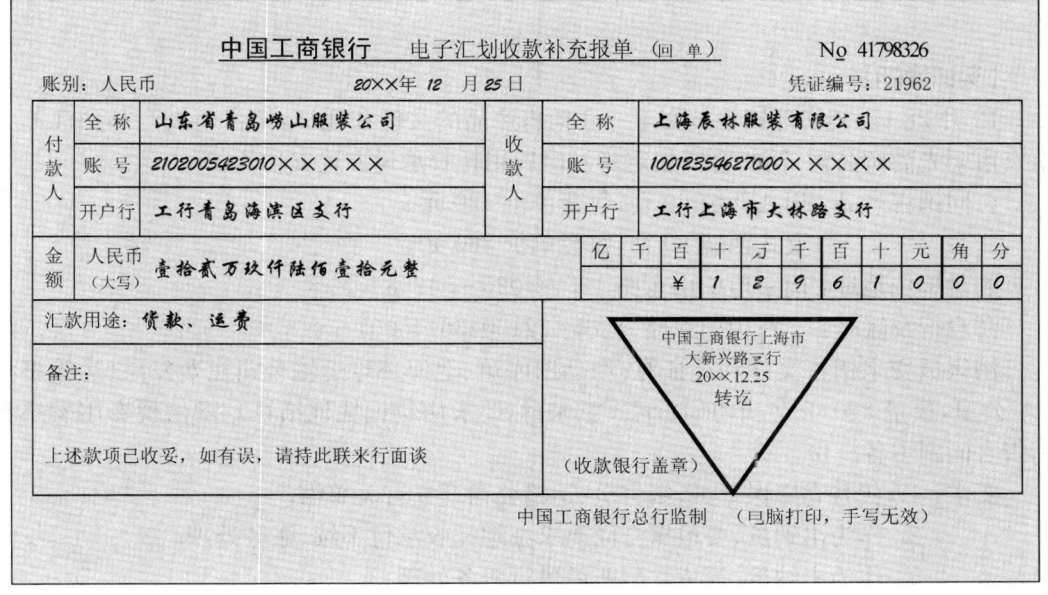

要求：出纳员根据业务要求操作。

应知：出纳员接到凭证后应该如何操作？（写出操作步骤）

应会：出纳员进行账务处理。

摘要	一级科目	二级或明细科目	√	借方金额	贷方金额
合计					

记账凭证　　　　编号：
年　月　日　　　附件　张

会计主管　　　记账　　　审核　　　出纳　　　制单

【实训题四】

12月28日，销售部销售员交来一套销售产品的文件和凭证，销售一批产品到江苏省南京市阳光商贸公司，销货合同规定货发出后用托收承付方式支付货款。

合同销售产品：男式西装60套，每套单价420元。
　　　　　　　女式西装80套，每套单价360元。

购货单位地址：南京市中山东路165号 025-54208×××

开户行及账号：工行中山东路分支行 22100436745001-××××

销售员交来销售文件和凭证有：产品出库单、上海环球运输公司运费发票（运输里程800公里，重量280千克，单价12元。款未付，要求用贷记凭证结算）、增值税专用发票和销售合同副本各一份。

要求：1. 代替仓库保管员、销售员、运输公司开立有关单据。
　　　2. 作为出纳员，要根据合同要求办理托收承付手续、账务处理。
　　　3. 作为出纳员，等货款到账后进行账务处理。

应会：全套业务处理。

出　库　单

年　月　日　　　　　　　　　发字第　号

购货者：				发货日期：				
编号	产品名称	规格	实发数量	单位	单价	金　　额		
						千百十万千百十元角分		
备注				发货人：		合计		

会计　　　　出纳　　　　复核　　　　记账　　　　制单

3100072251	上海增值税专用发票	N<u>o</u> 00824423

购货单位	名　　　称：				密码区	开票日期　年　月　日	
	纳税人识别号：						
	地　址、电话：						
	开户行及账号：						
货物或应税劳务名称	规格型号	单位	数量	单价	金额	税率 *17%*	税额
合　计							
价税合计（大写）					（小写）		
销货单位	名　　　称：				备注		
	纳税人识别号：						
	地　址、电话：						
	开户行及账号：						

收款人：　　　　复核：　　　　开票人：　　　　销货单位：（章）

货物运输业增值税专用发票

3101103×××   货物运输业增值税专用发票   No 00581×××

（财政局发票监制章）
（国家税务局监制）

开票日期：

承运人及纳税人识别码		密码区	（略）
实际受票方及纳税人识别码			
收货人及纳税人识别码		发货人及纳税人识别码	
起运地、经由、到达地			
费用项目及金额	费用项目 运费	金额	费用项目 金额 运输货物信息
合计金额 ￥		税率 11% 税额 ￥	机器编号 4236
价税合计（大写）	人民币		（小写）￥
车种车号		车船吨位	备注
主管税务机关及代码	上海市税务局闵行区税务所 231098831××××		

收款人：***   复核：***   开票人：陈维   承运人：（章）

（上海市交通运输有限公司 3102245618 发票专用章）

第一联：记账联 销货方记账凭证

贷记凭证（回单联） AD325452

签发日期： 年 月 日   2

付款人	金额	
	账号	
	开户银行	

收款人	金额	
	账号	
	开户银行	

用途：

收款人开户行签章

工商银行上海市分行 贷记凭证   凭证号码 **AD 325452**

签发日期（大写）： 年 月 日   1

付款人	金额		收款人	金额	
	账号			账号	
	开户银行			开户银行	

人民币（大写）   千 百 十 万 千 百 十 元 角 分

备注：   转账日期 年 月 日

复核   记账

托收承付凭证（回单）　1　委托号码

委托日期　年　月　日

付款人	全称		收款人	全称		
	账号或地址			账号		
	开户银行			开户银行		行号

托收金额	人民币（大写）		千百十万千百十元角分

附件	商品发运情况	合同名称号码
附寄单证张数或册数		

备注：电　划	款项收妥日期　年　月　日　收款人开户银行盖章　月　日

单位主管　　　　会计　　　　复核　　　　记账

中国工商银行
邮电费、手续费、空白凭证收费单

单位名称：　　　账号：　　　年　月　日

结算种类	收取费用				购买凭证		
	笔数	类别	金额		名称	数量	金额
托收承付及委托收款	邮划电　笔	手续费					
汇兑	邮划电　笔	邮费					
银行汇票	笔	电费					
支票	转现　笔	附言加费					
			合　计				

人民币（大写）：

付款单位（经手人）签章	收款银行签章

记 账 凭 证

编号：　　　　
年　月　日　　　　　附件　张

摘　要	一级科目	二级或明细科目	√	借方金额	贷方金额
合　计					

会计主管　　　　记账　　　　审核　　　　出纳　　　　制单

记 账 凭 证

编号：　　　　
年　月　日　　　　　附件　张

摘　要	一级科目	二级或明细科目	√	借方金额	贷方金额
合　计					

会计主管　　　　记账　　　　审核　　　　出纳　　　　制单

中国工商银行电子汇划收款补充报单（回单）　　No 41798722

账别：人民币　　　　　　　　年　月　日　　　　　　凭证编号：

付款人	全　称		收款人	全　称	
	账　号			账　号	
	开户行			开户行	

金额	人民币（大写）	亿	千	百	十	万	千	百	十	元	角	分

汇款用途：
备注：
上述款项已收妥,如有误,请持此联来行面谈　　　　　（收款银行盖章）

中国工商银行总行监制（电脑打印,手写无效）

摘　　要	一级科目	二级或明细科目	✓	借方金额	贷方金额
合　　计					

记　账　凭　证

年　　月　　日

编号：
附件　　张

会计主管　　　　记账　　　　审核　　　　出纳　　　　制单

任务十　银行存款日记账的设置与登记练习

一、选择题

1. 按照存款人的不同,银行结算账户可分为(　　)。
   A. 单位银行结算账户　　　　　　B. 个人银行结算账户
   C. 现金结算账户　　　　　　　　D. 转账结算账户
2. 单位银行结算账户按用途可分为(　　)。
   A. 基本存款账户　　　　　　　　B. 一般存款账户
   C. 专用存款账户　　　　　　　　D. 临时存款账户
3. 银行结算账户中企业单位的主办账户是(　　)。
   A. 基本存款账户　　　　　　　　B. 一般存款账户
   C. 专用存款账户　　　　　　　　D. 临时存款账户
4. 出纳报告单上的"本期结存"数必须与(　　)实际结存数一致。
   A. 银行存款日记账　　　　　　　B. 银行存款总账
   C. 库存现金日记账　　　　　　　D. 库存现金总账

二、判断题

1. 人民币银行结算账户是指银行为存款人开立的用于办理现金存取、转账结算等资金收付活动的人民币活期存款账户。　　　　　　　　　　　　　　　　(　　)
2. 单位日常经营活动的资金收付及工资、奖金和日常现金的支取,必须通过一般存款账户办理。　　　　　　　　　　　　　　　　　　　　　　　　　　(　　)
3. 每个单位在银行开立的基本存款账户数应该根据业务量决定。　　(　　)
4. 出纳报告单的报告期一般与本单位总账会计汇总记账的周期相一致。(　　)
5. 定期编制出纳报告单是为了确保企业有关领导能及时掌握本单位的资金状况。(　　)

三、问答题

1. 银行存款日记账与库存现金日记账有什么不同?

2. 出纳员登记银行存款日记账的要求有哪些?
3. 简述出纳报告单的编制方法。

四、实训操作题

【实训题一】

根据上海辰林服装有限公司20××年12月发生的有关业务登记银行存款日记账。

要求:出纳员按照银行存款日记账登记的规则进行操作。

应会:按照业务发生的日期顺序逐笔登记,月底结账。

银行存款日记账

第××页

20××年		凭证		摘 要	结算凭证		对应科目	收入(借方)金额	付出(贷方)金额	结 余金 额
月	日	种类	编号		种类	编号				
12	1			上月结余						557 844.20

银行存款日记账

第××页

20××年		凭证		摘要	结算凭证		对应科目	收入(借方) 金额	付出(贷方) 金额	结余 金额
月	日	种类	编号		种类	编号				

银行存款日记账

第××页

20××年		凭证		摘要	结算凭证		对应科目	收入(借方)金额	付出(贷方)金额	结余金额
月	日	种类	编号		种类	编号				

任务十一 其他相关业务练习

一、选择题

1. 企业"银行存款日记账"与"银行存款对账单"核对时，发生不一致的原因有（　　）。
   A. 企业账目记录有差错　　　　B. 有"未达账项"
   C. 银行账目记录有差错　　　　D. 以上都有可能
2. 出纳归档资料主要有（　　）。
   A. 各种原始凭证和记账凭证
   B. 库存现金、银行存款的日记账和总账
   C. 作为收、付款依据的各种经济合同、文件
   D. 有价证券明细分类账
3. 出纳工作交接时要填制的移交表有（　　）。
   A. 银行存款移交表　　　　　　B. 库存现金移交表
   C. 核算资料移交表　　　　　　D. 有价证券、贵重物品移交表

二、判断题

1. 银行存款日记账的核对中"账账相符"是指银行存款日记账与银行开出的银行存款对账单相一致。（　　）
2. 各种会计档案是企业经营管理的重要资料，一般都需要永久保管。（　　）
3. 原出纳员移交工作后就可以对其原工作期间的出纳会计资料不负责任了。（　　）

三、问答题

1. 出纳员应如何进行库存现金日记账的核对？
2. 出纳员应如何进行银行存款日记账的核对？
3. 常用的错账更正法有哪几种？应如何操作？

4. 简述出纳凭证、出纳账簿的整理要求。
5. 简述出纳工作交接的内容。

四、实训操作题

【实训题一】

要求：将上海辰林服装有限公司 20××年 12 月的库存现金和银行存款的收支业务顺序逐笔上机输入，并形成相应的日记账；将手工登记的日记账与电算化的日记账进行核对，如发现错误，用正确的方法进行更正。

课程综合练习

一、公司基本信息

公司名称:上海绿林百货有限公司
纳税人识别号:310115826945×××
地　址:上海市浦东新区沪南公路78×号慧凯大厦13××室
电　话:021-58837×××
开户银行:工商银行东昌支行
账号:100109842423918××××
财务主管:倪丽莎　　　会计:苗艺林　　　出纳:花石楼
单位负责人:董立伟
经营范围:百货批发与零售

二、练习目的

1. 训练学生填制和审核与出纳业务相关的原始凭证的能力。
2. 训练学生熟练处理出纳业务的能力。

三、练习要求

1. 根据经济业务完善原始凭证。
2. 根据已完善的原始凭证编制记账凭证。
3. 根据相关会计凭证登记1月份库存现金日记账、银行存款日记账。
4. 月末做好库存现金日记账和银行存款日记账月度结账。

四、年初日记账余额

库存现金:1 905.40元。
银行存款:1 800 800.00元。

五、配备练习用材料

若干收、付、转记账凭证;2张活页三栏式日记账账页。

六、2015年1月上海绿林百货有限公司发生的部分业务

1. 1月1日,会计苗艺林提示出纳花石楼从银行提取现金4 000.00元,补足备用金。

中国工商银行 支票存根	中国工商银行　　支票　　Ⅸ Ⅱ 04158561
Ⅸ Ⅱ 04158561 附加信息＿＿＿＿＿ ＿＿＿＿＿＿＿＿＿ 出票日期　年　月　日 收款人：＿＿＿＿＿ 金　额：＿＿＿＿＿ 用　途：＿＿＿＿＿ 单位主管　　会计	本支票付款期限十天 出票日期(大写)　年　月　日　付款行名称：工商银行东昌支行 收款人：　　　　　　　　　　出票人账号：100109842423918×××× 人民币(大写)　　　　　　　千百十万千百十元角分 用途＿＿＿＿＿ 上列款项请从 我账户内支付 出票人签章　　　　　　　　复核　　记账

2. 1月2日,采购员桑迪提醒出纳,根据上月某采购合同货到付款的规定须支付货款50 000.00元(采购商品年底已收到,增值税发票年底随货收到),销货单位为上海灵通贸易股份有限公司,出纳签发支票交桑迪。

中国工商银行 支票存根	中国工商银行　　支票　　Ⅸ Ⅱ 04158562
Ⅸ Ⅱ 04158562 附加信息＿＿＿＿＿ ＿＿＿＿＿＿＿＿＿ 出票日期　年　月　日 收款人：＿＿＿＿＿ 金　额：＿＿＿＿＿ 用　途：＿＿＿＿＿ 单位主管　　会计	本支票付款期限十天 出票日期(大写)　年　月　日　付款行名称：工商银行东昌支行 收款人：　　　　　　　　　　出票人账号：100109842423918×××× 人民币(大写)　　　　　　　千百十万千百十元角分 用途＿＿＿＿＿ 上列款项请从 我账户内支付 出票人签章　　　　　　　　复核　　记账

3. 1月3日,采购经理吴凯利指派采购员桑迪前往上海九州百货有限公司购买商品,

由出纳向银行申请面值 50 000.00 元的银行本票一张,银行同时收取手续费用 10.50 元。

银行本票请领单
年　月　日

收款人		开户银行	工行上海徐汇支行	账号	28764545447388××××
汇款用途					
票据金额	人民币(大写)			¥	
单位领导:		部门负责人:		申请人:	

中国工商银行上海市分行

本票申请书(存根)　①　No:040372

申请日期　　年　月　日

收款人_____　　本票号码_____

本票金额人民币_____　　代理付款行_____
　　　(大写)

备注:　　　　　　　　　　　　　申请人名称_____

　　　　　　　　　　　　　　　　申请人账号_____

此联申请人留存

付款期限
贰个月

中国工商银行　　　　　IU64893920

本票　　　　　　　2

出票日期　　年　月　日
　(大写)

收款人:		申请人:	
凭票即付人民币(大写)			
转账	现金		
备注:			

出票行签章　　　出纳　复核　经办

中国工商银行
邮电费、手续费、空白凭证收费单

单位名称：　　　　　　账号：　　　　　　　　　　　　　　年　月　日

收取费用				购买凭证		
结算种类	笔　数	类　别	金　额	名　称	数　量	金　额
托收承付及委托收款	邮划电　笔	手续费				
汇　兑	邮划电　笔	邮　费				
银行汇票	笔	电　费				
支　票	转现　笔	附言加费				
银行本票						
合　计				合　计		

人民币(大写)：

付款单位(经手人)签章	收款银行签章

4. 1月3日,业务人员王勤因业务需要前往北京出差,暂借差旅费3 000.00元,预计借款期限10天,出纳员以现金支付。

暂　支　单

年　月　日　　编号：

受款人	
暂支事由	
金　额	￥
预计归还日期	科目

财务主管	记账	出纳	部门主管	制单	受款人签字

5. 1月4日,单位负责人董立伟审批同意,向中国工商银行北京市西直门分理处本公司的采购专户汇出 100 000.00 元,用于王勤出差购买商品。由出纳员办理汇出手续。

中国工商银行电汇凭证（回单）			1	
□普通　□加急		委托日期　　年　月　日		
汇款人	全称		收款人	全称	
	账号			账号	103077339035123××××
	汇出地点	省　　　　市/县		汇入地点	省　　　　市/县
汇出行名称			汇入行名称	工行北京市西直门分理处
金额	人民币（大写）		亿千百十万千百十元角分	
			支付密码	
			附加信息及用途	
	汇出行签章		复核　　记账	

6. 1月5日,收到银行转来的收账通知,系2014年12月30日向银行办理的托收承付款 200 000.00 元到账。

托收承付（收账通知）				4	
委托日期　2014年12月30日			承付期限 到期 2015年1月8日		
付款人	全称	汕头香玉百货股份有限公司	收款人	全称	上海绿林百货有限公司
	账号或地址	100124238759222××××		账号	100109842423918××××
	开户银行	工商银行香玉支行		开户银行	工商银行东昌支行　行号
托收金额	人民币（大写）贰拾万元整			千百十万千百拾元角分 ￥200000000	
附件		商品发运情况		合同名称号码	
附寄单证张数或册数	销货发票1张 运输发票1张	已发运		购货合同DD309981	
备注： 电划	付款人注意： 1. 根据支付结算办法规定,上列托收款项,如果超过承付期限并未作拒付时,即视同全部承付。如系全额支付即以此联代付款通知;如遇延付或部分支付时,再由银行另送延付或部分支付的付款通知。 2. 如需提前承付或多承付时,应另写书面通知送银行办理。 3. 如系全部或部分拒付,应再承付期限内另填拒绝承付理由书送银行办理。				
单位主管　　　会计　　　复核　　　记账					

7. 1月6日,采购员吴毅强将申请的银行本票交给上海九州百货有限公司,购货发票随货物一同发出,商品在运输途中。(上海绿林百货有限公司库存商品采用实际成本核算)

8. 1月8日,收到上海九州百货有限公司发来的商品及发票。同时签发一张补付货款的转账支票交送货司机带回上海九州百货。

3667382251			上海增值税专用发票			No 08991511		
						开票日期:2015年1月6日		
购货单位	名　　称	上海绿林百货有限公司				密码区	自动生成	
	纳税人识别号	310115826945×××						
	地址、电话	沪南公路78×号慧凯大厦13××室 021-58837×××						
	开户行及账号	工商银行东昌支行:100109842423918××××						
货物或应税劳务名称	规格型号	单位	数量	单价	金额		税率	税额
德芙巧克力	M-120	箱	50	600.00	30 000.00		17%	5 100.00
德芙巧克力	L-240	箱	20	800.00	16 000.00		17%	2 720.00
合　　计					¥46 000.00			¥7 820.00
价税合计(大写)		伍万叁仟捌佰贰拾元整				(小写) ¥53 820.00		
销货单位	名　　称	上海九州百货有限公司				备注		
	纳税人识别号	310115101419×××						
	地址、电话	浦东新区牡丹路31×号 58876×××						
	开户行及账号	工商银行牡丹支行:账号10017542226334××××						
收款人:　　　　复核:秦昊　　　　开票人:宋德　　　　销货单位:(章)								

中国工商银行 支票存根	中国工商银行　　　支票　　IX II 04158563
IX II 04158563	出票日期(大写)　年　月　日　付款行名称:工商银行东昌支行
附加信息	收款人:　　　　　　　　出票人账号:100109842423918××××
_____	
_____	人民币(大写)　　　　　　　千百十万千百十元角分
出票日期　年　月　日	
收款人:	用途_____
金　额:	上列款项请从
用　途:	我账户内支付
	出票人签章　　　　　复核　　记账
单位主管　　会计	

本支票付款期限十天

9. 1月10日,收到王勤通知,在北京用采购专户购买明治奶粉,采购合同规定,规格型号：三阶段1～3岁婴儿；销售价格：每罐含税单价292.50元；数量：200罐，增值税率17%。已收到增值税专用发票。商品在运输途中。

北京增值税专用发票

6367383928　　　　　　　　　　　　　　　　　　　　No 07363538

开票日期：　　年　月　日

购货单位	名　　称：		密码区	自动生成
	纳税人识别号：			
	地址、电话：			
	开户行及账号：			

货物或应税劳务名称	规格型号	单位	数量	单价	金额	税率 17%	税额
合　计							

价税合计（大写）　　　　　　　　　　　　　　（小写）

销货单位	名　　称：北京辰林百货有限公司	备注
	纳税人识别号：11010752141×××	
	地址、电话：北京市大林路×××号	
	开户行及账号：工行北京市大林路支行；账号10302354627000×××	

收款人：　　复核：　　开票人：张菲　　销货单位：（章）

10. 1月14日，王勤回公司报销差旅费用，出纳员办理报销手续。

外埠出差费报销单

2015年 1月 14日　　编号：　　附单据 10 张

部门	采购部	姓名	王勤	事由	采购材料				
起止时间、地址					车船票飞机票	住宿费		住勤补贴		市内交通费	其他费用	
月	日	起程	月	日	到达		天	金额	天	金额		摘要	金额
1	4	上海	1	4	北京	550	7	1 400	9	450	320	其他	220
1	13	北京		12	上海	550							
合计￥					小计	1 100		1 400		450	320		220
原借支			核销			退补			共计人民币（大写）				

财务主管　　记账　　出纳　　部门主管　　出差报销人员

11. 1月19日,会计苗艺林为财务部业务人员购买财务类指导书,经主管审批同意后,出纳员办理现金报销手续。

中国科技图书公司

发票代码 231000571351

客户 上海市绿林百货有限公司
2011 年 1 月 18 日　　发票号码 26599325

类　别	册　数	金　额						
		万	千	百	十	元	角	分
企业会计准则实用指南	3本			3	0	0	0	0
会计档案管理全集	1本			1	9	3	5	0
合计人民币(大写)肆佰玖拾叁元伍角整		¥		4	9	3	5	0

12. 1月20日,仓库保管员张玲交来现金300元,系出租包装物给上海美亚股份有限公司,出纳员当即开出收据一张,请张玲转交上海美亚股份有限公司。

上海市企业单位统一收据　　08-4856824

年　月　日

交款单位＿＿＿＿＿＿＿＿＿＿＿＿＿＿＿＿

人民币(大写)＿＿＿＿＿＿＿＿＿＿＿＿　　¥＿＿＿＿＿＿

系付＿＿＿＿＿＿＿＿＿＿＿＿＿＿＿＿＿

现金	
支票	

收款单位(盖章有效)　　财务＿＿＿＿＿＿　　经手人＿＿＿＿＿＿

13. 1月20日,销售鼎丰牛肉干大颗粒装100包,收到现金3 510.00元,出具增值税专用发票。购货公司名称:上海浦丝贸易有限责任公司;纳税人识别号:310107654813

×××;地址:上海市普陀区怒江北路598号;电话:021-658845××;开户银行:农业银行普陀支行;账号:03-095815××××4568。

6367385211	上海增值税专用发票	No 07363732
		开票日期: 年 月 日

购货单位	名　　　称：		密码区	自动生成
	纳税人识别号：			
	地　址、电话：			
	开户行及账号：			

货物或应税劳务名称	规格型号	单位	数量	单价	金　额	税率	税　额
合　　计							
价税合计（大写）				（小写）			

销货单位	名　　　称：		备注
	纳税人识别号：		
	地　址、电话：		
	开户行及账号：		

收款人： 　　复核： 　　开票人： 　　销货单位：（章）

14. 出纳员将销售收到的现金于当日送存银行。(币种:100元33张,50元4张,10元1张)

中国工商银行现金缴款单(回单) ①

年　月　日

收款单位	全称			款项来源	
	账号		开户银行	交款单位	

人民币(大写)					千	百	十	万	千	百	十	元	角	分

辅币	券别	五角	贰角	壹角	五分	贰分	壹分	收款员	
	张数							收讫	
								复核员	

主币	券别	壹佰元	伍拾元	贰拾	拾元	伍元	贰元	壹元
	张数							

15. 1月25日,收到开户银行进账单及转来支票一张,金额30 000元,为上海美玲百货公司支付的上月货款。

中国工商银行　　转账支票( )　Ⅳ Ⅱ 01388579

出票日期(大写)　　年　月　日　付款行名称：工商银行长宁支行
收款人：　　　　　　　　　　　　　出票人账号：1001557789002xxxxx

人民币(大写)　　　　　　亿千百十万千百十元角分

用途：
上列款项请从
我账户内支付
出票人签章

（上海美玲百货公司财务专用章）（刘琴印）

复核　　记账

本支票付款期限十天

工商银行进账单(回单联)　　1
年　月　日

出票人　全称　账号　开户银行
收款人　全称　账号　开户银行

人民币(大写)　　亿万千百十万千百十元角分

票据种类　　　　票据张数
票据号码

复核××记账××　　　　　开户行签盖章

16. 1月31日,财务主管定期监督出纳盘点核对库存现金日记账账面金额与现金实存数额,发现现金实存金额短缺100.00元,出纳人员及时作了调整处理,并将情况上报相关领导。

现金盘点报告表

年 月 日　　　　　　　　　　　　　　　　　　　　　单位：元

实存金额	账存金额	对比结果		备 注
		盘 盈	盘 亏	
			100.00	

盘点人(签章)：　　　　　　　　　　　　　　　　出纳员(签章)：

17. 当日经领导查实，属于出纳花石楼疏忽所至，由其自己赔偿。

现金盘点报告表

年 月 日　　　　　　　　　　　　　　　　　　　　　单位：元

实存金额	账存金额	对比结果		备 注
		盘 盈	盘 亏	
			100.00	查实属于出纳花石楼疏忽所至，由其自己赔偿

盘点人(签章)：　　　　　　　　　　　　　　　　出纳员(签章)：

18. 月末出纳进行库存现金日记账与银行存款日记账结账。